Andre Joos

L'intento comunicativo e la comunicabilità di Dio

Andre Joos

L'intento comunicativo e la comunicabilità di Dio

Entrare nella dinamica comunicazionale, nella formazione teologica e dalle provenienze pluri-culturali del mondo

Edizioni Sant'Antonio

Imprint

Cover image: www.ingimage.com

Publisher:
Edizioni Accademiche Italiane
is a trademark of
International Book Market Service Ltd., member of OmniScriptum Publishing Group
17 Meldrum Street, Beau Bassin 71504, Mauritius
Printed at: see last page
ISBN: 978-613-8-39366-5

========================

André Joos

L'INTENTO COMUNICAZIONALE E LA COMUNICABILITÀ DI DIO OGGI

THE COMMUNICATIONAL INTENT AND GOD'S COMMUNICABILITY TODAY

A MIA SORELLA MONICA

Nel comune impegno ad approfondire un cammino
che si apre alla persona ed alla cultura
Nell'attenta ricerca di vie
disponibili al Messaggio di Cristo
Nel coinvolgimento scientifico
e nel tentativo di dialogo
Per il servizio che compie
nella prova che ha vissuto silenziosamente
ho potuto cogliere l'invito
a non trascurare questo 'inserimento'
per la Chiesa e la comunità umana del domani...

INTRODUZIONE GENERALE: DI FRONTE ALLA SCOMMESSA COMUNICATIVA

GENERAL INTRODUCTION: FACING THE COMMUNICATION PROMISES

UNA PREMESSA

Il secolo XX - nell'ultima fase del suo progetto e tragitto - viene sempre più spesso chiamato «secolo della comunicazione»... Si tratta, evidentemente della comunicazione nel suo senso e significato più ampio: la 'comunicazione di massa', la 'comunicazione elettronica', la 'comunicazione audiovisiva'...[1] Fino a poco tempo fa, si considerava il fenomeno come periferico in confrontò con la sostanzialità umana, cioè con ciò che «importa realmente», riguardo agli orientamenti dell'azione e del pensiero, o con i fondamenti della cultura. Oggi, essa penetra tutto e penetra dappertutto, si fa piattaforma dove tutto viene coinvolto e dove tutto e tutti si incontrano o si contraddicono. Cosa significa questo? È soltanto un 'momento' che passiamo, un po' divertiti e un po' annoiati da questa invadenza, oppure le radici di questa *centralità comunicativa* sono più profonde e corrispondono a una maturazione coerente del cammino umano? Si parla volentieri di 'comunicazione', come se fosse un fenomeno *a sé,* che sorge dalla propria autosufficienza. Ma qual'è la sua vera dinamica? Esso nasce come realtà già precostituita, o scaturisce da una fonte che lo prepara e lo rende possibile? Se il fenomeno è abbastanza serio da essere preso in considerazione come ritmo culturale ormai confermato, cosa dovrà fare e prevedere l'iniziativa cristiana, quando affronta la problematica comunicativa odierna di prassi e di pensiero? Come tradurre il messaggio nella 'comunicazione'? Tradurre, non vuol dire, però, né *accomodare,* né *tradire...* Tradurre implica considerare il *terreno di traduzione* sufficientemente ricco e fecondo per diventare *buona terra* per la *predicazione del Regno...* Ritorniamo, dunque, all'interrogativo sulla *sostanzialità* della comunicazione e all'interrogativo circa le sue sorgenti. L'esame, che intraprendiamo in queste pagine, tenta di partire dal fenomeno della comunicazione - piattaforma centrale della convivenza pratica e degli scambi di riflessione nella comunità umana- per vedere quale rapporto vi può essere tra essa e l'atteggiamento cristiano oggi. Si tratterà, dunque, di abbozzare dati ed elementi per una fondazione dell'essere cristiani oggi nel coinvolgimento del pensiero e dell'azione. Il nostro intento non sarà soprattutto di vedere *come la configurazione cristiana incide sulla comunicazione,* ma di cercare cosa cambia la dinamica comunicativa dall'inserimento della fede in seno al contesto di vita oggi. Ci interesseremo ai fondamenti culturali della comunicazione, prima di cogliere implicazioni più immediate per la comunicazione tipica dei nostri giorni, la comunicazione tecnologica di massa.

1. Comunicazione, antropologia, linguaggi: l'emergere dell'antropologia comunicazionale

Potrebbe darsi che il primo passo dell'indagine sorprenda un po'... Infatti non si comincerà con lo studio della 'comunicazione', ma con la dinamica dei linguaggi. Questo punto di partenza si è imposto dal materiale informativo raccolto, e si è confermato, nel corso dello studio, come fondamento sostanziale insostituibile per capire la portata e le implicazioni del fenomeno della 'comunicazione'. La prima parte della nostra riflessione si presenterà dunque come un *a posteriori,* ma allo stesso tempo come un *presupposto* per le vie e i livelli di comunicazione che sorgono da essa. Questo primo volume servirà, pertanto, da punto di riferimento per le diverse tappe da percorrere. Occorrerà ritornare ad ogni passo del nostro itinerario, ri-agganciandoci a questa base complessiva, per evocare eventuali prospettive di approfondimento o di aggiornamento. I linguaggi stessi, poi, non si presentano come una entità *in sé,* ma come movimenti comunicativi che serpeggiano nella persona e tra le persone in seno alla comunità, nascendo da un fondamento comune: l'esperienza antropologica. Ed ecco, pertanto, i tre elementi-base del nostro studio: comunicazione, antropologia e linguaggi... In questi cinque volumi (di una serie che dovrebbe entrare nel merito dei diversi *passi comunicativi)* non si avrebbe altra ambizione che di considerare i fondamenti o la *sorgente* della comunicazione, in quanto appare nella dinamica comunicativa, per poi accennare a un possibile o eventuale confronto costruttivo con l'esperienza della fede ecclesiale. Elencando i *momenti della esplosione comunicativa,* attiriamo l'attenzione su una incidenza che difficilmente potrà essere ignorata sia dalla cultura e sia dalla prospettiva cristiana. Percorriamo, perciò, i nodi fondamentali intorno ai quali sembra essersi preparato l'attuale contesto, con riferimento ed interesse particolare ai 'media' o comunicazione strumentale da non separare dalla comunicazione come fenomeno umano totale. Sarà difficile trovare nelle pagine seguenti delle ricette da applicare nella creazione di sequenze audiovisive. Ma si potranno - forse - discernere alcuni criteri per orientare l'approfondimento sulla realtà viva della comunicazione. Raccogliendo la documentazione che ci è sembrata rilevante, si è pensato che essa sarebbe utile per una ulteriore riflessione cristiana. Si è dato abbastanza spazio perché si delineasse un contesto documentativo, per concretizzare in un secondo momento rinvii precisi e specifici ai media moderni e alle spirali comunicative proprie. Se questa documentazione è convincente, malgrado inevitabili mancanze ed omissioni, essa ci porterebbe a considerare cinque grandi 'nodi', dove si stringono -sembra- più esplicitamente le problematiche della comunicazione odierna. Questi cinque 'nodi' formano un insieme difficilmente separabile. Se questa raccolta ci ha guidati in modo coerente ed operativamente efficace, con questi 'cinque nodi' si dovrebbe poter sviluppare un approccio

significativo del momento di maturazione interculturale attuale. Il titolo di quest'opera precisa dunque, limitandone la prospettiva, la problematica fondamentale degli ulteriori studi che ci proporremmo di poter portare a termine. Il nostro titolo globale propone, dunque, con la comunicazione, una piattaforma antropologica, anzi una chiave 'te-antropica'. La parola comprende un doppio orientamento: lo studio - cioè - della teantropia nel suo senso più ampio (della divino-umanità in via di compimento) e lo studio della realtà complessiva partendo da una metodologia antropologica, aperta alla trascendenza, che sorge dalla esperienza umana stessa. Il tentativo delle pagine che seguono cercherà, in questa linea, di confrontare antropologia e comunicazione, nel quadro dei confronti culturali più specifici del momento attuale, per vedere quale 'fondamento' possa sorgere da un tale dialogo per l'espressione concreta della fede cristiana ed ecclesiale. Tale sarà, particolarmente, il senso del secondo volume: «Alle sorgenti del linguaggio: dalla comunicazione alla fede». Quando si parla di antropologia, si intende talvolta la parola in modo diverso. Per quanto ci riguarda, ci riallacceremo al modo di comprendere l'antropologia come approccio comparativo e partecipativo dei diversi tagli della vita personale e culturale. Ci possiamo ispirare a un consenso attuale, dal quale partire per discernere i limiti ed i pregi dell'antropologia [1]. L'antropologia ha cercato la sua strada a partire dallo studio empirico delle comunità concrete e sufficientemente ristrette da poter essere considerate come una totalità locale operativa e coerente. Gli antropologi hanno cominciato ad interessarsi alle 'differenze' nei 'collegamenti' grazie allo studio dei contesti linguistici diversi. L'indagine antropologica visse il suo salto di qualità quando gli studiosi si sono confrontati con situazioni di comunità dove la loro lingua non poté più essere considerata come il modello di ogni altra lingua (l'ambito indo-europeo) [2]. Così, le comunità concrete

---

[1] UNESCO, *Projet de Plan à Moyen terme, pour les années 1984-1989*, Paris 1982, p. 136 (n. 6091): «L'anthropologie a souffert d'une certaine éclipse avec la montée de la sociologie politique, pour de multiples raisons, dont le fait que l'anthropologie sociale était étroitement liée à l'époque du colonialisme où elle est apparue. De plus, le classement des sociétés en catégories sociétés prétendument primitives ou simples, qu'il appartenait à l'anthropologie d'étudier, et sociétés industrielles complexes, relevant de la sociologie - a conduit les deux disciplines à prendre pour base conceptuelle la hiérarchisation des sociétés. D'autre part, l'anthropologie culturelle, par son insistance sur la primauté des cultures, semble avoir introduit une «réification» des cultures, tenues pour exogènes à la structure économique et politique...»; (n. 6092): «Cependant, en dépit de la façon dont elle est née, l'anthropologie a fait la preuve qu'elle permettait d'analyser les relations dans les sociétés fort complexes, y compris celles des grandes villes des pays hautement industrialisés...»; (n. 6093): «L'analyse comparative, qui a une importance générale pour l'ensemble de la théorie des Sciences sociales, a connu un succès sans pareil en anthropologie, dont elle est devenue la principale méthode. Une autre méthode employée en anthropologie, l'observation-participation, a permis de mettre au point des définitions davantage admises. D'autre part, les liens de cette discipline avec l'histoire et la géographie se sont resserrés».

[2] E.T. Hall, *The hidden Dimension*, New York 1966, p. 1: «Over fifty-three years ago, Franz Boas laid the foundation of the view which I hold that communication constitutes the core of culture and indeed of life itself. In the twenty years that followed, Boas and two other anthropologists, Edward

apparivano come delle articolazioni di linguaggi concreti. Si percepiva come i linguaggi nella loro totalità realizzavano la cultura come intreccio comunicativo ai vari livelli dell'esperienza. Uscendo in mondi *diversi* (dal loro), gli antropologi hanno -conseguentemente- ripensato il collegamento tra cultura, comunicazione e linguaggio. Si sono prospettate -pertanto- le sfumature necessarie in termini di *culture*, di *comunicazioni* e di *linguaggi* svariati eppure relazionati. Le connessioni non si verificavano *punto per punto* ma *insieme per insieme,* obbligando lo studioso ad entrare nella totalità comunicativa di una cultura per coglierne la rete dei linguaggi, dalla quale - poi - ritornare verso la propria cultura. Le originalità apparivano per di più nascoste e richiedevano una *iniziazione* reale per capire le sfumature tante volte ignorate. Chi dice metodo comparativo e partecipativo evoca già implicitamente il contesto di *esperienza comunicata* nella comunità concreta. Recenti passi di maturazione culturale vedono convergere tre ritmi di una stessa metodologia: comunità antropologica, antropologia dei linguaggi e comunicazione tramite i linguaggi umani. Dopo gli sforzi dei linguisti e degli studiosi della comunicazione, di ampliare il campo d'interesse alla totalità della persona umana nella sua comunità viva, gli antropologi hanno accentuato -di recente- il loro esame dell'uomo tramite un convergente uso della chiave dei linguaggi comunicativi e della comunicazione antropologica [1]. Restringendo lo studio ai soli linguaggi, o alla sola modalità comunicativa, o alla sola 'antropologia

---

Sapir and Léonard Bloomfield, speakers of the Indo-European languages, were confronted with the radically different languages of the American Indians and the Eskimos. The conflict between these two different language Systems produced a revolution concerning the nature of language itself. Before this time, European scholars had taken Indo-European languages as the models for *all* languages. Boas and his followers discovered in effect that each language family is a law unto itself, a closed system, whose patterns the linguist must reveal and describe. It was necessary for the linguistic scientist to consciously avoid the trap of projecting the hidden rules of his own language on to the language being studied».

[1] E. Bormann, *Communication Theory*, New York 1980, p. 43: «Hymes, from an anthropological perspective, suggested that members communities develop communication systems which are unique and that an ethnographic approach to communication is the best way to study them. Individuals may come to acquire communication competence within a community which functions much as does linguistic competence within a language community. Hymes argued that if anthropologists take as a starting point a linguistic code, they will leave out much that is important to understanding the use of that code in a given community. On the other hand, if the ethnographer makes a study of the culture of the community without examining the linguistic code, much that is important to understanding the communication is also lost. He suggested that an ethno-linguistic study would take as a starting place the structure of communication events. He concluded that from an ethnographic approach to communication, "It becomes a natural thing to consider the relations among the full range of communicative modalities and varieties of language, as selectively employed by persons and as variously deployed in a community. [1] In the 1970s the influence of theoretical developments in the study of linguistics, psycholinguistics, sociolinguistics, and ethno-linguistics on communication scholars grew as the popularity of the variable analytic approach waned»

((1) Dell Hymes, *The Anthropology of Communication* in «Dance», ed., pp. 1-39.)

etnografica', si rischierebbe di perdere aspetti assai fondamentali della dinamica di vita delle persone nelle comunità. Se la linguistica parte dai terreni di applicazione concreta (i linguaggi auditivi e visivi, dell'azione e del pensiero), la comunicazione si centra sulla metodologia complessiva dell'essere persona umana nella comunità, e, infine, l'antropologia raccoglie problematicamente gli orientamenti dei due momenti fondamentali. Perciò, il secondo volume si fermerà ai dati linguistici e alla metodologia comunicativa, in quanto 'fondamento' per una prospettiva antropologica, nella quale si possa presentare un tentativo di espressione cristiana del Messaggio di fede, oggi. Da questo 'fondamento', si potranno poi sviluppare le dimensioni e le tappe ulteriori dell'articolazione e dell'incidenza antropologica della comunicazione, tenendo conto delle diverse sfumature e degli sviluppi anche sofisticati delle vie comunicative tecnologiche. La ricerca teologica della presente generazione si interessa progressivamente all'antropologia. La nostra Chiesa ha voluto consacrare a quest'argomento alcune pagine di riflessione, nelle quali si richiama l'attenzione su tre elementi basilari della problematica antropologica, almeno dal punto di vista introduttivo di questo volume [1]. Il primo dato significativo consiste nel modo di 'situare' l'antropologia nel contesto di un travaglio filosofico recente, che ha avuto notevoli riflessi sull'approccio teologico [2]. Allo stesso tempo si indica che la dinamica antropologica non appare pienamente delineata nella prospettiva della formulazione della fede cristiana [3]. Poi, si illustra l'esigenza di un momento antropologico per l'espressione fondamentale del coinvolgimento cristiano odierno [4]. Si chiarisce così l'insostituibile legame tra una

---

[1] COMMISSIO THEOLOGICA INTERNATIONALIS, *Theologia, Cristologia, Anthropologia* (Quaestiones selectae. Altera series. Sessio plenaria 1981, relatio conclusiva), in «Gregorianum», 1983 n° 64/1, pp. 5-24; **p.** 6: «I. Desiderium et cognitio Dei ex parte hominis, revelatio christiana Dei trini et imago hominis quae hauritur sive ex perspectivis hodiernae anthropologiae sive ex ipsa incarnatione Iesu Christi quasi contestum constituunt, in quo reflexio christologica diligenter instituenda est. Si hoc fundamentum non bene preparatum est, etiam constructio christologiae periclitatur».

[2] COMMISSIO THEOLOGICA INTERNATIONALIS, *Theologia, Cristologia, Anthropologia* (Quaestiones selectae. Altera series. Sessio plenaria 1981, relatio conclusiva), in «Gregorianum», 1983 n° 64/1, pp. 5-24; p. 12: «D. 1. Christologia moderna saepe non tam in theologia, quam in anthropologia ut novo principio intelligendi fondata et exstructa est. Talis processus plurimum valebat in campo soteriologiae. Finis redemptionis potius humanisatio quam deificatio hominis esse dicebatur. Hac evolutione crisis metaphysica, quae iam ex philosophia constabat, in intima theologia magni momenti fuit».

[3] COMMISSIO THEOLOGICA INTERNATIONALIS, *Theologia, Cristologia, Anthropologia* (Quaestiones selectae. Altera series. Sessio plenaria 1981, relatio conclusiva), in «Gregorianum», 1983 n° 64/1, p. 12: «Discrepantia ingens inter considerationem «ontologicam» et considerationem mere «functionalem» (proximiorem formae cogitandi biblicae, ut aliqui putant) est consequentia gravissima et sat nota in theologia hodierna. His suppositis relatio inter anthropologiam ex mutua analogia amborum novo modo determinanda remanet; insuper problema deificationis hominis sub aspectu proprio suo seorsum tractandum erit (cfr. E)».

[4] COMMISSIO THEOLOGICA INTERNATIONALIS, *Theologia, Cristologia, Anthropologia* (Quaestiones selectae. Altera series. Sessio plenaria 1981, relatio conclusiva), in «Gregorianum»,

prospettiva *comunicativa* e un approccio teologico che tiene conto dell'attuale metodologia antropologica. L'intento della nostra angolatura è certo di entrare in dialogo totale con l'antropologia. Ma si vorrebbe allo stesso tempo evitare uno degli scogli maggiori della recente 'teantropologia': cioè il 'corto-circuito' tra Dio e l'uomo, precisamente nel senso che la persona umana diventa *l'unica immagine* di Dio, centralizzando in se stessa ogni riferimento possibile al mistero di Dio [1]. Un teantropismo in via di approfondimento si ritrova in ambito cristiano (per esempio nella collana «o Bogočelovečestve», di S. Bulgakov (sulla teantropia, 3° vol.). Con il termine 'teantropica' si spera, ulteriormente, di mantenere un approccio problematico delle tematiche, alla stregua di altre discipline attuali che con il terminale 'ics' (linguistics, semiotics, cybernetics, informatics...) desiderano indicare l'indagine concreta senza escludere nessuna possibilità e senza premettere niente all'esame svolto. L'eventuale articolazione dei dati raccolti rimane sempre aperta e potrà essere rimessa in questione secondo i ritmi di approfondimento sulla base dell'informazione crescente. La caratteristica del termine te-antro- pica vuol indicare il chiaro orientamento di rilevanza cristiana ed ecclesiale della riflessione, con una chiave abbastanza ampia da riassumere l'apertura all'insieme della dinamica di fede e di mistero vivo. La disponibilità ecclesiale verso l'esame della problematica antropologica appare come un discernimento operativo tra i movimenti di ricerca del nostro secolo. Non si tratta - ovviamente- di trovare un *nome nuovo* per quello *che si è sempre detto e fatto.* Sorge, invece, una dinamica propria che l'inserimento cristiano deve prendere in considerazione. Appena evochiamo la prospettiva della 'dinamica propria', ecco che si precisa, da parte dei commentatori, l'indicazione dell'inizio del XX secolo per situare

---

1983 n° 64/1, pp. 12-13: «D.2. Momentum anthropologicum christologiae secundum typologiam biblicam de Adamo-Christo (Rom. 5, 12-21; I Cor 15, 45-49) triplici aspectu considerari potest: 2.1. Quia fides hominem, utpote qui liber a Deo sit creatus, et capacem Deo respondendi et apertura ei praesupponit, ideo christologia exigit anthropologiam. Ea de causa theologia, sequens doctrinam Concilii Vaticani II, autonomiam relativam, id est autonomiam causae secundae, in relatione ad Deum creatorem funda- tam, tum homini tum mundo attribuere et iustam libertatem scientiarum agnoscere debet (cfr. GS 36; 41; 56; LG 36; AA 7), immo et positivo modo accentum anthropologicum temporum modernorum suum tacere potest. Fides christiana indolem propriam suam demonstrare debet, inquantum transcendentiam omnino distinctivam personae humanae tuetur et fovet».

[1] R. Alleau, *La science des symboles*, Paris 1980, p. 230: «Ainsi, selon la nouvelle «théo-anthropologie» de la «philosophie bourgeoise», l'homme n'est plus *l'image* de Dieu ou *l'une de ses ombres* parmi une infinité d'autres, il est «la véritable» manifestation du divin et «par lui» l'absolu se révèle au relatif et dans le relatif. Dans ces conditions, comment l'homme n'aurait-il pas *tous les droits,* y compris celui de détruire la nature et de détruire ses semblables, si l'*esprit* et l'*idée* l'exigent, selon les moments opportuns de l'histoire? Aucune civilisation n'a proposé une interprétation aussi évidemment *anthropocentrique* de la condition humaine que celle de la «philosophie bourgeoise» de la «théo-anthroplogie», telle qu'elle s'est démesurément épanouie chez Hegel. Comment ne pas comprendre le mot féroce de Léon Brunschvicg: «A quoi bon être Hegel, porter en soi l'univers de la logique et de l'histoire, de l'art et de la religion si c'est pour en arriver à voir dans un empereur qui passe l'*esprit du monde* à cheval?».

lo sviluppo originale e specifico [1]. Ciò che vedremo riguardo alla linguistica, succede anche a livello dei tentativi dell'antropologia. Sulla base di accenni più o meno incerti, si profila un orientamento più deciso che acquista una sua metodologia, partendo da una piattaforma più concretamente delineata. Dallo studio dei popoli allo studio dell'antropologia, così avremo - pure - dallo studio delle lingue allo studio della linguistica, due piattaforme che convergeranno su certi perni fondamentali... Ci interessa, in tale indagine, non perdere mai di vista l'inserimento cristiano basilare in questa realtà. Dicendo questo, ci viene subito in mente la contemporanea rinascita della ricerca teologica cristiana, pure all'inizio del secolo XX [2]. Ma, questa teologia *tipica* del XX secolo, nelle sue correnti più marcate, al contrario di convergenze in via di ampliamento, sembra orientarsi verso una specificazione limitativa: «teologie» di un livello o l'altro, «teologie» di un tipo o l'altro... Quale può essere il significato di questo cosiddetto *sgretolamento teologico* (vedere introduzione del testo *Teologie a confronto* citato qui sopra)? Da una teologia edificata secondo il modello di un sistema perfetto ed unitario, si assiste alla diversificazione dei progetti e delle prospettive teologiche, nella loro stessa dinamica intrinseca. Dal punto di vista dell'antropologia e dei linguaggi, come vedremo, questo fatto illustra piuttosto l'arricchimento in diverse vie sistematiche della esperienza di fede cristiana, quanto invece un disordine desolante e una torre di Babele dei teologi. Come sono diverse le lingue, come sono diversi i modelli relazionali nelle comunità, così possono essere diverse le vie di approfondimento e le vie di inserimento dei cristiani nella concretezza di esperienza culturale del mondo odierno. Le convergenze di scambio e di mutuo interesse delle scienze, sulla base della piattaforma antropologica e linguistica, non si muovono verso un sistema unico e formalmente uniforme, da imporre come quadro obbligato di qualsiasi impresa o itinerario di pensiero. Si tratta - invece - di una via verso la 'interdisciplinarietà' dove ogni specificità viene rispettata, anzi valorizzata, non più isolatamente dalle altre discipline. Al contrario, il contatto metodologico reciproco appare garanzia ed incentivo per l'approfondimento delle proprie discipline particolari

[1] C. Tullio-Altan, *Manuale di antropologia culturale,* Milano 1971, p. 69: «Agli inizi del XX secolo di Durkheim, di Lévy-Bruhl e di Mauss aprì vasti campi di riflessione antropologica. Nel concetto di *anomia* di Durkheim erano contenuti germi fertilissimi per uno sviluppo critico dei temi psicologici e ci viene offerto un concetto mediante il quale è possibile legare l'individuale e il collettivo in un un'unica prospettiva. Le intuizioni di Lévy-Bruhl furono dei colpi di sonda che lasciarono tracce profonde sia nel pensiero antropologico, che nella psicologia e nella psichiatria, le quali alla loro volta ricambiarono con suggestioni euristiche notevoli. Le interpretazioni data da Mauss ai fenomeni della magia non solo hanno allargato gli orizzonti della ricerca etnologica, ma si sono riflesse sui criteri interpretativi della nostra esistenza moderna, in modo profondo, forse non ancora del tutto compreso nella sua importanza. E il pragmatismo inglese diede il senso preciso di una funzione sociale e politica possibile della ricerca etnografia al di là delle fumose e inverificabili elaborazioni ideologiche, anche se gli apporti più rilevanti della scuola inglese non si ebbero su questo terreno, ma piuttosto, come vedremo, sul terreno del metodo funzionale della ricerca».

[2] Vedere A. Joos, *Teologie a confronto,* I, «Sponde lontane», Vicenza, 1982.

e delle proprie vie di iniziativa pratica nella convivenza umana. Per poter giungere all'interdisciplinarietà bisogna prima marcare la specificità di ogni processo, senza sottomissione di un campo all'altro sulla base di una strategia predeterminata, ma nell'incontro problematico grazie al movimento comunicativo vivo. È - forse - da questo preambolo che la teologia del XX secolo sta cercando poi di sviluppare una ulteriore interdisciplinarietà effettiva? Ciò che sembra vivere la teologia tipica del nostro secolo, nelle particolari *sponde* di confronto che offre, potrebbe avere qualcosa a che fare con le esitazioni metodologiche dell'antropologia, nel corso del nostro secolo. Riguarderebbe particolarmente l'inizio del secolo e la questione di una maturazione più in là delle prospettive dell'antropologia iniziale. L'interrogativo metodologico si centra intorno al tipo di scienza che l'antropologia costituisce: pura osservazione sul terreno concreto ed immediatamente avvicinabile, o capacità di una articolazione più ampia di interpretazione coerente. Uscendo da una situazione molto *controllata,* la teologia del XX secolo - nelle sue correnti più caratteristiche - sembra avere scelto il punto di partenza più *ristretto,* con la speranza di arrivare a una più esplicita concretezza. Lo sguardo d'insieme non individua una sistematica uniforme ma un ampio dialogo di confronti e convergenze. La questione rimane aperta, presso certi esponenti del pensiero teologico suddetto, riguardo alla possibilità di una più esplicita relazionalità d'insieme del progetto teologico. Sarà -forse- la via dell'antropologia a poterci aiutare per discernere vie più prettamente 'comunicative' per l'inserimento cristiano complessivo? Un dato è certo: l'antropologia del secolo scorso - come osservazione empirica - diventa antropologia del XX secolo proprio grazie alla sua capacità di aprirsi a una coesione metodologica ed articolata [1], che gli stessi antropologi americani e britannici non avevano saputo raggiungere - anche se avevano reagito contro il positivismo in modo parallelo, come si erano posti i teologi tipici del nostro secolo contro *i compromessi con la sola scienza empirica* [2]. Nella prospettiva antropologica, il *fatto relazionale* si è imposto all'attenzione, suggerendo - all'inizio - che in tale gioco di collegamenti immediati e remoti, non si potrà mai pensare all'antropologia come una *scienza esatta* [3], Le scienze esatte creano il loro

---

[1] H. G. Nutini, *Lévi-Strauss' conception of Science,* in J. Pouillon - P. Maranda, *Echanges et Communications,* I, Paris 1970, pp. 547-548: «In summary, American cultural anthropologists and British social anthropologists (if I may be permitted to use this trite and sometimes meaningless dichotomy) reacted against evolutionism from diametrically opposed epistemological stands, but remained basically too dose to the empirical facts to be able to internalize the great changes that have taken place in their original paradigm of scientific explanation, and thus failed to pull anthropology out of its 19th- century positivistic frame of reference. This was essentially the situation in the anthropological world until the appearance of Claude Lévi-Strauss, who comprehended the epistemological change that the physical Sciences had undergone primarily during the first quarter of this century».

[2] Vedere A. Joos, *Teologie a confronto,* I, «Sponde lontane», Vicenza 1982, introduzione.

[3] F. Boas, *Anthropology and modern life,* New York 1962, pp. 215-216: «Thus every change in one

contesto di studio sulla base di 'leggi' capaci di spiegare e di prevedere lo svolgimento di azioni, di idee, di calcoli, ecc... Così, l'antropologia entra *in tono minore* nell'ambito di molte specializzazioni già perfettamente configurate nella propria precisione operativa. 'Comprendere' non significherà -qui- spiegare tramite leggi... La sfumatura può essere importante, specialmente per la prospettiva teologica, dove, ovviamente la *spiegazione tramite leggi* non costituisce il perno principale di indagine e di approfondimento. Sarà -forse- che l'antropologia offre una piattaforma di maturazione umana, fuori dalle pretese di ridurre tutto a delle leggi ed alla tattica di verificabilità immediata e calcolata? In tal caso, l'orizzonte si apre senza le ristrettezze che i secoli recenti avevano frapposto tra cultura dell'azione e del pensiero -da una parte- e impegno ed approfondimento di fede cristiana - dall'altra. L'antropologia diventa il terreno dove *tutto si può incontrare senza meravigliarsi* ma anche dove *tutti sono benvenuti con il proprio contributo di esperienza vissuta* e ciò a tutti i livelli dell'esistenza. L'antropologia del nostro secolo acquista una sua fisionomia originale e ha - senza dubbio - una sua *intenzione* nella maturazione culturale che propone. Certo, tutto si muove verso la interdisciplinarietà, cioè verso l'incontro tra i diversi campi della «praxis» e del sapere. Ma, da dove sorge questa dinamica che diventa 'programma' nella visione antropologica? Si dice che la motivazione di fondo corrisponde abbastanza bene a una preoccupazione basilare: superare «l'assolutismo» [1]. Partendo dal contesto pratico della politica, l'assolutismo dell'unico sistema permesso, nella praxis o nella via di riflessione, si è avverato quale intralcio non

aspect of social life acts as an accident in relation to others only remotely related to it. For these reasons anthropology will never become an exact science in the sense that the knowledge of the status of a society at a given moment will permit us to predict what is going to happen. We may be able to *understand* social phenomena. I do not believe that we shall ever be able to *explain* them by reducing one and all of them to social laws. These viewpoints must be borne in mind when we try to approach the problems of cultural progress. They may also help us in a critique of some of the theories on which modern social aspirations are based. The rapid development of science and of the technical application of scientific knowledge are the impressive indications of the progress of modern civilization».

[1] G. Steiner, *Language and Silence,* Hamondsworth 1969, p. 249: «In making of anthropology the foundation of a generalized critique of values, Lévi-Strauss follows a distinctive French tradition. It leads from Montaigne's subversive meditation on cannibals to Montesquieu's *Lettres persanes* and to his use of a comparative study of cultures and mores as a critique of ethical, political absolutism. It includes the large use made by Diderot, Rousseau and the *philosophes* of travel literature and ethnography, and extends to the moral polemic so carefully plotted in Gide's narratives of his African journeys. The *moraliste* uses 'primitive' cultures, personally experienced or gathered at second hand, as a tuning-fork against which to test the discord of his own milieu. Lévi-Strauss is a *moraliste,* conscious in style and outlook of his affinities with Montesquieu and Diderot's *Supplément au Voyage de Bougainville.* The concept does not translate readily into 'moralist'. It carries a literary, almost journalistic stress which has no immediate analogy with, say, the Cambridge Platonists. The *Moraliste* can use fiction, journalism, drama, as did Camus. Or he may, like Lévi-Strauss, work outward from what is, in its origin and technical form, a highly specialized field of interest».

soltanto al benessere dei popoli nella loro vita quotidiana, ma anche - oggi - come ostacolo alla ricerca creativa o prospettiva. Si sa, seguendo gli ultimi orientamenti di pensiero, che la dinamica di vita quotidiana non è tanto lontana dalle sorgenti della vita di pensiero: la «praxis» non può essere dimenticata o relegata in qualche angolo meno 'nobile' della scala dei valori... Il meno che si possa poi dire è che proprio l'approccio cristiano odierno ha saputo sottolineare questo collegamento tra «praxis» di liberazione nella vita quotidiana de-banalizzata e capacità di considerare in modo rinnovato la realtà umana piena.[1] Si vede chiaramente come gli *assolutismi* sia politici che culturali diventano *oppressione,* spingendo le comunità in angoli 'non-umani' della convivenza mondiale... Se l'antropologia prende forma come spiccato tentativo di 'de-assolutizzare' nella «praxis» gli orientamenti di convivenza, la metodologia antropologica sottolinea ulteriormente ed in modo originale questa visuale operativa. Infatti, i fautori dell'approccio antropologico diranno che si interessano alla persona umana nella misura in cui si integra nella comunità.[2] Pertanto, occorre informarsi su un insieme di rapporti e di livelli di collegamenti tra la persona e la vita comune sia come iniziativa attiva che come approfondimento riflessivo. Ciò che si vuole evitare particolarmente, con questo metodo, sembra essere la chiusura individualizzante dell'esame centrato esclusivamente sulla 'cosa' o 'l'essere' isolato in sé. L'assolutismo è - forse - un aspetto di un parallelo individualismo esacerbato, da superare nell'azione e nella conoscenza culturale odierna. L'interdisciplinarietà sarà - dunque - quasi una concretizzazione metodologica dell'atteggiamento maturato a partire da una eredità assai lontana e da un cammino già sofferto: evitare gli assolutismi e gli individualismi. Le pretese di un solo metodo come *primeggiante,* e le pretese della priorità isolante dell'«individuo», queste due scelte portano a una metodologia di messa in presenza mutua di svariatissime discipline.[3] Collaborazione tra persone, tra conoscenze e tra

---

[1] Vedere A. Joos, *Teologie a confronto,* I, «Sponde lontane», Vicenza 1982, parte V, cap. I, la teologia della liberazione; A. Joos, *A libertaçao: lima aposta na hisloria? uma aposta no evangelho?,* in «Igreja e missao», 1985, n* 127, pp. 5-100. *La liberazione: una scommessa sulla storia? Una scommessa dal vangelo?,* Roma, pro manuscripto, (96 pp.). *A criatividade antropologica na teologia da Libertaçao,* in «Igreja e missao», 1986, n" 133, pp. 226-308: *La creatività antropologica nella teologia della liberazione,* Roma, pro manuscripto.

[2] F. Boas, *Anthropology and modern life,* New York 1962, p. 12: «To the anthropologist, on the contrary, the individual appears important only as a member of a racial or a social group. The distribution and range of differences between individuals, and the characteristics as determined by the group to which each individual belongs are the phenomena to be investigated. The distribution of anatomical features, of physiological functions and of mental reactions are the subject matter of anthropological studies. It might be said that anthropology is not a single Science, for the anthropologist presupposes a knowledge of individual anatomy, physiology and psychology, and applies this knowledge to groups. Every one of these Sciences may be and is being studied from an anthropological point of view».

[3] C. Tullio-Altan, *Manuale di antropologia culturale,* Milano 1971, p. 549: «Il problema da studiare consiste nell'analisi del significato di una certa espressione linguistica in rapporto ad un certo ambiente socio-culturale e nel corso di un determinato periodo di tempo. Qui interferiscono diverse

iniziative pratiche: il progetto è senz'altro ambizioso. Ma gli individui saranno pronti per un tale modo di indagare e di agire?... Abbiamo cominciato la nostra introduzione con l'antropologia, ma essa viene in ultimo nell'itinerario di riflessione tipica del nostro tempo, almeno nella sua dimensione di comprensione più ampia della dinamica culturale umana. Da semplice osservazione pratica sul campo di indagine, altri livelli si sono imposti all'attenzione degli antropologi. La via che ha permesso un tale approfondimento è stato il collegamento tra l'inchiesta antropologica e la chiave dei linguaggi comunicativi tra le persone. La metodologia comunicativa e il fondamento dei linguaggi formano -pertanto- una rete di particolare rilevanza per articolare i risultati in un insieme operativo e coerente. Occorre -perciò- considerare il fondamento dei linguaggi con le prospettive che offre per l'inserimento comunicativo cristiano di oggi.

2. Dall'antropologia ai linguaggi tramite la comunicazione

Volendo tentare - oggi - un riassunto culturale dell'antropologia, si dirà che - in quanto alla cultura - tutto sorge dalla comunicazione per mezzo del linguaggio [1]. Così, si indicano direttamente alcuni nodi irrinunciabili del cammino antropologico nei legami tra: cultura, comunicazione e linguaggio nella persona, in seno alla comunità. Questo viene -poi- collegato ulteriormente e con un interesse particolareggiato per la persona: i suoi centri nevralgici nel fenomeno del 'parlare', il sistema nervoso

---

discipline con i loro metodi propri: la filologia, la storia della lingua, la storia della letteratura, la linguistica, la semiologia, la sociologia, l'economia, l'antropologia culturale, l'estetica, la psicologia sociale e individuale, e come quadro generale del discorso, la storia. Un'espressione del linguaggio comune richiederà forse il prevalere dei metodi della storia della lingua, dell'analisi socio-culturale e della psicologia sociale e della storia. Un documento tipicamente letterario - pur non ignorando tali dimensioni e in particolare quella psicologica - sarà forse più adeguatamente affrontato con canoni di linguistica strutturale (la struttura del romanzo di una certa epoca), di estetica, di storia della letteratura e della cultura e di filologia. Se il documento da analizzare è una manifestazione di consenso o di dissenso in rapporto a certe scelte politico-sociali, come ad esempio uno slogan, in tal caso la dimensione politico-sociale, storica, economica e di psicologia sociale, hanno la prevalenza sulle altre dimensioni, anche se lo slogan ha una sua struttura caratteristica, come messaggio linguistico».

1 S. M. Katz, *Anthropologie sociale culturelle et biologie*, in AA. VV., *Pour une anthropologie fondamentale*, Paris 1974, p. 83: «A l'origine de la culture de l'homme se trouve la communication par le langage. La faculté de communiquer de façon précise avec des mots est l'un des traits les plus caractéristiques de l'adaptation de l'homme, un trait crucial dans son évolution. Le langage permet l'accumulation et la transmission d'un individu à l'autre de quantités de connaissances culturelles à travers le temps et l'espace. À la base du langage et de toutes les généralisations qui surgissent d'une analyse de la structure linguistique elle-même (cf. Chomsky, 1965[1]), se trouve l'organisation neurologique du système nerveux central. Si nous considérons le rôle du système nerveux central dans le processus de l'évolution, nous pouvons avancer un certain nombre de principes importants. L'une des clefs essentielles à la compréhension des universaux sociaux et culturels est la base fondamentalement neurophysiologique du langage».

complessivo e specialmente cerebrale. Ciò che si evoca -qui- come *antropologia fondamentale* si protrarrà attraverso lo studio che intraprendiamo: cultura, comunicazione, linguaggi, impulsi centrali... L'itinerario viene qui riassunto in modo non cronologico, anzi saranno la comunicazione ed i linguaggi a fare il primo passo nella convergenza dinamica: comunicazione tecnologica e linguaggi complessivi. Poi si passerà all'estensione informatica-cerebrale, per arrivare soltanto ulteriormente al contesto della *cultura* nell'antropologia. Sarà anche questa via che noi cercheremo di seguire, non sviluppando - però - immediatamente la *comunicazione tecnologica,* visto che il taglio professionale della tematica sembra disporre attualmente di una buona documentazione su gli aspetti strumentali di tale comunicazione. Invece, l'aggancio con la dinamica dei linguaggi potrebbe offrire un punto di partenza prospettivo e problematico, capace di stimolare la riflessione, e di ampliarne l'orizzonte. L'importanza del 'linguaggio' è sentita in modo particolare nel nostro secolo, il quale ha anche sviluppato dei metodi più appropriati per lo studio dei linguaggi. D'altra parte, le 'teologie del XX-XXI secolo' [1] -cioè questi orientamenti più tipici del nostro tempo in teologia- sembrano avere, in maniera diretta o indiretta, un riferimento preferenziale ai quesiti posti dal linguaggio. Anzi, sorge quasi spontanea la questione se tutta la teologia del XX secolo non sia una vasta riflessione che voglia rispondere - coscientemente o incoscientemente, apertamente o no - alle perplessità e alle difficoltà implicate nell'approccio dei linguaggi. Non sarà -pertanto- inutile riprendere in esame i confronti teologici di questo secolo, vedendo poi le incidenze che possono avere riguardo ai problemi dei linguaggi. Ma, prima di fermarci ad esaminare brevemente la configurazione teologica in questa chiave, bisogna considerare anzitutto ciò che si intende con 'linguaggio', il cui campo complessivo preciserà le tappe della nostra riflessione ed i rinvii alla comunicazione strumentale. Il progetto -molto limitato- di questo studio si interessa, per quanto relativo, a ciò che costituisce la sorgente delle vie di approfondimento del pensiero, degli itinerari di espressione umana, delle prospettive e modalità di comunicazione tra persone e gruppi. Dall'esame degli orientamenti più recenti riguardo alle fonti della riflessione, dell'espressione e della comunicazione umane, ci sarà da considerare le eventuali implicazioni di tali orientamenti per la riflessione, l'espressione e la comunicazione teologica oggi. Nell'effettuare detto confronto, sarà dato un riferimento centrale alle correnti teologiche attuali per vedere in quale misura la riflessione, l'espressione e la comunicazione teologica odierna hanno forse avvertito o stanno cogliendo orizzonti e dimensioni utili per il continuo rinnovamento dell'espressione e della comunicazione della prospettiva cristiana. Perché partire dalla teologia per confrontare la vita cristiana e la presente *civiltà di comunicazione*? Prima di tutto perché la teologia è il momento della presa di coscienza

[1] Vedere: A. Joos, *Teologie a confronto*, vol. I «Sponde lontane», Verona 1989-1992.

culturale, che sorge dal senso di fede e dalla risposta concretamente immediata della comunità ecclesiale alla 'Parola'. La documentazione informativa, sull'intuito di una eventuale apertura verso le urgenze della 'comunicazione', possono esserci più facilmente offerti da questo ambito di approfondimento particolarmente acuto. Non si intende, dunque, erigere un muro tra *teologia e sorgente concreta* dell'impegno cristiano. Questa introduzione ha come scopo di invitare il lettore a fermarsi brevemente sulle prospettive dei linguaggi e della realtà cristiana, accogliendo proprio le prospettive che scaturiscono dallo studio dei linguaggi e dallo studio del coinvolgimento nella fede. Perché partire dai 'linguaggi' per lasciare che si delinei una antropologia di comunicazione, per arrivare -poi- ad una eventuale 'teantropica'? Soprattutto perché si chiarisce, oggi, una convergenza -che potrebbe essere assai promettente- tra la maturazione interculturale odierna e l'antica presa di coscienza biblica e cristiana sui linguaggi [1]. Dal tracollo babelico (della torre di Babele) dei linguaggi che perdono ogni capacità relazionale alla nuova relazionalità in pienezza di Pentecoste (dono dello Spirito Santo) si concretizza il punto di partenza di una 'teantropica' di comunicazione... Sarà la comunicazione tecnologica, nella molteplicità correlata dei suoi linguaggi a darci una nuova 'chance' per capovolgere il *babelismo!* O l'abbiamo già scansata come *confusionaria!...*

La 'sorgente' dei linguaggi

Consultando una enciclopedia [2], si legge che il 'linguaggio' si definisce in genere con una doppia sfumatura: o si riferisce come espressione di idee, o come comunicazione tramite un sistema di simboli arbitrari. Si dirà che è anche una *facoltà* che defluisce dalla facoltà di pensare [3]. L'accento sarà posto sia sui segni visuali sia sui

---

[1] G. Gusdorf, *La parole*, Paris 1977, p. 21: «La pensée chrétienne a donc posé avec profondeur les problèmes du langage. Elle a mesuré l'écart entre la Parole de Dieu et la parole humaine; elle-même oscillant entre la parole de Babel, parole d'orgueil et d'échec, et la parole de grâce, la parole rachetée de la Pentecôte. Le refus de la parole transcendante, la découverte de la relativité du langage, marquent une date capitale dans la vie spirituelle de l'humanité. Babel répète la sortie du paradis terrestre. L'harmonie préétablie du jardin d'Éden correspondait au sommeil dogmatique de l'innocence avant la faute. L'homme se reposait sur les sécurités de la conscience mythique, dans un univers sans problème dont chaque aspect lui disait une intention divine. Après la chute, après Babel, l'homme se découvre le maitre d'un langage désenchanté, dont il doit lui-même assumer, pour le bien comme pour le mal, la responsabilité!»; p. 20: «Mais la tour de Babel n'est pas le dernier mot de la doctrine chrétienne du langage. Un autre épisode fait écho, dans le Nouveau Testament, à la tragédie de la Genèse. C'est la révélation de la Pentecôte, le Saint-Esprit descendant sur les apôtres et leur conférant le don des langues... La pluralité des langues subsiste. Elle n'est dépassée qu'en intention; elle est vaincue dans l'espérance de la foi».

[2] THE NEW ENCYCLOPAEDIA BRITANNICA, *Macropaedia*, vol. 10, Chicago 1974, p. 642: «Language».

[3] P. Foulquié, *Dictionnaire de la Langue philosophique*, Paris 1962, p. 398: «Langage: proprement et absolument: faculté d'exprimer la pensée au moyen de sons dans la production desquels intervient

suoni espressi e percepiti. Una prima precisazione salta subito agli occhi: il linguaggio non è la *lingua.* Il linguaggio comprende l'insieme dei procedimenti complessivi tramite i quali l'uomo esprime o comunica qualcosa e verso qualcuno [1]. La *lingua è* una *messa in pratica* particolare dell'insieme dei procedimenti del 'linguaggio' o meglio dei 'linguaggi'. Si può poi fare un'altra distinzione tra *lingua* e *parola;* quest'ultima indicherebbe l'atto concreto del parlare [2]. E - ormai - una cosa assai risaputa che l'originalità umana va intrinsecamente collegata con *il parlare* (Sprache). Si dirà: senza il parlare, niente persona umana; senza la persona umana, non si parla... Ci basta menzionare -qui- questa particolare dimensione e campo di studio riguardo alla centralità del *parlare.* Non entra nella nostra tematica commentare il *passaggio* verso la specificità umana. Interessa, invece, la nostra indagine l'angolatura del *parlare* come chiave insostituibile per avvicinare non soltanto una *parola,* o una *lingua,* ma - più problematicamente- i 'linguaggi' diventati umani o cresciuti umani in quanto coinvolti nel fatto unico e nell'evento insostituibile del *parlare.* Molti linguaggi potranno - forse - sorgere da ciò che non è un *parlare,* ma tutti sono nati perché c'è stato *il parlare:* passaggio di concretezza che non contiene tutto in sé, ma del quale non si può fare a meno per avvicinare nella concretezza i tanti livelli dei 'linguaggi' vivi e in continuo movimento. L'antropologia linguistica amplia la prospettiva della 'lingua' in quella dei 'linguaggi'. Ma non basta questo passo per arrivare al fondamento

---

la langue. Faculté qui découle de la pensée»; «par extension: système ou ensemble de signes, phonétiques ou autres et particulièrement visuels, servant à l'expression du sentiment et de la pensée ou à l'indication d'une conduite».

1 D. Crystal, *Linguistics,* Harmondworth 1971, pp. 161-162: «Saussure made a distinction between three main senses of language, and then concentrated on two of them. He envisaged language (human speech as a whole) to be composed of two aspects, which he called 'langue' (the language system) and 'parole (the act of speaking). Briefly, the division is as follows. 'Langage' is that faculty of human speech present in all normal human beings due to heredity, but which requires the correct environmental stimuli for proper development... 'Langage', then, is a universal behaviour trait - more of interest to the anthropologist or biologist than the linguist, who commences his study with 'langues' and 'paroles'».

2 K. Rahner - P. Overhage, *Das Problem der Hominisation,* Freiburg in Breisgau, 1965, p. 273: «Mensch und Sprache sind so unlöslich miteinander verbunden, daß W. V. Humboldt mit Recht sagen konnte: Um Sprache zu haben, mußte der Mensch sein, und um Mensch zu sein, mußte er Sprache haben. In kürzerer Formulierung: Ohne Sprache kein Mensch, ohne Mensch keine Sprache. Wer deshalb nach dem Ursprung der Sprache forscht, forscht nach dem Ursprung des Menschen. So sehr bildet das Phänomen der Sprache «den Wesensmittelpunkt des Menschen» (Kainz 1958, S. 272). Nach Huxley (1953, S. 131) stellt deshalb die Erwerbung der Sprache und die Verwendung von Wortbegriffen den «kritischen Punkt» oder die «Zustandsänderung» in der Evolution zum Menschen hin dar, wo «völlig neue Eigenschaften» auftraten. Tappen (1953, S. 606) bezeichnet diesen Wechsel hinüber zur symbolischen Kommunikation als eine «Quantum-Evolution» im Sinne Simpsons. In dem Augenblick nämlich, da das menschliche Gehirn ein Organ wurde, das sich zur Ausbildung einer Sprache eignete, war der «ape-man-Rubicon» überschritten (Keith 1950, S. 208). Wegen der entscheiden- den Bedeutung der Sprache und der untrennbaren Koppelung von Sprache und Mensch kann eine kausale Theorie der Hominisation an der Entstehung der Sprache nicht vorübergehen».

di partenza della chiave dei linguaggi. Bisogna chiedersi ciò che si intende con *lingua,* perché è proprio da questo punto di partenza concreto che tutto il resto diventa possibile e comprensibile a proposito della centralità dei linguaggi. Quando si parlava di *lingua,* si aveva normalmente in mente che essa era la «comunicazione di idee tramite il discorso» [1]. Due piani sono confrontati: le idee e le parole. Due mondi stanno faccia a faccia: il 'mondo delle idee' ed il 'mondo delle forme'..., spirito mentale e forma materiale. Un tale dualismo globale è stato messo in questione dall'antropologia linguistica nel corso del nostro secolo. La base del riesame appare assai semplice nell'interrogativo posto: come si può - nella lingua - ridurre l'ambito comunitario a un riferimento privato, e come si può restringere l'ambito privato al livello dell'idea distaccata dall'espressività? Partendo dall'esperienza, non si configura anticipativamente ciò che deve essere la lingua, ma si lasciano delineare i movimenti di questa esperienza, con tutte le implicazioni che possono sorgere. Stranamente, rinunciando a *mettere tutto il peso* sulle idee libere dalla *materialità,* non si è arrivati ad una specie di 'materialismo'. Al contrario, partendo dall'esperienza linguisticamente accolta, si è visto che essa si apriva, nei linguaggi, oltre limiti sempre più ampi. Tenendo conto dell'ottica propria del nostro studio -la teantropica della comunicazione- il fatto di avvicinare le diverse vie dell'attuale comunicazione come tanti linguaggi è uno degli aspetti centrali di riflessione che ci proponiamo di sviluppare. Anche se daremo apparentemente più spazio alle considerazioni sui linguaggi stessi - nel secondo volume - avremo modo di specificare in dettaglio le implicazioni particolareggiate della visuale, riguardo agli stessi *media* comunicativi. Non sembra che la consistenza dei media come 'linguaggi' sia immediatamente apparsa come evidente ai protagonisti dei *media.* Essi si sono piuttosto avvicinati ai linguaggi come *mezzi* per poi vedere che i *mezzi* sono linguaggi [2]. Siamo - forse - qui in presenza del momento fondamentale di presa di coscienza dell'importanza e della consistenza

---

[1] R. H. Robins, *General Linguistics,* London 1971, p. 22: «It is often said that the meaning of a word is the idea it conveys or arouses in the mind of speaker and hearer. This is associated with a general definition of language as 'the communication of ideas by speech' or the like. Such accounts of the meaning of words and the working of languages are objectionable for two reasons: 1. They try to explain and define public phenomena (speech, writing) primarily by reference to necessarily private phenomena; 2. It is not easy to say what an idea is, or how it helps, except, circularly, that it is the meaning of a word. The first objection follows from the status of linguistics as an empirical science dealing with publicly observable phenomena. The second merits further examination. Idea is often taken as equivalent to 'mental picture', for which drawings are sometimes made in books dealing with linguistic meaning».

[2] E. Carpenter, *The new Languages,* in G. Gumpert - R. Cathcart, in *Inter-Media,* New York 1982, p. 435: «English is a mass medium. All languages are mass media. The new mass media - film, radio, TV - are new languages, their grammars are yet unknown. Each codifies reality differently; each conceals a unique metaphysics. Linguists tell us it's possible to say anything in any language if you use enough words or images, but there is rarely time; the natural course is for a culture to exploit its media biases».

antropologica sugli *strumenti della comunicazione di massa* - come si suole dire talvolta? Vedremo come l'elemento strumentale dei linguaggi è infatti insostituibile, e come questo aspetto tende a imporre una sua priorità nell'immediatezza dell'esperienza (vedere cap. II del vol. II parte I). L'insostituibilità dei mezzi non deve però far ridurre la comunicazione intra-personale, inter-personale e multi-per- sonale al suo solo elemento *strumentale* di mediazione. Così, i linguaggi si estendono anche all'attuale comunicazione sociale e i media sono altrettanti diversi linguaggi specifici. Il linguaggio appare già immediatamente come una realtà più ampia della *lingua che io parlo* o delle vie espressive che mi sono consuete. Questo 'linguaggio', nel suo senso più esteso e più profondo, forma il terreno di studio della linguistica. Se la linguistica è una disciplina abbastanza recente, lo studio di tale o tale lingua esiste già da molto tempo ed è stato fatto in diversi modi nel corso della storia e nelle diverse culture. Ci interessa soprattutto di vedere, qui, quale concetto di se stessa presenta oggi la linguistica e come si distingue da altri studi di linguaggio in periodi anteriori. Il linguaggio -inteso nel suo significato multiforme e multidimensionale- offrirebbe questa piattaforma di partenza: includere tutto e confermarsi come originalità umana. Quest'ultima viene considerata ed evocata a diversi livelli di concretezza: un livello del tutto ampio e comune, ed ecco i linguaggi, un livello ristretto a certi ambiti specifici, ecco le lingue: un livello di massima personalizzazione, ecco la *parola*." La comunicazione dovrà necessariamente sfociare nella parola, ma, al contrario dell'itinerario cristiano tipico della ricerca teologica del nostro secolo che comincia, com'è noto, con la teologia della 'Parola' [1]. La *parola* costituisce, qui, una tappa ben più *ulteriore* e *sfumata* della metodologia di comunicazione e dell'antropologia comunicativa (cfr. il secondo paragrafo di questa introduzione, sulla tipica riscoperta cristiana del nostro tempo, in rapporto con la prospettiva linguistica della comunicazione). Questo secondo volume non tratterà della 'parola'. Se essa nasce come maturazione personalissima in seno ai linguaggi, e non viceversa -cioè i linguaggi come agganci meccanicamente rinsaldati tra le parole-, occorrerà addentrarsi nella dinamica e nell'attuazione metodologica fondamentale dei linguaggi, prima di poter prendere questo passo ulteriore in considerazione. Perciò, ci limiteremo, qui, ad evocare la dinamica relazionale dei linguaggi (parte I volume 2°), l'attuazione metodologica di comunicazione (parte III vol. 4°), che sotto-tendono sulla rete elementare della relazionalità -i segni- (parte II vol. 3°), la coerente sistematicità dei linguaggi dai segni fino alla maturazione simbolica - l'informazione (parte IV vol. 5°), ed infine i momenti di intensa sintesi comunicativa -i simboli- (parte IV vol. 5°).

---

[1] Vedere A. Joos, *Teologie a confronto,* voi. I, «Sponde lontane», parte I, cap. I.

I linguaggi e la totalità della persona umana

Come abbiamo visto nel preambolo, la chiave dei linguaggi si inscrive nella prospettiva antropologica - particolarmente sviluppata ed approfondita nel corso del nostro presente secolo. Non si tratta di una *invenzione recentissima,* ma di un interesse che ha trovato una sua piattaforma più specifica nel momento attuale. Lo studio dell'uomo è antico come la cultura, e la sua dinamica si protrae e si arricchisce col tempo. Una formulazione potrebbe riassumere globalmente l'intuito di fondo di questa antropologia: la specificità dell'uomo è il linguaggio: la specificità del linguaggio è l'uomo [1]. Così si apre l'incontro intimo tra antropologia ed evento dei linguaggi. Scienza delle scienze, lo studio del linguaggio si propone non solo come piattaforma d'incontro di tutte le conoscenze umane, ma offre anche un certo modo di *comprendere la realtà.* Il primo punto della *dinamica* così descritta dal linguaggio' indica difatti la chiave fonda- mentale del *legame* nei suoi infiniti *intrecci,* come base e consistenza dinamica della realtà, ciò che permette peraltro di rendere possibile lo stesso *incontro tra realtà e le conoscenze umane della realtà.* La 'linguistica', al crocevia delle diverse vie di conoscenza propone di approfondire la chiave *relazionale* della realtà, con una possibilità di *non escludere niente* riguardo a queste vie. Là dove la realtà era considerata come un insieme di *cose chiuse in se stesse,* di entità e di *esseri,* si prospetta adesso una chiave più profonda di interpretazione nella *relazione.* Ogni *relazione* rinvia ad un'altra *relazione,* e ciò in un intreccio infinito, tanto che non si può neanche *esprimerlo.* Bisognerà invece, e questo apparirà nel paragrafo 2 e 3 della 'dinamica' (parte I), ridurre l'infinità delle 'relazioni' a un contesto limitato, che si possa *utilizzare* - valorizzando certi legami e lasciando altri - in modo ordinato per la conoscenza umana. Ciò che colpisce nel linguaggio è che non ci si può fermare a «un solo linguaggio». Parlando di linguaggio si è quasi impercettibilmente orientati a considerare i «linguaggi». Si notano subito tagli comuni a diversi linguaggi. Non li si può trattare in modo unicamente isolato. Si dirà che non si riesce ad esaminare i linguaggi - o le *catene espressive di segni* - se non studiandoli sotto molteplici punti di vista [2]. Nei linguaggi sono coinvolti i contenuti e le forme, il movimento espressivo e

---

1 E. Leach, *Lévy-Strauss*, Glasgow 1970, pp. 37-38: «Lévi-Strauss himself takes his cue from Rousseau, though he might equally well have followed Vico or Hobbes or Aristotle or a dozen others. It is a language which makes Man different: «Qui dit homme dit langage, et qui dit langage dit société» («Tristes tropiques», p. 421). But the emergence of language which accompanies the shift from animality to humanity, from nature to culture, is also a shift from affectivity to a state of reasoning, «the first speech was all in poetry; reasoning was thought long afterwards» (Rousseau, 1783, P. 565)».

2 G. Cereda, *Appunti per una introduzione alla ricerca semiotica,* in *Comunicazione e evangelizzazione,* Roma 1979, p. 88: «Ogni linguaggio, ogni fenomeno semiotico, va quindi osservato

il tentativo di approfondimento, le persone e le coscienze che esprimono, che accolgono e che rispondono... Colpisce, inoltre, il dato prettamente eteroclito e multiforme dei linguaggi. Essi scavalcano diversi ambiti e settori della convivenza umana dai livelli più fisici e fisiologici fino alle prospettive più nascoste della psicologia e all'apertura dello spirito. Essi passano da contesti completamenti generali a tagli del tutto specifici e specializzati [1]. I linguaggi pervadono tutto e si offrono come ambito di incontro per tutta l'esperienza. Se una 'lingua' ha tendenza a presentarsi come una unità ben configurata e bilanciata, i linguaggi sembrano attraversare le stesse lingue con una facilità di salto e di superamento di ogni confine costituito. Come evocare questa flessibilità dei linguaggi, la loro capacità di offrire un momento di incontro complessivo, la loro inclinazione a saltare diversi recinti stabilizzati? Talvolta si propone di indicare come chiave del linguaggio e dei linguaggi la loro consistenza essenzialmente intenzionale [2]. Infatti, sarebbe nella sua propria dinamica intenzionale

---

sotto molteplici punti di vista: a livello di materia dell'espressione, di forma dell'espressione, di sostanza della espressione, di materia del contenuto, di forma del contenuto e di sostanza del contenuto. Se pensiamo, ad es., ad un enunciato verbale, la materia dell'espressione è costituita dalla natura materiale, fonica, dei significanti fonici, la forma della pressione dalla materia presente in esso, già scelta. Materia del contenuto è l'insieme dei significati ai quali s'è attinto per produrre l'enunciato, i significati presenti in questo costituiscono la sostanza del contenuto, la loro organizzazione, la forma del contenuto. All'interno di questa rete concettuale, ciò che distingue e definisce un segno (o un linguaggio) rispetto agli altri va individuato a livello dell'espressione, e più specificamente a livello di materia dell'espressione cioè del supporto materiale, fisico, sensoriale. Il contenuto, quindi il senso, la sfera semantica, sono al contrario addirittura identici per i linguaggi più diversi».

[1] H. Lefebvre, *Le langage et la société,* Paris 1966, p. 185: «Pris dans son tout, le langage est multiforme, hétéroclite. A chevai sur plusieurs domaines, physique, physiologique, psychique, il appartient au domaine individuel et au domaine social; ainsi considéré il ne se laisse classer dans aucune catégorie de faits humains; on ne sait comment dégager son unité. «La langue au contraire est un tout en soi, et un principe de clarification». Ecartons ce qui ne relève pas de la langue, intermédiaire entre ceux qui parlent, institution. Mettons entre parenthèses, dans le flux héraclitéen des faits de communication, la partie physique et psychique (individuelle). Qu'écartons-nous ainsi? La parole. «En séparant la langue de la parole, on sépare du même coup: 1) ce qui est social de ce qui est individuel; 2) ce qui est essentiel de ce qui est accessoire». La langue n'est pas une fonction de l'individu parlant; celui-ci enregistre passivement cette œuvre de la société. Au contraire, la parole est un acte individuel de volonté et d'intelligence. Cette démarche effectuée, on peut répondre à la question posée, dire ce qu'est la langue, en récapituler les caractères: «1° Elle est un objet bien défini dans l'ensemble hétéroclite des faits et langage... 2° La langue, distincte de la parole, est un objet qu'on peut étudier séparément... La langue est un système de signes, qui ne connaît que son ordre propre. Ainsi le jeu d'échecs (a)».

((a) Cours, p. 25, 30, 31, 34, 37, 43, etc.)

[2] B. Mondin, *It linguaggio teologico,* Alba 1977, p. 18: «Anzitutto lo stesso termine linguaggio. Che cosa significa questa parola? Secondo una definizione molto comune, «per linguaggio si intende ogni sistema di segni che può servire come mezzo di comunicazione». Esso comporta, quindi, una struttura essenzialmente intenzionale. In effetti il linguaggio vuole segnalare intenzioni, idee, sentimenti, cose, ecc. Si può anzi dire a buon diritto che il linguaggio è lo strumento ideale dell'intenzionalità essenziale dell'uomo. Questi è un essere aperto e in continuo movimento, orientato verso tutta la realtà che lo circonda e sovrasta. Tale apertura dispone alla comunicazione, e la comunicazione si effettua principalmente mediante il linguaggio».

che il linguaggio permette un continuo movimento e provvede per le necessarie molle capaci di superare ostacoli che lo potrebbero racchiudere in un cerchio senza via di uscita. Dalla stessa intenzionalità dei linguaggi sorge così la *metodologia del movimento* che caratterizza la comunicazione (come vedremo nella parte III voi. 4°, sulla metodologia fondamentale della comunicazione). Se questa intenzionalità umana di «porsi in relazione con se stesso, con la propria radice di esistenza e con gli altri», permette ai linguaggi di diventare piattaforma di tutto e di inoltrarsi al di là di ogni frontiera, mettendo anche talvolta questa apertura in collegamento con la dinamica della «inventiva», o dell'inventare o della capacità di invenzione umana [1]. Il linguaggio non è dunque soltanto, in questa prospettiva, uno strumento di «pura constatazione», ma è l'intenzionalità nella quale si concretizzano i linguaggi, coinvolgendo la realtà in un movimento che deve poi ricevere una sua consistenza, una sua coerenza e un suo senso. La relazione che sorge come linguaggio è relazione inventiva e ogni approccio coerente della realtà ha bisogno di un linguaggio; così il linguaggio che si inventa corrisponderebbe alla «grammatica di invenzione» di cui l'uomo è fatto nel suo progetto più profondo. Gli stessi autori cristiani colgono, oggi, l'importanza della piattaforma linguistica. Nei linguaggi si offre la possibilità di comprendere e di collegare, ma vi può anche essere la possibilità di malinteso e di non-comprensione [2]. La sorgente dei linguaggi si trova al di là di essi stessi. Ciò che l'inventiva dei linguaggi permette non viene racchiuso soltanto dalle tracce che esso lascia. L'intenzionalità, in un senso o nell'altro riferisce la persona e la comunità al di là di se stessa. Il linguaggio appare complessivamente come il fatto culturale per eccellenza, proprio nella prospettiva di questa intenzionalità ed inventiva della convivenza umana [3]. Allo stesso

---

1 L. Wittgenstein, *Philosophische Untersuchungen,* Oxford 1968, S. 492: «492. Eine Sprache erfinden, könnte heissen, auf Grund von Naturgesetzen (oder in Übereinstimmung mit ihnen) eine Vorrichtung zu bestimmtem Zweck erfinden; es hat aber auch den andern Sinn, dem analog, in welchem wir von der Erfindung eines Spiels reden. Ich sage hier etwas über die Grammatik des Wortes «Sprache» aus, indem ich sie mit der Grammatik des Wortes «erfinden» in Verbindung bringe».

2 G. Ebeling, *Das Wesen des christlichen Glaubens,* München 1959, pp. 183-184: «Indem gesprochen wird, stellt sich darum sofort das Problem der Verständigung. Denn die Sprache, die dem einen Verstehen ermöglicht, wird dem andern zum Verstehenshindernis. Sprache schafft immer zugleich Verstehen und Nichtverstehen, sie verbindet und trennt. Sie gleicht freilich nicht einem absolut verschlossenen Gefass. Die Sprache und worum es in ihr geht, ist als menschliches Phanomen etwas, was die Sprachgrenzen übersteigt und darum auch Übersetzung zulasst. Doch nicht so, wie man Wasser aus einem Gelass ins andere giesst. Übersetzen ist eine hohe Kunst; aber auch wenn sie mit Meisterschaft gehandhabt wird, ist sie eine bestimmten Sprache heraus gedacht. Es in eine andere Sprache übertragen, heisst, es neu überdenken».

3 A. Delzant, *La communication de Dieu,* Paris 1978, p. 11: «Je pense que tout problème est de langage... Le langage m'apparaît comme le fait culturel par excellence et cela à plusieurs titres; d'abord parce que le langage est une partie de la culture, l'une de ces aptitudes... ou habitudes que nous recevons de la tradition extrême; en second lieu parce que le langage est l'instrument essentiel, le moyen privilégié par lequel nous assimilons la culture de notre groupe...; enfin et surtout, parce

tempo i linguaggi diventano anche *piattaforma mobile* o strumento di inventiva per allacciare collegamenti e relazioni. Così, dal primo approccio, la strumentalità al servizio dell'intenzionalità concretizza una inventiva che diventa cultura nell'ampio scatto di inserimento nella realtà e di creatività che si offre nei linguaggi... Dallo studio quasi esclusivamente grammaticale e sintattico delle lingue, l'approccio dei linguaggi vede aprirsi l'intreccio di implicazioni più ampie che superano la semplice osservazione ristretta di tale o tale formulazione linguistica. Il modo convergente di maturazione dei tre *ritmi culturali attuali* (linguaggi, comunicazione, antropologia) appare assai evidente. Vediamo così come da un punto di partenza ristretto alla osservazione *tecnica* di dati concreti e pratici, si è poi giunti ad un ulteriore approfondimento oltre i limiti prefissati dall'interesse dei primi ricercatori. I confini si enunciavano come segue:

- i linguisti: studio 'tecnico' delle lingue
- i comunicatori: studio 'tecnico' dei 'mezzi della comunicazione'
- gli antropologi: studio 'tecnico' delle comunità preindustriali.

Si tratterà di osservare le lingue, utilizzare i mezzi comunicativi, partecipare comparativamente alla vita di comunità ristrette. Diversi autori si sono volutamente mantenuti al solo livello di osservazione, mentre il terreno si faceva già più esteso. Poi si arrivò alla problematica di fondo: persona umana nella tua comunità, chi sei?... Non si partirà più dalla *natura nella quale inserire l'uomo*, ma si dovrà partire dall'uomo per vedere come riesce ad aprirsi all'universo che lo circonda. La chiave dei linguaggi ha insegnato che sia la lingua, sia la comunicazione, sia la comunità, non sono un gioco di stimoli 'naturali' che la persona prende o lascia stare come mezzi neutrali -ma che sono 'fondazione' dall'«auto-movimento» della persona nelle comunità. Si riconosce che i linguisti sono stati tra i primi a capire questa particolare centralità dei 'linguaggi': inizio del diventare persona e via di inserimento attivo e riflessivo nell'universo [1]. La

---

que le langage est la plus parfaite de toutes les manifestations d'ordre culturel qui forment, à un titre ou à l'autre, des systèmes. Et si nous voulons comprendre ce que c'est que l'art, la religion, le droit, peut-être même la cuisine ou les règles de la politesse; il faut les concevoir comme des codes formés par l'articulation de signes, sur le modèle de la communication linguistique (a)».
((a) G. Charbonnier, *Entretiens avec Lévi-Strauss,* Paris, U.G.E. coll. 10/18, pp. 183-184.)

[1] U. Eco, *Opera aperta,* Torino 1976, p. 71: «Il linguaggio non è una organizzazione di stimoli naturali come può esserlo il fascio di fotoni che ci colpisce in quanto stimolo luminoso; è organizzazione di stimoli attuata dall'uomo, fatto artificiale, come fatto artificiale è la forma artistica; e quindi, anche senza attuare una identificazione arte-linguaggio, si potrà utilmente procedere trasportando in un campo le osservazioni rese possibili nell'altro. Come hanno compreso i linguisti (*) il linguaggio non è *un* mezzo di comunicazione tra tanti; è «ciò che fonda *ogni* comunicazione»; meglio ancora «il linguaggio è realmente la fondazione stessa della cultura. In rapporto al linguaggio tutti gli altri sistemi di simboli sono accessori o derivati (**)».
((*) Cfr. N. Ruwet, Prefazione agli *Essais de linguistique generale* di Jakobson *(op. cit.,* pag. 21). / (**) R. Jakobson, *(op. cit.,* pag. 28).)

piattaforma fondamentale che fonda ogni comunicazione non va cercata fuori dai linguaggi perché la base antropologica della cultura sorgerà -pure- da questa fonte. Cultura antropologica e comunicazione culturale si dovranno riferire articolatamente a questo fondamento tipicamente 'umano'. Si vede, oggi, che, nella misura in cui comunicazione ed antropologia si sono interessati a questo fondamento, anch'essi hanno acquistato un respiro più rilevante nella dinamica culturale odierna.

Una 'rivoluzione galileiana' o 'copernicana'?

Nell'indagine che ci proponiamo di intraprendere, si parlerà di 'linguaggi', al plurale. A prima vista, la particolarità umana si concentra invece sul linguaggio della *parola* detta o scritta. Ma ci dobbiamo già chiedere se *altri linguaggi* entrano di pari passo nella nostra riflessione. Si dice che gli animali rispondono a *segnali,* ma che la persona comunica con *segni,* proprio in quanto la parola ne ha dato capacità reale ed efficace. Bisogna dunque vedere se gli altri linguaggi sono 'pre-parola' o 'post-parola'. Evidentemente, non si ricerca - qui - una *cronologia* materialmente lineare; invece, si tenta di capire se la parola è *all'origine* - cioè dà una qualità particolare a tutti gli altri linguaggi dell'uomo - o è soltanto una specie di *somma,* risultante dell'addizione di altri linguaggi. L'antropologia sottolinea quella *sorgente* specifica nel linguaggio parlato, *soglia* per una dimensione diversa alla quale i linguaggi non-verbali possono accedere [1]. L'antropologia si muove nella sfera linguistica per precise ragioni. Il *concentramento personologico* nell'evento della parola rappresenta, forse, un momento-chiave di questa maturazione. Ma, come si è arrivati ad una tale apertura? L'antropologia, partendo dal linguaggio della parola, si è aperta di recente ad una visione più complessiva, risalendo alla fonte 'acustica' della parola: i segni. Ci fermeremo su questo importantissimo passo nella Parte II, 3° volume. Ma, occorre già adesso indicare il collegamento centrale tra antropologia e semiologia, che include allo stesso tempo la specificità del linguaggio parlato e tutti i linguaggi fatti di catene espressive di segni [2]. Tra i segni e la persona, tutti i linguaggi si sviluppano, si

---

1 E. Leach, *Lévy-Strauss*, Glasgow 1970, pp. 52-53: «In the course of human evolution man has developed the unique capacity to communicate by means of language and signs and not just by means of signals and triggered responses. In order that he should be able to do this it is necessary that the mechanisms of the human brain (which we do not yet understand) should embody certain capacities for making +/- distinctions, for treating the binary pairs thus formed as related couples, and for manipulating these 'relations' as in a matrix algebra. We know that the human brain can do this in the case of sound patterns, for structural linguistics has shown that this is one (but only one) essential element in the formation of meaningful speech: we can therefore postulate that the human brain operates in much the same way when it uses non-verbal elements of culture to form a 'sign-language' and that the ultimate relational System, the algebra itself, is an attribute of human brains everywhere».

2 J. Culler, *Saussure*, New York 1976, p. 93: «Thus, it was not until 1961, in his inaugural lecture at the Collège de France, that the anthropologist Claude Lévi-Strauss defined anthropology as a branch

muovono, appaiono e scompaiono. Non si è esitato di discernere, in questo balzo antropologico, una nuova «rivoluzione galileiana» [1]. Che si chiami 'galileiana' o 'copernicana' non importa, si vuole comunque valorizzare il passaggio unico che una tale connessione implica per l'approfondimento della realtà umana. Partendo da quell'asse semiologico, si potrebbe dire che *tutto entra a fare parte dell'approccio scientifico.* La scienza non riduce - cioè - il proprio campo a un insieme di criteri meccanici o di controllabilità misurabile in termini numerici. Le scienze umane sono - in particolare- studio dei *segni umani.* Basta evocare una tale prospettiva per capire immediatamente quante e quali sfumature, quanta e quale complessità si presenta a chi vuol intraprendere una indagine su qualche aspetto o dimensione della persona nella comunità, di ciò che la presuppone, la sviluppa o la prolunga. Con il fondamento semiotico, si dirà che l'approccio articolato di tutta l'esperienza umana diventa veramente scientifico, ma, evidentemente, non fanaticamente scientifico - cioè - non più scientifico di quanto un dato contesto lo permetta.[2] Con ciò si afferma che la scienza è sempre *scienza per...* ma non *scienza per la scienza,* impossibilità di ripiegare la scienza su se stessa, esigenza intrinseca di una *comunicazione* tra i diversi momenti riflessivi, compenetrazione tra approccio scientifico e prassi del cammino umano concreto. Forse, l'insistenza sulla piattaforma semiologica ha permesso di accentuare un altro aspetto particolarmente importante per la cosiddetta 'rivoluzione galileiana'

---

of semiology and paid homage to Saussure as the man who, in his discussion of semiology, had laid the foundations for the proper conception of anthropology. But fifteen years earlier, in an epoch-making article on 'Structural Analysis in Linguistics and Anthropology', Lévi-Strauss had already drawn upon the concepts and methods of linguistics to establish his brand of structuralism».

[1] J. Culler, *Saussure*, New York 1976, pp. 114-115: «In the whole history of science' wrote the philosopher Ernst Cassirer, 'there is perhaps no more fascinating chapter than the rise of the new Science of linguistics. In its importance, it may very well be compared to the new science of Galileo which in the seventeenth century changed our whole concept of the physical world'... But Cassirer's bold comparison of modern linguistics with the new science of Galileo is more difficult to evaluate. What does it mean and how could it be substantiated? For Cassirer the crucial and revolutionary aspect of modern linguistics is Saussure's insistence on the primacy of relations and systems of relations. Fiere, in its fundamental concepts and methodological premises, Saussure's theory of language is an exceptionally clear expression of the formal strategies by which a whole series of disciplines from physics to painting, transformed themselves in the late nineteenth and early twentieth centuries and became modern».

[2] U. Eco, *Trattato di semiotica generale,* Milano 1975, p. 45: «Ora l'approccio semiotico al fenomeno della semiosi deve essere caratterizzato da questa consapevolezza dei propri limiti. Spesso, per essere 'veramente' scientifici, non occorre voler essere più 'scientifici' di quello che la situazione permetta. Nelle scienze umane si incorre sovente in una fallacia ideologica che consiste nel considerare il proprio discorso immune dall'ideologia e, al contrario, 'oggettivo' e 'neutrale'. Sfortunatamente ogni ricerca è in qualche modo 'motivata'. La ricerca teorica è solo una delle forme della pratica sociale. Chiunque voglia conoscere qualcosa lo fa per qualcosa. Se afferma di voler conoscere per il puro gusto di conoscere (e non per fare), questo significa che egli vuol conoscere per non fare nulla, il che rappresenta un modo surrettizio di fare qualcosa, e cioè di lasciare le cose così come stanno o come si vorrebbe che stessero».

nell'ambito antropologico. Se si esce dal principio della *scienza per la scienza* e dal presupposto della *scienza soltanto partendo dal livello empirico,* ciò si riallaccia non tanto a un 'rifiuto della scienza' o a un 'sospetto generalizzato verso la scienza', ma, più direttamente a un approfondimento della *démarche* scientifica stessa. Come avremo modo di vedere progressivamente in questo studio, il momento liberativo viene dalla scienza più spinta ed esatta stessa: la scienza fisica, che invita a non 'fidarsi' unicamente del 'livello empirico', dove non può essere individuata la struttura reale o fondamentale dell'universo [1]. Tirare le somme di questo invito significa iniziare una 'rivoluzione copernicana'!... Con il riferimento ai *segni,* il livello empirico non appare più l'unico criterio di oggettività: i segni sono innanzitutto *umani,* e solo attraverso questa loro *base,* si potrà accedere alla realtà. Il *punto di partenza dei segni* si presenta già qui come terreno basilare, come sarà riconosciuto per qualsiasi 'linguaggio' - della praxis o della conoscenza (vedere vol. III parte II, cap. I, II, III, la prospettiva elementare del segno).

Lo studio attuale dei linguaggi

Gli studiosi attuali del linguaggio propongono in genere di far risalire la nascita della linguistica all'inizio di questo secolo, nascita parallela in Europa ed in America, con identici orientamenti di riflessione e una notevole differenza di contesto, sia immediato, sia in modo più ampio, rispetto agli studi linguistici nei due continenti [2]. Il

---

1 H. G. Nutini, *Lévi-Strauss' conception of Science,* in J. Pouillon - P. Maranda, *Echanges et Communications,* I, The Hague 1970, p. 547: «Thus, like Boas and American anthropology in general, they were unable to go beyond the empirical facts in order to arrive at a higher order of generalization and explanation. It seems to me that by emphasizing the synchronic aspects of description and explanation, the functionalists were in a more advantageous position than those concerned primarily with diachronie, for they should have found it easier to grasp and adapt to the social empirical domain the epistemological changes that had occurred in the physical Sciences, namely, that the structure of phenomena cannot be found at the empirical level, and that in a sense it must be regarded as superimposed. I cannot explain why the functionalists were unable to lift themselves above the empirical facts and initiate a truly Copernican revolution in anthropology. It is simple enough to say that, since most functionalists are British, the worst aspects of their otherwise sound empirical tradition seem to have gotten the best of them.[1] Let us take, for example, the case of Radcliffe-Brown (1952, 1964), regarded as unquestionably the most prominent and articulate of the functionalists. He was indeed in a very advantageous position to begin the Copernican revolution in anthropology, and I have often wondered what kept him «so dose to the trees that he could not conceive of the forest». ([1] In philosophical terms, British anthropologists -and Anglo-American social scientists in general. I presume- seem to have forgotten Berkeley and Hume, and to have paid much more attention to Stuart Mill, Comte, and Spencer in their unwarranted adherence to a naive empiricism».

2 D. Crystal, *Linguistics,* and Harmondworth 1971, pp. 142-143: «The subject we now call linguistics began to take its present form at the beginning of this century. The interesting thing is that it seems to have developed in an almost independent way in two places at once - Europe and America. However, the two approaches were radically different, each being very much the product of its own history, and each taking advantage of the kind of linguistic material, which it found immediately

fatto fondamentale che si riconosce in questa 'nascita' è che la linguistica sembra essere riuscita ad affermarsi come approccio autonomo avendo i propri metodi di lavoro, con una propria dinamica [1]. La nuova autonomia viene stabilita confrontando lo studio attuale del linguaggio, con i suoi scopi, in opposizione o distinguendolo dai metodi che si usavano precedentemente. Una delle distinzioni fatte tra studio attuale dei linguaggi ed approcci del passato consiste nell'indicare la debolezza di questi ultimi proponendo come scopo primario l'enunciazione di *precetti* linguistici [2]. Si trattava innanzitutto di definire come *scrivere bene*, ma non studiare *come* realmente si parlava. La linguistica vuole interessarsi a tutti i campi del 'dire'. Il 'dire' è naturalmente uno dei livelli più complessi e più estesi della vita umana, il che rende il linguaggio uno *strumento* adoperato in diversissimi campi del pensiero e delle attività umane. Data questa *infiltrazione* del linguaggio in tanti terreni di conoscenza abbastanza stabilmente classificati nel passato, la linguistica potrebbe in qualche modo superare queste classificazioni, talvolta chiuse, e diventare una 'scienza delle scienze' [3]. I tramezzamenti consueti tra le diverse discipline del sapere e dell'agire umano troverebbero così una piattaforma d'incontro e certe vie aperte per una sintesi che non sia riduttiva o distorta. Entrando in tutti i campi, per mezzo e dalla prospettiva del linguaggio che vi si usa, la linguistica rimane un approccio aperto, non pre-orientativo

---

available. The Europeans had a continuous tradition of philosophical thought, ... and an immediate background of historical study of language which carne from the nineteenth-century 'comparative philology'...»; p. 143: «Here (in America), linguistic research began by turning to the sources most readily available, the American Indian languages, and their orientation was completely different. There was no written record in the case of these languages and there were no earlier descriptions... The emphasis was therefore on the meticulous description of the individuality of each language's structure...».

1 A. Martinet, *Langue et fonction*, Paris 1962, p. 9 : «Le résultat le plus remarquable de la linguistique contemporaine est peut-être d'avoir finalement réussi à s'affirmer comme une discipline parfaitement autonome, avec son propre objet, ses propres buts et ses propres méthodes. Tandis que la philologie n'avait jamais coupé les liens qui la rattachaient aux textes anciens et aux humanités classiques, la linguistique se définit comme libre de toute dépendance et de toute servitude vis-à-vis des autres disciplines».

2 D. Crystal, *Linguistics,* Harmondworth 1971, p. 72: «It will be clear from what has been said that much of the unsactisfactoryness of traditional approaches to language is due to the prescriptive attitude towards their data: writers were concerned to make rules about how people 'ought' to speak and write, in conformity with some standard, or set of standards, which they considered primary. They were not concerned so much with ascertaining how people actually 'did' speak and write... The older approach was typically prescriptive, and it is in opposition to this general attitude that many of the themes of early twentieth-century linguistics were developed. Modern linguists, as we have seen, do not want to gear their descriptions to non-linguistic standards of correctness».

3 H. Lefebvre, *Le langage et la société,* Paris 1966, p. 13: «La Théorie du langage permettrait la constitution d'une sorte de 'science des Sciences' qui ne serait plus une philosophie, donc une spéculation idéaliste ou matérialiste. Une science unitaire, sans synthèse déformante ni systématisation abusive, s'organiserait autour de ce noyau. Il s'en suivrait la mise en place, lente mais inévitable, d'une institution très moderne: l'Internationale des savants et de la science, la Cité scientifique de l'avenir».

secondo una certa concezione del mondo e della realtà in genere, nella sua sostanza e nella sua estensione. Evidentemente, la linguistica antropologica non intende creare un *linguaggio generale* o una lingua universale. Tali sogni formali sono stati superati nel passaggio tra il secolo scorso e l'attuale momento culturale. La linguistica generale si interessa alla generalità del fenomeno linguistico -che pervade tutti i campi dell'azione e del sapere umani- senza minimamente immaginare che si possa arrivare ad un *linguaggio generale* [1]. L'approccio antropologico della linguistica non pretende -dunque- *coprire* le diverse articolazioni riflessive o pratiche con una super-articolazione mentale o attiva. Differentemente da altri tentativi scientifici, non si pensa avere tra le mani un 'principio universale' che renda conto di tutto ed obblighi tutto ad inquadrarsi in esso. Non ci si propone di arrivare ad una 'teoria integrale della realtà', dalla quale dedurre poi tutti i modi accettabili della riflessione e della prassi. Ciò porterebbe ad una inevitabile uniformità del pensiero o dell'iniziativa di vita. L'universalità non si trova nell'uniformità di un *linguaggio globale* ma nell'infinito intrecciarsi di tantissimi 'linguaggi', che portano -ogni volta- un loro flusso informativo al movimento della comunicazione umana. Le implicazioni di ciò per la comunicazione tecnologica saltano agli occhi!... Inutile dire come una tale maturazione potrà accrescere la qualità scientifica stessa della ricerca, e come questo passo aprirà orizzonti molteplici e forse insospettati per l'esame dello spirito umano. In tal modo l'analisi del linguaggio e la possibilità di una piattaforma complessiva per la conoscenza e l'azione umane non si ispirerebbero a una particolare ideologia e non porrebbero 'a priori' l'esclusione assoluta di una visione trascendentale quale eventualità di partenza [2]. Una migliore conoscenza ed esplicitazione delle sue vie manifesterebbero ciò che più caratterizza l'uomo come «homo loquens», cioè l'articolazione dell'unità umana nella diversità delle sue espressività, e renderebbero ognuno più cauto nell'uso della *parola,* cioè più pienamente consapevole [3]. Verrebbero

---

[1] R. H. Robins, *General Linguistics,* London 1971, p. 2: «General linguistics is concerned with human language as a universal and recognizable part of human behaviour and of the human faculties, perhaps one of the most essential to human life as we know it, and one of the most far-reaching of human capabilities in relation to the whole span of mankind's achievements. Needless to say, there is no 'general language' as the specific subject-matter of linguistics other than and apart from the numerous and so far uncounted different languages (estimated at around 3.000) spoken in the world; but the general linguist, in the sense of the specialist or the student concerned with general linguistics, is not as such involved with any one or more of them to a greater extent than with others». (Nella linea della nostra prospettiva, in questo volume, ho esteso antropologicamente il campo della 'lingua' a quello dei 'linguaggi', ritenendo soprattutto da questa nota il criterio di non-uniformità di un 'linguaggio generale').

[2] H. Marcuse, *L'homme unidimensionnel,* Paris 1968, p. 216: «Ce serait une erreur que de préjuger du caractère idéologique de l'analyse linguistique en établissant une corrélation entre la philosophie qui s'oppose à la transcendance conceptuelle au-delà de l'univers du discours établi d'une part, et la pratique qui s'oppose à la transcendance politique au-delà de la société, d'autre part».

[3] H. Lefebvre, *Le langage et la société,* Paris 1966, pp. 18-19: «En analysant le langage, en

così evitati sia una metafisica arbitraria, sia un positivismo freddo. Si può trovare un'altra indicazione della particolare natura e dello scopo specifico della linguistica, come analisi aperta, e particolarmente in merito alla sfumatura inclusa nella scelta del nome dato a questa analisi, *prima parola* che raccoglie la prospettiva e la ricapitola in se stessa: cioè il termine 'linguistica'. Esso è diverso dai nomi di discipline che terminano in 'logia' (teologia, filologia...). Il terminale potrebbe indicare non tanto la configurazione precisa e in qualche modo isolata, ma il confronto dinamico con problemi vitali [1]. L'insistenza sull'aspetto non puramente speculativo viene così sottolineata nel modo di inserire la linguistica nella nomenclatura delle testate di discipline omologate. Ma, si vedrà, per gli stessi linguisti, come la nomenclatura non corrisponde alla sostanza più intima dei linguaggi (vedere parte I, cap. I, il linguaggio come relazione, il paragrafo sulla rete linguistica aperta). E se già le nomenclature sono poco decisive, che dire dei *terminali* di titoli formali!... La preoccupazione maggiore consiste -forse- nel garantire -dal nome dato a questa disciplina- la massima apertura d'interesse senza limiti accademicamente acquisiti e stabiliti: studio senza pretese e tentativo non predeterminato. Una via tra 'speculativismo' e 'positivismo', tale sarebbe la proposta della linguistica: partendo dal concreto ma non chiudendolo nel solo *pratico sensibile.* O esiste, in questo modo di chiamare la disciplina linguistica, una preoccupazione di insistere sul massimo valore 'scientifico' e sulla massima garanzia di 'precisione', arrivando persino a *un'algebra del linguaggio* [2]! Una tale proposta è

---

caractérisant l'être humain comme «homo loquens», la philosophie éviterait à la fois les dramatisations (le romantisme spéculatif, l'idéalisme (s'éloignant de l'humain vers l'absolu) et les dédramatisations (le regard pur et abstrait, l'indifférence, la prétendue sérénité des penseurs, les descriptions et analyses sans parti-pris). Le secret d'une invention que ne renoncerait pas à la rigueur se situerait dans l'étude analytique du «logos», qui remplacerait l'usage sans rigueur, sans précaution, de ce «logos» ou discours. Cette étude passerait entre deux obstacles, elle éviterait deux impasses: la métaphysique arbitraire, le froid positivisme».

[1] S. I. Hayakawa, *The Use and Misuse of language,* New York 1962, p. 11: «There are two suffixes in our language (and similar ones in other European languages) which suggest organized knowledge. One is the venerable, academic «ology», that reminds one of university curricula and scholarship. The other is the energetic and somewhat mysterious «ics», which has a connotative flavor of magic. Where «ology» suggest academic isolation (ichthyology, philology), «ics» suggests a method of attack on life's problems. It contains a faint throwback to the ancient drams of the philosopher's stone and of «keys» to the riddles of the universe. Ancient words ending in «ics» are mathematics and metaphysics. Of more recent origin are economics, statistics, semantics, and cybernetics».

[2] R. Jakobson - M. Hall *The Fundamentals of language,* New York 1956, p. 26: «The approach one might call 'algebraic' aims at the maximal estrangement between phoneme and sound or, correspondingly, between phonemics and phonetics. The Champion of this trend calls on linguistics to become «an algebra of language, operating with unnamed entities, i. e. arbitrarily named entities without natural designation» (Helmslev, 1953).* Particularly, the 'expression plane' of language, as he christened the aspect named *signans* in Stoic and Scholastic tradition and in the work of its reviver Ferdinand de Saussure, is to be studied without any recourse to phonetic premises».
(* Cf. the criticism of this approach by B. Siertsema, *A study of glossematics* (Gravenhage, 1954), chapters VI, XI, and by F. Hintze, *«Zum Verhältnis der sprachlichen 'Form' zur 'Substanz'»,* «Studia

stata fatta. Ma si vede subito come ha dovuto immediatamente restringere il campo di lavoro, partendo da premesse già prefissate. La 'scienza delle scienze' diventa una scienza applicata al linguaggio della parola detta o scritta. L'algebra non è né 'logia' né studio problematico col terminale 'ica'... Il punto di partenza pone anticipativamente una divisione di totale *non corrispondenza* tra i dati fonetici e ciò che potrebbe chiamarsi l'intreccio significante. Non premettere niente e non precludere niente, tale sembra, invece, l'orientamento antropologicamente aperto degli sviluppi ulteriori della linguistica, senza escludere la possibilità di studi particolarissimi, nell'ambito linguistico, su tali livelli o aspetti dei linguaggi. La portata particolare del ritmo fonetico non farà parte del secondo volume, ma sarà ripreso in altri studi, sulla base della prospettiva fondamentale articolata in quest'opera. Se i campi della 'matematica' e della 'metafisica' si sono formati ed articolati entrambi in discipline col terminale 'ica', anche la linguistica intende svilupparsi con una tale consonanza di prospettiva. Chiave di unità tra diverse discipline di conoscenza e di informazione, lo studio del linguaggio non si limiterebbe però solo a questo. Esso sarebbe un trampolino di conoscenza delle comunità, delle società e delle culture le più diverse nel presente e possibilmente nel passato [1]. Il 'segreto' delle diverse comunità -e particolarmente delle loro configurazioni- potrebbe così tracciare una via di unità fondamentale nell'espressività, senza uniformizzare o senza nemmeno aver bisogno, per arrivare ad una efficace attuazione, della comunicazione tra gli uomini. «De-segretare» le diverse lingue tramite una comprensione complessiva del 'linguaggio' offrirebbe così a tutti un accesso giusto allo strumento stesso dell'espressione e dell'interscambio. Il legame tra le lingue nella prospettiva dell'unità basilare di espressività dell'uomo, si delinea anche nei collegamenti attraverso tutta la storia delle culture. Questa ricerca storica di somiglianze sistematiche tra le lingue è stata per la prima volta messa in luce nel corso del XVIII secolo, per quanto concerne i legami tra latino e sanscrito [2]. La ricerca di

---

Linguistica», III (1949)".)

[1] H. Lefebvre, *Le langage et la société,* Paris 1966, p. 16: «La linguistique ayant déjà accompli des progrès remarquables, ..., se situerait ainsi au centre des recherches et des découvertes. Noyau, ici encore, mais d'une double façon (par la méthode et par l'objet, par la forme et par le contenu), le langage livrerait le secret des sociétés les plus diverses, saisies justement dans leur diversité, des sociétés dites «archaïques» aux sociétés modernes, dites «industrielles». Métaphore prometteuse et peut-être compromettante, ce «noyau» est explicitement désigné comme tel par Cl. Lévi-Strauss».

[2] D. Crystal, *Linguistics,* Harmondworth 1971, pp. 146-147: «The first to point out objectively the fact of a systematic similarity was a french Jesuit missionary named Coeurdoux, who showed in 1767, with many examples, that Latin and Sanskrit had definite grammatical and lexical correspondences; but his suggestion was not published until much later, and by that time, Sir William Jones had said the same thing more emphatically, and included Greek and Celtic in his observations».

E. H. Sturtevant, *An Introduction to linguistic Science,* London 1967, p. 51: «Scientific treatment of language in Europe arose when men who were steeped in the grammatical technique of the Greeks and Romans learned the linguistic Science of the Hindus. Both of these systems were, in the main, descriptive; the Hindu grammarians started with the minute description of the language of the Vedic

corrispondenza articolata tra lingue diverse si è così sviluppata, preparando il terreno per l'attuale linguistica. Nel contesto europeo, i progressi dello studio del linguaggio sono precisamente stati possibili, quando gli studiosi hanno lasciato il campo abituale della conoscenza e dei criteri di espressione ereditati in modo diretto dalla cultura greco-latina, e si sono interessati ad altre aree di culture e di lingue costituite. Così, si è lasciato un metodo essenzialmente descrittivo (degli anziani), per passare allo studio più storico. I collegamenti nella diversità delle lingue pongono il problema che la linguistica e lo studio del linguaggio vogliono affrontare in modo diretto: la simultaneità di unità e di diversità nella prospettiva del 'dire' umano, unità e molteplicità congiuntamente *inevitabili* [1]. L'esame delle relazioni e delle diversità si fa evidentemente sempre da un certo punto di vista, cioè il punto di vista di colui che studia l'espressione culturale di un'altra comunità. Come potrà essere allora veramente 'oggettivo e scientifico'? I fautori della ricerca linguistica attuale pensano che tale svantaggio non si verifica per la linguistica, perché gran parte del comportamento linguistico di ogni uomo si situa al livello del pensiero inconscio, garantendo così il più possibile l'assenza di interferenza da parte di chi studia su chi è studiato e ciò che è studiato [2]. Bisogna - però - precisare che lo studio delle *diversità* non si confronta in modo contraddittorio con l'esame unitario di possibili universali. Non ci troviamo - cioè - di fronte a due tendenze che entrerebbero in concorrenza per escludersi vicendevolmente secondo la prevalenza dell'una o dell'altra chiave interpretativa. Senza dubbio, l'indagine linguistica ha oscillato tra l'accentuazione dell'esame particolareggiato e della ricerca circa le proprietà maggiormente universali dei linguaggi. Ma quest'ultimo livello non si presenta come un puro gioco astratto in opposizione con lo studio concreto sul campo. Man mano che si sviluppa il taglio antropologico, l'interesse per 'l'unità' e 'l'universalità' del fenomeno e della dinamica

---

hymns and went on to a description of the later form of the language, known as Sanskrit. The Greek grammarians similarly started with Homer and proceeded to the literary dialects of classical times. Although, in both countries, different stages of the language were considered, the treatment was descriptive rather than historical».

[1] J. Vendryes, *Le langage. Introduction linguistique à l'histoire,* Paris 1968, p. 259: «Mais lorsqu'on entreprend une théorie générale du langage il faut se garder d'un double danger. Par une de ces antinomies linguistiques qu'a étudiées Victor Henry («Antinomies linguistiques», Paris 1896), le langage est à la fois un et multiple; il est le même chez tous les peuples et pourtant il se diversifie à l'infini dans tous les êtres qui le parlent».

[2] Cl. Lévi-Strauss, *Race et Histoire,* Paris 1961, p. 111: «L'appartenance de l'observateur à une culture particulière influe sur la façon dont il étudie les autres cultures, et on ne voit pas comment il lui serait scientifiquement possible de faire la part de ses intérêts individuels. Pourtant, la linguistique échappe à ces objections. La raison essentielle est qu'une bonne part «du comportement linguistique se situe au niveau de la pensée inconsciente» (*Language and the Analysis of social Laws* dans «American Anthropologist», avril-juin 1951). Bien plus, ce caractère inconscient du comportement linguistique persiste même chez celui qui connaît la phonologie. Le savant reste séparé du sujet parlant et l'influence de l'observateur sur l'observé n'est pas à craindre».

dei linguaggi umani si basa sull'incontro tra le diverse scienze umane nella loro interconnessione complessiva [1]. Si tratta non di una unità prede- terminata partendo da principi fissati, ma di una 'interdisciplinarietà' relazionale tra i diversi livelli e dimensioni dell'esistenza della persona nella comunità. I difetti dell'osservazione diretta non saranno soltanto corretti grazie alle vie inconsce dell'espressività linguistica, ma piuttosto tramite il *livello di incertezza* che la scienza esatta introduce oggi e che viene superato soltanto nella *complementarietà* tra le discipline (vedere parte IV, volume 5°; cap. III, par. «dal limite dell'esattezza all'interdisciplinarietà»). L'uniformità universalizzante sarà -così- evitata nell'esame degli 'universali'... L'unico punto di vista che l'approccio linguistico prevede è lo studio delle relazioni all'interno di un linguaggio. Queste relazioni si caratterizzano, a un primo livello, come relazioni di confronto o relazioni combinative. Nella terminologia tipica della linguistica, le relazioni di opposizione si chiamano 'relazioni paradigmatiche' e le relazioni di combinazione 'relazioni sintagmatiche'.[2] Il punto di vista dello studio dei linguaggi è dunque la 'relazionalità' ed il suo punto di partenza è il 'movimento'... Vi sono anche, si dirà, dei criteri scientifici per portare a termine l'indagine linguistica ai vari livelli dell'esperienza umana: essere esaustivi o trattare adeguatamente il materiale rilevante, essere consistenti o superare eventuali contraddizioni tra affermazioni particolari nel

---

1 T. A. Sebeok, *Is a comparative Semiotics possible?,* in J. Pouillon - P. Maranda, *Echanges et Communications,* I, The Hague 1970, p. 616: «An initial impression of rich and seemingly inexhaustible diversity -assigned primacy by empirically inclined anthropological and other descriptive linguists of (roughly) the second quarter of our century- is now again being gradually superseded by the growing conviction of pervasive and significant invariance in the midst of surface variety. The history of linguistic thought has ever oscillated between a predominant preference for data collecting and the view that languages are separate objects to be described, compared, and interpreted, as against a concentrated search for universals of language and their defining properties. This latter goal -especially in its contemporary development- necessarily involves an understanding of the neurophysiological (Darley, 1967) and the even more broadly biological (Lenneberg, 1967; Sebeok, 1968, Ch. 21) characteristics of man, his modes of perception, categorization, and transformations, in order to account for the behavior of this unique language- using species and, more immediately, for the processes of linguistic ontogeny. As Zvegintsev (1967) has insisted, the study of language universals becomes meaningful «only when viewing them as interconnected with other Sciences, and the results of this study acquire equal importance both for linguistics proper and for other Sciences».

2 J. Culler, *Saussure*, New York 1976, p. 48: «In studying a language, then, the linguist is concerned with relationships: identities and differences. And he discovers, Saussure argues, two major types of relationship. On the one hand, there are those...: oppositions which produce distinct and alternative terms as opposed to: foot as opposed to feet. On the other hand, there are the relations between units which combine to form sequences. In a linguistic sequence a term's value depends not only on the contrast between it and the others which might have been chosen in its stead but also on its relations with the terms which precede and follow it in the sequence. The former, which Saussure calls 'associative' relations, are now generally called 'paradigmatic' relations. The latter are called 'syntagmatic' relations. Syntagmatic relations define combinatory possibilities: the relations between elements which might combine in a sequence. Paradigmatic relations are the oppositions between elements which can replace one another».

contesto generale, essere *economici* o preferire - nel presentare il materiale che si accoglie in modo uguale - formulazioni brevi piuttosto che lunghe dell'analisi [1]. Nell'intento della linguistica attuale di fare dello studio del linguaggio una disciplina autonoma, con criteri propri e coerenti, e nella prospettiva di estendere l'esame linguistico a tutti i campi dove un qualche 'linguaggio' può essere rintracciato, la linguistica sembra oggi tesa tra due sforzi: un primo sforzo di dare al linguaggio la massima precisione, chiarezza e coerenza, un altro sforzo di guardare nel modo più aperto possibile a tutti i 'campi' coinvolti [2]. Per operare questo doppio sforzo, la linguistica cerca certi *punti d'incontro* nei diversi campi e nelle diverse vie espressive. In questo senso, si potrebbe dire che essa tende a formulare delle *teorie del linguaggio.* Nell'ambito però dello studio linguistico, sembra che il concetto di 'teoria' sarebbe troppo ambizioso ed astratto [3]. Si tratterebbe piuttosto di proporre dei 'modelli' per possibili spiegazioni ed eventuali orientamenti di ricerca. Questi modelli devono servire a facilitare nuove prese di coscienza e nuovi intuiti, mantenendo uno statuto molto precario, e sempre disponibili a farsi da parte per l'inserimento di nuovi modelli che a loro volta esprimono, spiegano e orientano meglio l'interpretazione e la ricerca nei diversi campi che la linguistica raggiunge. Il valore della piattaforma della linguistica si trova proprio nel fatto che essa non presuppone niente come scontato, ma non esclude neanche niente 'a priori'. Non vi sono punti di partenza fissi [4]. Ogni punto

---

[1] R. H. Robins, *General Linguistics,* London 1971, p. 7: «In its operations and statements it is guided by three canons of Science: exhaustiveness, the adequate treatment of all the relevant material; (i) consistency, the absence of contradiction between different parts of the total statement; and, within the limits imposed by the two preceding principles; (ii) economy, whereby, other things being equal, a shorter statement or analysis employing fewer terms is to be preferred to one that is longer or more involved».

[2] H. Lefebvre, *Le langage et la société,* Paris 1966, p. 66: «En résumé, dès que nous examinons les difficultés de la science moderne du langage, et son apport effectif, nous constatons le clivage des tendances. L'une s'efforce de préciser l'intelligibilité et la rationalité inhérentes au langage. L'autre s'efforce d'étendre cette intelligibilité supposée bien définie, au lieu de la restreindre à son «noyau»; elle veut concevoir le social entier en fonction du langage et réciproquement la langage en fonction du social, représenté comme système de signes ou plutôt comme système de systèmes».

[3] D. Crystal, *Linguistics,* Harmondworth 1971, pp. 114-115: «For many linguists, this general idea of a theory is at once too ambitious and too abstract an idea to be directly applicable to data, and they prefer to work with something more concrete, namely, a 'model'... The value of a model lies in the clarity and concreteness of the relationships it proposes. In the light of a particular model, we obtain some insight into language that we had not obtained hitherto. If a model ceases to provide fresh insights -or if it fails to provide any insights at all- it will be discarded and a new model sought. From this, we can see that models are temporary things -it is sometimes said that science progresses through the search for new models to suggest new insights. Models are also selective things -only certain aspects of language are highlighted, and others may be totally ignored».

[4] J. Culler, *Saussure*, New York 1976, p. 46: «The basic problem, as we have followed Saussure in insisting, is that of linguistic identity. Nothing is given in linguistics. There are no positive, self-defined elements with which we can start. In order to identify two instances of the same unit we must construct a formal and relational entity by distinguishing between differences which are nonfunctional and hence, for Saussure, nonlinguistic and differences which are functional. Once we

di partenza sorge proprio dalle relazionalità che si manifestano come differenze tra dati apparentemente stabiliti. Da queste relazioni possono nascere degli elementi che acquistano una loro configurazione, ma a proposito dei quali non si deve mai dimenticare che appartengono a una rete relazionale più originaria. Vedremo come un tale modo di impostare l'approccio della realtà avrà una incidenza centrale per l'inserimento del pensiero e dell'iniziativa cristiana in seno alle culture, o meglio, in seno ai 'linguaggi', nei diversi sensi e ai diversi livelli della convivenza umana. Ciò che possiamo già subito sottolineare è la *non polemicità* di una tale metodologia riguardo alle realtà meno *avvertibili* o *ultime*... Là dove si poteva facilmente negare un livello di apertura umana interiore a nome di un altro livello più *controllabile,* il metodo della 'relazionalità' salta questa ristrettezza negando il presupposto dell'elemento predeterminato. Senza avvalorare questi primi accenni, non sfugge che lo studio dei linguaggi, oggi, si pone e si inserisce come un punto d'incontro, o anche come chiave di compenetrazione tra le diverse discipline della conoscenza, della scienza e del pensiero.[1] Più che una pretesa, una tale prospettiva sembra essere soprattutto una proposta e la soglia per una via di uscita, principalmente nel liberarsi dal frazionamento e dall'isolamento di ognuno dei campi di conoscenza e di saggezza, che l'umanità ha sviluppato nel corso dei secoli, ma che potrebbero esaurirsi dato il loro reciproco isolamento. Il bisogno di 'unità' o almeno di una possibilità di dialogo tra i diversi terreni della riflessione umana si fa sentire abbastanza fortemente anche per il pensiero cristiano confrontato con una *mentalità* e con una 'cultura' non più sorte dalla propria funzione unificatrice di tutti i valori a partire dalla prospettiva cristiana, ma diventate (per taluni) *adulte,* o anche *autonome,* senza contare poi l'apertura alle culture diversissime che la fede incontra nell'opera di evangelizzazione. Nella loro volontà di dialogo con la realtà umana, le 'teologie' del nostro tempo hanno forse la capacità di

have identified the relations and oppositions which delimit signifiers on the one hand and signifieds on the other, we have things which we may speak of as positive entities, linguistic signs, though we must remember that they are entities which emerge from and depend on the network of differences which constitutes the linguistic system at a given time».

1 R. H. Robins, *General Linguistics,* London 1971, pp. 10-11: «Linguistic studies are already being applied to the practical problems of automatic or machine translation and the exploitation of statistical techniques connected with the use of language. The communication engineer is helped by some knowledge of the basic composition of the language signals whose transmission and reception are his responsibility. An understanding of the power language can exert among men and of the different ways in which this power may be exploited and directed has proved to be a potent weapon in the hands of those who with the aid of what have come to be called «mass media» are engaged in moulding opinions, disseminating views, and exercising influence on their fellows, whether politically, commercially, or socially; the fact that such activities may often be regarded as undesirable and even desastrous is, of course, to be recognized; by-products are not always beneficial. In another sphere of activity linguistic knowledge is a powerful aid in the remedial treatments known as speech therapy, for patients whose speech mechanisms, through injury or defect, are damaged or imperfect. The applications of linguistics to other activities serving particular purposes in the world are collectively known as applied linguistics».

fare uso di questa piattaforma dello studio dei linguaggi per sviluppare l'incontro in modo più efficace? Potrebbe essere interessante vedere come certe convergenze o certi parallelismi indicano un orientamento che può presentare certi livelli o certi accenni comuni, permettendo - forse - anche di intuire come la reciprocità di interesse viene svelato dagli itinerari teologici così come dalla ricerca linguistica. A cosa ci porterà tutto questo nell'ambito della comunicazione tecnologica di massa? Ovviamente, l'intento prioritario che l'approccio antropologico-linguistico ci conferma, sarà quello di prospettare la *totalità comunicativa* non come un «super sistema», o una «nuova lingua globale» o un «linguaggio universale»... Il nostro preambolo poneva questo problema in termini di potere. La totalità comunicativa si presenta come insostituibile diversità di mediazione nei tanti *linguaggi tecnologici.* È soltanto un primo passo: si sa infatti, che la stessa penetrazione ovunque della strategia comunicativa acquista una sua capacità di prevalere dal solo fatto di muoversi in tutti i campi 'pubblici' dell'esperienza umana. Abbiamo, dunque, solo scartato una difficoltà di partenza o un malinteso sull'endemica tendenza verso l'uniformità di pensiero, di interpretazione e di sintesi.

3. Tentare una «antropologia comunicazionale»? La diacronia o le tappe storiche. Il passaggio all'età comunicativa e l'adeguamento incerto delle istanze ecclesiali ai cosiddetti mass media

L'antropologia si propone di studiare l'esperienza umana, non solo nelle sue sorgenti originarie (etniche, arcaiche) ma anche nei cambiamenti maggiori che si sono verificati nel corso dei tempi umani. Ci si è fermati, di recente, sull'esame del cambiamento complessivo nel modo di intendere, agire e sentire, riassunto nella dicitura di modernità o emancipazione umana. Questa emancipazione, in cui l'umanità si considera detentrice delle proprie scelte e depositaria del proprio destino, è stata analizzata nelle sue dimensioni socio-politiche recenti (cfr supra). Accanto e a monte di queste modifiche, si possono però individuare delle chiavi dall'affermarsi della modernità stessa- che permettono di capire più profondamente e più radicalmente alcuni cambiamenti significativi, che un indagine sul terreno cioè nell'ambito di questi mutamenti- evidenzieranno. La mutazione più incisiva appare come mutazione comunicativa ed annuncia l'era o l'età della comunicazione. Volendo trovare un accenno di definizione della comunicazione, si troverà facilmente un punto comune in chi la descrive meno come mezzo che come processo [1]. Lo spessore antropologico si

[1] E. G. Bormann, *Communication Theory*, New York 1980, pp. 26-27: «Dance and Larson examined 126 definitions of communication and concluded, although there are several points of difference in the many definitions of communication, upon at least one aspect the vast majority of scholars seem

intuisce già da questo primo assaggio

LA GRADUALE RIDISTRIBUZIONE DELL'ESPERIENZA UMANA

Come interpretare ciò che è successo storicamente in quanto alla comunicazione nei mass media? O cioè, cos'è successo in questi ultimi secoli, tanto da parlare di un cambiamento radicale nell'esperienza umana? La 'macchina' o lo strumento, o anche la 'scienza', potrebbero sembrare abbastanza estrinseci alla sostanzialità della 'persona' umana, nella sua consistenza antropologica. Una certa sociologia del progresso scientifico-tecnico poteva far pensare a prospettare una indagine partendo dai dati meccanico-scientifici. Di fronte ai parametri dell'uomo-macchina che si presentava come più attuali, oggi, si sa che questa simbolica non presenta ogni garanzia di serietà auspicata [1]. Più genericamente, tenendo conto delle varie chiavi riassuntive sorte nel corso delle tappe della modernità (cfr supra), dal Rinascimento alla Rivoluzione francese fino alla Rivoluzione russa, esse ci aiutano nell'indagine antropologica come la si comprende oggi. C'è da chiedersi però- se la via metodologica del 'triloghion'

---

to be in relative agreement. Most students view communication as a *process*. (1) They noted that the major differences among the definitions related to the level of observation implied by the formulation, the question of intent, and the implication of a normative judgment. Certainly the question of whether or not one of the defining criteria for communication should be a conscious intent on the part of the initiator of messages has been basic too much philosophical analysis of the essence of communication. Linked to the question of intent is the notion that communication ought to be defined in terms of the successful achievement of intent. Dance and Larson concluded their survey and analysis of various definitions of communication with their own, which was the production of symbolic content by an individual, according to a code, with anticipated consumption by other(s), according to the same code (2)».
((1) David K. Berlo, "Communication as Process: Review and Commentary," in Brent D. Ruben, ed., *Communication Yearbook* / (New Brunswick, N. J.: Transaction Books, 1977), p. 12. Berlo went on to write, "Fortunately for our intellectual future, the referent of *process-as-mystery* has diminished as our acceptance within the academy has risen. Process-as-mystery was not an intellectual position that could be translated into scholarly activity." / (2) Dance, p. 293.)

[1] D. De Kerckhove, *Introduction à la recherche neuroculturale*, in D. De Kerckhove - A. Iannucci, *McLuhan e la metamorfosi dell'uomo*, Roma 1984, p. 179: «Maintenant prenons le point de vue contraire, ou simplement opposé, celui du savant ou du philosophe. Il est fort probable que dans l'élaboration de sa théorie célèbre sur *L'homme-machine*, un «savant-philosophe» comme La Mettrie soit parti, non pas d'un percept, mais d'un concept à la mode, celui de la machine comme modèle de fonctionnement de l'univers, pour aboutir, par l'usage prolongé des propriétés associatives de cette catégorie mentale, à l'autre concept, plus audacieux, de l'«homme-machine». Dans quelle mesure, cette idée maîtresse, déjà partiellement formée dans la mentalité des gens cultivés de l'époque, venant confirmer d'autres concepts et flattant une tendance déiste qui libérait l'individu du pouvoir divin immédiat, a-t-elle pu influer sur la sélection des perceptions significatives qui venaient soutenir la théorie? Il est certain que le paradigme mécaniste qui s'est imposé à toute la culture est de nature conceptuelle. Toutes les *«Remarques sur les Pensées de Mr Pascal»* de Voltaire expriment le jeu de cadres conceptuels qui répriment la perception. Une des questions les plus passionnantes qui se pose à la recherche neuroculturelle, c'est de savoir combien de percepts il faut pour renverser un concept, en d'autres mots, quel est le seuil critique qui fait basculer un paradigme?».

(libertà, uguaglianza, fraternità) qui sopra indicato sia quella più adatta a farci cogliere quale sia quel 'cambiamento intrinseco' da verificarsi nel più profondo dell'esperienza umana odierna. Una diversa prospettiva è stata proposta nell'intento di marcare le pietre miliari delle eventuali mutazioni umane che si possano discernere nella storia recente. Alcuni hanno proposto di impostare l'indagine antropologica partendo dalle 'macchine della comunicazione di massa': strane macchine che -così pare- non hanno gli stessi effetti sull'evento umano che quelli prodotti dalle 'macchine della produzione dei beni e degli oggetti di consumo'... Tentiamo un breve percorso attraverso questo mondo di 'strumenti' intenti a trattare 'le cose della mente, dell'emozione, del dire e dell'udire, del vedere e del guardare. Di fronte alla 'modernità' si fa strada, verso la fine del millennio, la convinzione che questa 'modernità' giunge al suo termine. Si parla di 'postmodernità'. Apparentemente, la postmodernità non segue lo schema delle priorità o delle simboliche della modernità. Essa si radica nell'avvento del 'mondo moderno' (Rinascimento, umanesimo...) e consiste in alcune 'molle' che sembrano aver scattato dal di dentro di questo mondo. Tutto si è rivelato negli ultimi anni con l'invasione planetaria della gestione comunicativa delle vicende politiche, culturali,... magari anche religiose! Possiamo –forse parlare di 'trauma storico' a proposito delle mutazioni comunicative verificatesi negli ultimi secoli: un 'cambiamento traumatico', una modificazione dell'equilibrio organico dell'esperienza umana e cristiana? La situazione di oggi risulta da un itinerario che ha portato al contesto presente. C'entra -pertanto- la 'storia', o meglio il tentativo di interpretare la storia. Per capire come le Chiese hanno parlato di comunicazione (o non si sono espresse), occorre capire o tentare di evocare il quadro del cammino che la comunicazione ha percorso negli ultimi secoli. Nel nostro caso, si tratterebbe di azzardare un approccio dal punto di vista delle 'chiavi comunicative' della storia. Pure qui, il rischio sarà di sorvolare troppo sommariamente sulle 'fette' di storia. Tutto va -dunque- considerato nella sua qualità prettamente ipotetica e sottomessa ad ogni tipo di riesame... Non sembra -però- possibile contestualizzare gli interventi ecclesiali senza una inquadratura minima. Con essa, si tenterà non solo di suggerire ciò che le Chiese abbiano 'detto' ma anche quello che abbiano 'fatto' attraverso il loro atteggiamento e la loro gestione nell'evento comunicativo. È chiaro che la Chiesa cattolica di comunione romana appare come quella maggiormente traumatizzata da un capovolgimento in diverse tappe che sembrava destabilizzarla nelle sue più consistenti strutture.

1° PASSO
UNA DIACRONIA: CHIAVI COMUNICATIVE MAGGIORI DELLA STORIA RECENTE

Come impostare il nostro 'sguardo' sulla storia nelle sue chiavi comunicative? Si conoscono i dati generalmente proposti per indirizzare questa prospettiva storica [1]. Vi sono accenni che ci rimandano verso passati assai remoti per situare le prime chiavi di 'breakthrough' comunicativo, quasi parallelamente in varie civiltà e quasi

1 F. Williams, *The Communication Revolution*, New York 1983, pp. 30-34: «*Milestones in Human Communication*: 35,000 B. C. Cro-Magnon period; speculation that language existed / 22,000 B. C. Prehistoric cave paintings / 4,000 B. C. Sumerian writing on clay tablets / 3,000 B. C. Early Egyptian hieroglyphics / 1,800 B. C. Phoenician alphabet / 1,000 B. C. Early Greek script / 600 B.C. Earliest Latin inscription / 450 B. C. Carrier pigeon used by the Greeks / 130 B. C. Library of Alexandria built / 350 A.D. Books replace scrolls / 600 A.D. Book printing in China / 676 A. D. Paper and ink used by Arabs and Persians / 1200 A.D. Paper and ink art in Europe / 1453 A.D. Gutenberg Bible printed / 1562 A .D. First monthly newspaper in Italy / 1594 A. D. First magazine in Germany / 1639 A.D. First printing press in North America / 1642 A.D. Early adding machine developed by Blaise Pascal / 1709 A.D. Copyright law in England / 1791 A.D. First Amendment to the U.S. Constitution / 1819 A.D. Flat bed press invented by David Napier / 1827 A. D. Photographs on metal plates / 1830 A. D. Koenig steam press invented / 1834 A. D. "Analytic engine" (computer) principles; Charles Babbage / 1835 A. D. Samuel Morse introduces the telegraph / 1846 A. D. Lightening Press; high speed printing / 1855 A. D. Printing telegraph; David Hughes / 1866 A.D. Transatlantic cable completed / 1876 A. D. Telephone invented; Alexander Graham Bell / 1888 A. D. Radio waves identified / 1895 A. D. Radio telegraphy; Guglielmo Marconi / 1895 A. D. Motion picture camera; Auguste and Louis Lumière / 1900 A. D. Speech transmitted via radio waves / 1912 A. D. Motion pictures a big business / 1920 A. D. Home television speculated upon / 1927 A. D. American Telephone and Telegraph Co. demonstrates TV / 1936 A. D. *Life* magazine founded / 1942 A. D. First electronic computer in U.S. /1946 A.D. Xerography invented; Chester Carlson / 1947 A.D. Transistor invented; Bell Laboratories / 1949 A. D. First stored-program computer / 1951 A. D. Color TV introduced in the U.S. / 1957 A.D. Russia launches first earth satellite, *Sputnik* / 1958 A.D. Stereophonic recordings in use / 1961 A.D. Push-button telephones introduced / 1962 A.D. Telestar satellite launched by U.S. / 1968 A.D. Portable video recorders introduced / 1970 A.D. Microelectronic chips coming into wide use / 1975 A. D. Flat wall TV screen invented / 1975 A. D. Fiber optic signal transmission now highly developed / 1976 A.D. First wide marketing of TV computer games / 1978 A. D. Videodisc system test marketed / 1979 A.D. 3-D TV demonstrated / 1980 A. D. Home computer available for less than $500 / 1980 A. D. New breakthroughs in space photography / 1981 A. D. Two videodisc systems widely marketed / 1981 A. D. Space shuttle "Columbia" has successful mission / 1982 A.D. European consortium launches multiple satellites / 1982 A.D. Major advances in implementation of mobile telephone»; K. Steinbuch, *Kommunikationstechnik*, Berlin 1977, p. 19: «Urzustand: Nichttechnische Kommunikation, z. B. durch unvermittelte Sprache, Marken, Zeichen, Schrift, Boten, Reitente Boten, Staffetten, Brieftauben, Feuerzeichen erzeichen und dgl. -Seit 1500: Buchdruck (mit beweglichen Lettern). -Seit 1600: Zeitungen (im heutigen Sinn). -Seit 1850: Elektrische Telegrafie. -Seit 1880: Fernsprechtechnik. -Seit 1920: Hörrundfunk. -Seit 1950: Fernsehrundfunk (seit 1965 auch in Farbe). -Seit 1970: Datenübertragung».

simultaneamente nel percorso dei secoli [1]. Altri osservatori fanno risalire l'affermazione comunicativa più recente agli interessi militari di controllo, o economico-politici, nella convivenza umana [2]. Un dato va senz'altro ribadito: la comunicazione non è qualcosa di 'nuovo', nel senso che esista solo da quando ci sono dei 'strumenti tecnici'. Essa ha sempre esistito, da quando sono sorti i giochi dei 'segni' [3]. Ciò che appare -invece- notevole è la 'condensazione' ed il 'concentramento' operativo della piattaforma comunicativa nel corso della storia più recente [4]. Si sa, certo, che i giudizi non sono concordi sugli 'effetti' della comunicazione di massa nella storia. Anzi, qualcuno ha voluto dividere i campi in due 'blocchi' assai compatti, tra favorevoli ed oppositori [5]. Se si volesse tentare un accenno riassuntivo, la seguente

---

1 J. W. Mole, *The Communication Decree*, in «Social Justice Review», 1966 n° 8, p. 318: «This breakthrough occurred simultaneously in the major civilizational areas of the world -- China, India, Persia and the Mediterranean. The zenith began about 500 B.C. when Heraclitus, Zoroaster, Buddha and Lao-Tse -- the principal exponents of the breakthrough for their respective civilizations -- were contemporaries. They achieved it independently of each other for there was no exchange of thought between these ancient civilizations. At this time, the Jews returned from the Babylonian captivity, cured by this supreme trial, for the first time in their history, of idolatry, that is, mythology. From that time on they, too, never looked back».

2 A. Pasquali, *Faut-il comprendre les médias ou la Communication?*, in «Cultures», 1979 n° 3, p. 16: «La «découverte» de la communication s'est produite dans un contexte d'intérêts militaires, mathématico-cybernétiques, technologiques au sens large, biologiques, industriels, psychiatriques et économiques; c'est-à-dire dans une atmosphère de *Realpolitik* du rendement et du contrôle par les communications. Cette «politique», alimentée par la voracité de puissants intérêts économiques, politiques et professionnels, avait donc besoin d'une idéologie de soutien illuministe et positiviste. Aurait-on pu obtenir d'un mélange pareil d'ingrédients, l'instauration du système, la grande vision historico-philosophique synthétisante et régulatrice? Nous devons à un tel complexe d'intérêts conjoncturels tout à la fois le gigantesque progrès technologique et pratique des moyens de communication et le ton d'épiphanie de ses «philosophes», les plus naïfs ou les mieux payés».

3 C. A. Pagano, *Introduzione storica alla comunicazione*, in AA. VV., *Comunicazione e evangelizzazione*, Roma 1974, p. 15: «La preistoria è l'epoca più difficile a determinare e anche la più sfuggente perché legata al rinvenimento e all'interpretazione di documenti. In questo contesto è preistoria il periodo sprovvisto di documenti attestanti una riflessione formalmente distinta dalla pratica stessa di comunicazione. L'invenzione però dello strumento di comunicazione comporta una *prassi teorica* e tale infatti è il primo carattere sotto cui ci si presenta il segno. Esso è implicito nella creazione di ogni strumento, il quale peraltro ha sempre un aspetto segnico. Ogni strumento esige una attività simbolica: essere riconosciuto oltre che per se stesso come altro da sé e cioè per la sua funzione. Es.: un bastone o un sasso appuntito può benissimo essere assunto per la sua funzione di difesa».

4 R. Escarpit, *Théorie de l'information et pratique politique*, Paris 1981, p. 25: «L'homme a mis des millénaires pour passer de la relation interpersonnelle dans le petit groupe à la relation collective dans l'ensemble de grande dimension. Il a suffi d'une centaine d'années pour qu'il se trouve plongé dans la relation hyperdimensionnelle où se produit le phénomène confus auquel on donne improprement le nom de communication de masse. Les media que nous avons signalés jusqu'ici correspondent à des fonctions spatiales. Mais l'individu est également situé dans le temps. Capable de se souvenir du passé, en mesure de supputer l'avenir, il a une conscience historique. Affronté à la durée, pour se construire une identité diachronique, il dispose, grâce à son cerveau, de deux fonctions que nous appellerons chronologiques: se souvenir et combiner».

5 E. Baragli, *L'inter mirifica*, Roma 1969, p. 77: «E' qui che s'inserisce più viva la nota polemica tra

ipotesi potrebbe essere proposta riguardo alle recenti tappe della maturazione comunicativa. Si tratterebbe di discernere le 'molle' comunicative nella storia degli ultimi secoli (molle che danno al momento comunicativo una sua piena incisività piuttosto che 'l'inizio cronologico' di un ambito di comunicazione mediatica a distanza). Lo schema che segue include i problemi -forse- maggiori che questi 'salti comunicativi' implicano per il cammino dell'umanità. Fermiamoci un attimo su questi momenti salienti. Diversi autori ne hanno sottolineato la rilevanza. Ciò che interessa di più, nella prospettiva del nostro tema, concerne ovviamente il riflesso 'umano' e -dunque anche- sostanzialmente storico ed 'etico' dell'impatto comunicativo della storia recente negli accostamenti qui sopra proposti. La multimedialità crea la storia nella misura in cui i vari tipi di mezzi innescano un processo dove ogni medium sembra chiamare in esistenza una medialità ulteriore [1]. L'incidenza della comunicazione nella dinamica storica proviene anche della sua istituzionalizzazione sin dagli inizi del gioco comunicativo (ben prima della cosiddetta 'comunicazione di massa') [2]. Si capisce, allora, l'impatto 'storico' che abbia potuto esercitare... Anche qui, ci avventuriamo sul terreno della indagine riguardo al fenomeno comunicativo odierno, per trarre qualche indicazione sull'esperienza umana e dunque sul taglio cristiano che possa sorgere dai

---

gli apocalittici', che dagli strumenti della comunicazione sociale giudicano diminuiti i valori umani, e gli integrati , che non vi scorgono pericoli di sorta; i primi opponendo ai secondi: la *qualità* (scelta) delle comunicazioni umane di una volta, alla *quantità* (grezza) di quelle di oggi, la vera cultura-civiltà delle *élites* dei tempi passati, alla pseudo cultura-civiltà' delle masse, odierna; la densità concettuale della *parola* all alogicità dell'immagine; l'impegno dello studio e della ricerca personale, all'evasione ludica collettiva; la gratuita e solitaria ricreazione-fruizione dell'arte tradizionale (genuina), alla lucrosa e gregaria industria culturale'; le rigorose certezze del processo deduttivo, all'aleatorietà di quello induttivo; l'ordine sistematico della *scienza,* al disordine delle *nozioni:* sommarie, disperse, asistematiche rovesciate da Promotori anonimi su Recettori indifferenziati...».

[1] M. McLuhan, *Understanding Media*, London 1964, p. 58: «It has now been explained that media, or the extensions of man, are "make happen" agents, but not "make aware" agents. The hybriding or compounding of these agents offers an especially favorable opportunity to notice their structural components and properties. "As the silent film cried out for sound, so does the sound film cry out for color." wrote Sergei Fisenstein in his *Notes of a Film Director.* This type of observation can be extended systematically to all media. As the printing press cried out for nationalism, so did the radio cry out for tribalism. These media, being extensions of ourselves, also depend upon us for their interplay, and their evolution. The fact that they do interact and spawn new progeny has been a source of wonder over the ages. It need baffle us no longer if we trouble to scrutinize their action. We can, if we choose, think things out before we put them out».

[2] S. MacBride, *Many Voices, one World*, London 1980, p. 5: «Gradually, communication became institutionalized within traditional -- as it has been in later -- societies. Interpersonal communication and public institutional communication, in the form of the transmission of norms and customs, existed in superimposition. As communication became thus institutionalized, there arose professional categories as guardians of collective memory and responsible for the transmission of certain types of message: griots, bards, sorcerers, tribal chiefs, travelling merchants, panchayat serpanches, local administrators, dancers, scribes and so on. The initial institutionalization of communication paralleled the development of increasingly more complex societies and promoted that development».

travolgimenti odierni rintracciabili in seno alla relazionalità umana [1]. Quale tipo di prospettiva antropologica si delineerà da questi dati? Gli osservatori dell'evento comunicativo tecnologico di massa a distanza ci danno alcuni commenti.

LA LIBERA EDITORIA

La prima affermazione 'di massa' della comunicazione a distanza, già meccanicamente operativa, si espande come impresa tipografica, verso la più ampia libera editoria su larga scala. Appare congiuntamente con un momento critico della storia: umanesimo, Rinascimento, Riforma [2]. Nel XV secolo si annuncia ciò che

---

[1] Cfr riassuntivamente:

1 la libera editoria di massa Gutenberg, libri stampati meccanicamente nella lingua del popolo... (inizio generalmente convenuto dell'evento
comunicativo complessivo, concomitante con: la Riforma del XVI secolo / il Rinascimento / l'umanesimo / i 'tempi moderni' / le esplorazioni
planetarie).
→L'ESPANSIONE ACCELERATA DELL'INTELLETTO RIFLESSIVO CON LIBERO ACCESSO ALLA DOCUMENTAZIONE DEL SAPERE
2 la libera stampa di attualità impegnativa giornali, opuscoli / foglietti polemici tatticamente diffusi... (secondo momento incisivo della configurazione comunicativa, con il momento storico concomitante: la rivoluzione francese / l'emancipazione secolare / le colonizzazioni).
→L'INCISIVITÀ MOLTIPLICATA DELL'AZIONE SECOLARE CIVILE NEI RAPPORTI VIA LA STAMPA, ESTESI AI PIÙ DISTANTI
3 il 'dire-udire' comunicativo nell'audio tecnologico a distanza microfoni, amplificatori, radio, dischi, altoparlanti... (terzo momento della espansione comunicativa dall'inizio di questo secolo, concomitante con - i regimi totalitari -Germania, Giappone, URSS, e la seconda guerra mondiale / i 'blocchi').
→LA SOLLECITAZIONE PRIORITARIA DELL'EMOTIVITÀ NELL'ESPERIENZA COMUNICATIVA DEL DIRE E DELL'ASCOLTARE
4 il vedere mediatico ravvicinato: fino al video domestico-ravvicinato a colori foto, fumetti, cinema, TV, videocassette... (quarto momento della affermazione del fenomeno comunicativo, concomitante con - il passaggio dai blocchi -USA, URSS, CINA,... allo scioglimento incerto delle configurazioni politiche).
→L'AZIONE DE-STRUTTURATA NELLA VISUALITÀ IN UNA APPARENTE PASSIVITÀ, CON UNA PARTICOLARE INCISIVITÀ 'SIMBOLICA'
5 l'informatica pianificatrice dell esperienza umana la computerizzazione, la cibernetica, l'intelligenza artificiale, le reti planetarie via satellite, le fibre ottiche (quinto momento comunicativo maggiore, concomitante con - la tappa dallo scioglimento di configurazioni politiche compatte ad altre piattaforme talvolta arcaiche di gestione e comprensione).
→L'ARTICOLAZIONE MENTALE DE-STRUTTURATA NELL'INFORMAZIONE SI ORGANIZZA IN UNA ASSENZA DI 'PRINCIPI' E SCHEMI PRESTABILITI
6 la virtualità multimediale, la digitalizzazione ricostruzione del passato, anticipazione creativa, immaginario come sorgente dell'esperienza (con il momento storico concomitante, (sesto passo ipotetico dell'esperienza comunicativa: la fine del secolo e del millennio).
→LO SCIOGLIMENTO DEGLI STANDARTS DELLA CONFIGURAZIONE EMOTIVA NELL'EVENTO COMUNICATIVO

[2] A. Dulles, *The Church is Communications*, in «Multimedia International», 1972 n° 1, p. 8: «The Reformation can be understood, to a great extent, in terms of the communications revolution of the

diventerà l'impatto dell'editoria nel XVI [1]. La libera editoria estende a tutti (nella sua dinamica) ciò che aveva iniziato con la scrittura: ciò che si diceva nella simultaneità del momento e del luogo nella società orale può essere trasmessa senza questa simultaneità spazio-temporale, facendo ameno del contesto in cui il messaggio si esprimeva [2]. Inutile dire quanto un tale avvio abbia potuto essere percepito come rischioso per i gestori del sapere e del potere di allora, particolarmente nell'ambito ecclesiale. Si spiega anche come la nostra Chiesa abbia potuto reagire in modo così sospettoso, estendendo -poi- un tale atteggiamento a tutto ciò che seguisse come fenomeni comunicativi apparentemente incontrollabili. Si comincia a parlare del 'periodo moderno' con tutto ciò che introdurrà nell'ambito della riflessione e delle conoscenza, come pure nella gestione della convivenza civile [3]. Si riconosce, in genere,

---

sixteenth century. After Gutenberg, it became possible to put copies of the Bible in everybody's hands. There was a sudden spate of translations of the Bible and a rapid rise in the rate of literacy. Under these conditions it became possible for a theologian such as Luther to appeal effectively to the Bible against the pope and the hierarchy. Because the Bible was accessible to so many people, the folmula "sola Scriptura" could become a popular slogan. In sixteenth century Protestantism the old ecclesiastical system of mediation was drastically simplified. The medieval priest was replaced by the Biblical homilist simply vested in a scholar's gown».

1 A. Zanacchi, *La sfida dei mass media*, Alba 1977, p. 52: «Verso il mille erano già conosciuti in Cina i *caratteri mobili,* in argilla; sempre in Cina, apparvero nel 1221 i caratteri mobili in legno. La rivoluzione dei caratteri mobili divenne operante in Europa soltanto verso la metà del XV secolo. Prima di questa invenzione, la stampa avveniva prevalentemente mediante matrici intagliate nel legno o in altri materiali: un sistema estremamente rudimentale che, relativamente pratico per la riproduzione di figure, risultava assai difficoltoso per la stampa di testi».

2 P. Lévy, *L'universel sans totalité*, in «Cyberculture», «Rapport au Conseil de l'Europe», in «Internet» 2007, http://www.archipress.org/levy/cyberculture/universel.htm: «L'écriture a ouvert un espace de communication inconnu des sociétés orales, dans lequel il devenait possible de prendre connaissance de messages produits par des personnes situées à des milliers de kilomètres, ou mortes depuis des siècles, ou bien s'exprimant depuis d'énormes distances culturelles ou sociales. Désormais, les acteurs de la communication ne partageaient plus nécessairement la même situation, ils n'étaient plus en interaction directe. Subsistant hors de leurs conditions d'émission et de réception, les messages écrits se tiennent "hors contexte". Cet "hors contexte" qui ne relève d'abord que de l'écologie des médias et de la pragmatique de la communication a été légitimé, sublimé, intériorisé par la culture. Il deviendra le noyau d'une certaine rationalité et mènera finalement à la notion d'universalité. Il est difficile de comprendre un message quand il est séparé de son contexte vivant de production. C'est pourquoi, du côté de la réception, on inventa les arts de l'interprétation, de la traduction, toute une technologie linguistique (grammaires, dictionnaires...). Du côté de l'émission, on s'efforça de composer des messages qui soient capables de circuler partout, indépendants de leurs conditions de production, qui contiennent autant que possible en eux-mêmes leurs clés d'interprétation, ou leur "raison". À cet effort pratique correspond l'Idée de l'Universel. En principe, il n'est pas besoin de faire appel à un témoignage vivant, à une autorité extérieure, à des habitudes ou à des éléments d'un environnement culturel particulier pour comprendre et admettre les propositions énoncées dans Les *Éléments* d'Euclide. Ce texte comprend en lui-même les définitions et les axiomes à partir desquels découlent nécessairement les théorèmes. Les *Éléments* sont un des meilleurs exemples du type de message autosuffisant, auto-explicatif, enveloppant ses propres raisons, qui serait sans pertinence dans une société orale».

3 R. McBrien, *Catholicism*, V. I, Minneapolis 1980, p. 87: «It is generally agreed that the so called

che l'editoria porta ad un ampliamento della visuale intellettuale, tanto da superare i stretti limiti del 'luogo' e del 'momento' (evocati in tal modo come 'luogo campanilistico' e 'momento tribale') [1]. L'editoria uscirà dai suoi binari cartacei quando il supporto editoriale cambierà, dai microfilms della documentazione del sapere alla memoria ancora nei suoi primi passi di Internet. Sembra una costante delle fasi di affermazione comunicativa la specificità tecnica circoscritta nell'iniziale conformarsi di un media per poi multimedializzarsi, mantenendo però una sua priorità antropologica (o cioè il suo proprio apporto all esperienza umana). Con questo primo accenno, ci riallacciamo con il primo 'momento' dell'evento comunicativo: il balzo dell'intelletto con l'editoria di massa e la distribuzione ad ampio raggio dei messaggi. La via del sapere è una risposta inventiva. Dall'alfabeto alla tipografia si impone il potere della conoscenza sempre più estesa [2]. Il testo stampato o il testo linguistico diventa un livello di studio per la conoscenza: il testo scritto si allontana dalla parola parlata ma nasce lo

---

modern period of world history begins around 1500. Not coincidentally, it is just about the time of the *disintegration of Christian unity* in the West and of the rise of *critical reasoning and skepticism.* For whatever social, political, cultural or philosophical and religious reasons, our world has been decisively shaped by the development of science and technology. *Science* understands the way things work, *technology* applies science to practical problems. Both generated the kinds of extraordinary (and extraordinarily rapid) changes to which we referred earlier in this chapter. The two most significant developments have been in the areas of *transportation* and *communication»*.

[1] Notiamo, tra l'altro che: "La tipografia pose termine al campanilismo e al tribalismo" (1). "La più nota delle conseguenze della tipografia è forse l'affiorare del nazionalismo. L'unificazione politica delle popolazioni secondo raggruppamenti linguistici era impensabile prima che la stampa trasformasse ogni idioma in un mass medium" (2). "La stampa, nel trasformare i vari linguaggi in mezzi di comunicazione di massa, creò le forze uniformi e centralizzatrici del moderno nazionalismo" (3). Si ripropone, così, la tematica della Riforma: Lutero, Gutenberg, la stampa della Scrittura in lingua corrente... Dunque, la Riforma sarebbe comunque alle sorgenti della rivoluzione francese. Per fortuna, l'antropologo della comunicazione individuò qualche iniziativa assai antagonistica contro quella di Lutero, che pure adoperò la strategia di stampa: "forse l'effetto più spettacolare della stampa durante il Rinascimento furono le campagne militari della Controriforma organizzate da spagnoli come sant'Ignazio di Loyola" (4). Un effetto della stampa fu di moltiplicare i testi della Bibbia, un'altro quello di capacitare la stessa Controriforma. Il processo di uniformizzazione linguistica fece nascere la coscienza nazionale non come una 'ideologia' ma innanzi tutto come una operatività pratica. "La rivoluzione francese fu da lungo tempo preparata dal processo di omogeneizzazione proprio della stampa" (5). Fino a che punto l'omogeneizzazione così configurata e la stretta coesione tra stampa di massa e formazione di una coscienza nazionale ebbe una sua conseguenza sul modo di immaginare e concepire la Chiesa, e poi le 'Chiese' (nelle guerre religiose del XVI° secolo)? O, cioè, in quale misura si pensò la Chiesa come 'omogeneità' non tanto lontana da quella che si costituirebbe partendo dalla uniformità linguistica promossa dalla stampa meccanica?».
((1) M. Mc Luhan, *Understanding Media*, London 1964, p. 182. / (2) *Ibidem*, p. 189. / (3) Idem, *The Gutenberg Galaxy*, London 1962, p. 265. / (4) *Ibidem*, p. 298. / (5) *Ibidem*, p. 221.)

[2] M. McLuhan, *Understanding* Media, London 1964, p. 183: «The alphabet (and its extension into typography) made possible the spread of the power that is knowledge, and shattered the bonds of tribal man, thus exploding him into agglomeration of individuals. Electric writing and speed, pour upon him, instantaneously and continuously, the concerns of all other men. He becomes tribal once more. The human family becomes one tribe again».

studio esegetico [1]. Si passerà, secondo alcuni, dal pensiero esperienziale delle società tradizionali orali al pensiero teorico particolarmente basata sulla parola scritta nella sua forma più manifesta di parola stampata [2]. Si dirà che l'editoria è un hot medium o vettore comunicativo ad alta definizione e con minore partecipazione, con la conseguenza di una maggiore specializzazione mentale ed una più marcata frammentazione dell'esperienza umana [3]. Nascerà la figura dell'autore(trice) con i suoi diritti specifici da sancire [4]. La libera editoria di produzione meccanica porta una prima

---

1 D. R. Olson, *McLuhan on literacy: «Bringing language into line with print»*, in D. De Kerckhove - A. Iannucci, *McLuhan e la metamorfosi dell'uomo*, Roma 1984, p. 54: «Two points in particular are noteworthy in this theory of interpretation which McLuhan takes as characterizing the pre-typographic man. First, there is no split of sensibility - what a text means is the full range of intentions which can legitimately be attributed to the author of a sacred text. And secondly, access to this meaning intention is *through* the language. The text is transparent to the meanings that lie behind it. With print literacy, the typographic man begins to treat language as an object, to look at the meanings in the language, and to call this restricted meaning the literal meaning. One begins to look at the text rather than *through* the text. McLuhan repeats Father Ong's claim that «the use of printing moved the word from its original association with sound and treated it more as a 'thing' in space» (p. 104)».

2 D. R. Olson, *McLuhan on literacy: «Bringing language into line with print»*, in D. De Kerckhove-A. Iannucci, *McLuhan e la metamorfosi dell'uomo*, Roma 1984, pp. 58-59: «This learned awareness of «what is said» may be highlighted by a comparison to members of non-literate cultures. Studying the thought processes of non-literate adults, Cole and Scribner 1 and Tulviste 2, following the leads of Luria 3 and Vygotsk 4, found that reasoning in a traditional culture was frequently based on empirical rather than theoretical considerations. To cite a single case: «Spider and black deer always eat together, Spider is eating. Is black deer eating?». A common response is «But I was not there, how can I answer such a question?» Cole and Scribner (p. 162) describe this as factual or experiential reasoning. A response from a schooled subject would be «yes, because you *said* they always eat together». These responses Cole and Scribner call «theoretic». But now we note our earlier point. Theoretic reasoning proceeds by appealing to «what was said», (the linguistic form) «the letter», and this is associated, perhaps uniquely, with a growing reliance on the written word. Factual reasoning is based on what is meant, «the spirit». Both, however, are logically valid. For Western society such reasoning is important; for a member of a traditional society it may be trivial. In either case, it seems clear that the differentiation between what is said and what is meant, both in comprehension and in reasoning, and the appeal to «the very words», is an orientation to language and to thought that is associated with literacy and which contributes to a divided sensibility. «White man speak with forked tongue», Tonto says to the Lone Ranger in the comics of my youth».
(1 M. Cole and S. Scribner, *Culture and* Thought, New York 1974. / 2 P. Tulviste, *On the origins of theoretic syllogistic reasoning in culture and the child,* «the Quarterly Newsletter of the laboratory of Comparative Human Cognition», 1, 1979. / 3 A. R. Luria, *Cognitive Development: Its Cultural and Social Foundations,* Cambridge, Mass. 1976. / 4 L. S. Vycmsky, *Thought and Language,* Cambridge, Mass. 1962.)

3 M. McLuhan, *Understanding* Media, London 1964, p. 32: «Any hot medium allows of less participation than a cool one, as a lecture makes for less participation than a seminar, and a book for less than dialogue. With print many earlier forms were excluded from life and art, and many were given strange new intensity. But our own time is crowded with examples of the principle that the hot form excludes, and the cool one includes intensity or high definition engenders specialism and fragmentation in living as in entertainment, which explains why an intense experience must be forgotten, censored, and reduced to a very cool state before it can be learned or assimilated ».

4 C. Guinchat-M. Menou, *Introduction générale aux sciences et techniques de l'information et de la documentation*, Paris 1981, p. 262: «Le droit d'auteur est un dispositif juridique qui assure la

fusione che crea il mondo moderno, ulteriormente contratto nelle varie tecnologie elettriche ed elettroniche [1]. La prima manifestazione del fenomeno rivela -poi- la sua caratteristica prioritaria: far condividere la memoria del sapere che scioglie gli imperativi del tribalismo, pubblicando i testi antichi e testi della comune sensibilità medievale (più che nuovi testi) [2]. Dal maggiore coinvolgimento individuale nel sapere, nascono delle articolazioni più ampie di tipo nazionalistico, industriale, di mercato [3]. Eppure, il libro come vettore ad alta definizione darà più spazio alla razionalità individuale e ridurrà l'empatia emotiva e la partecipazione sentita dell'utente [4]. Nella più aperta conoscenza sembra esservi l'unica strada per uscire dai vicoli ciechi del

protection matérielle et morale de l'auteur d'une œuvre, quelle qu'elle soit, ou de son ayant droit, pour une période déterminée. La reproduction d'une œuvre est toujours possible, sans paiement de droits ni autorisation préalable, pour un usage individuel, sans but lucratif, c'est-à-dire ne rapportant pas d'argent, à des fins d'enseignement, de recherche et d'étude, et à quelques exemplaires. Mais, si le document doit être produit pour un usage collectif ou commercial, on doit préalablement demander l'autorisation du détenteur des droits d'auteur, qui peut exiger le paiement des droits. A défaut, le responsable d'une reproduction illicite peut être poursuivi en justice. Pour se garantir, les unités d'information ont intérêt à faire signer par l'utilisateur qui commande une reproduction une déclaration dans laquelle il s'engage à en faire une utilisation conforme au droit d'auteur. Dans certains pays, le droit d'auteur est étendu depuis peu aux œuvres transmises oralement: est considéré comme auteur celui qui transmet. Les documents auxquels est attaché le droit d'auteur portent obligatoirement une mention particulière et la date de commencement des droits, précédée du signe ©, initiale de «copyright»».

1 M. McLuhan, *Understanding* Media, London 1964, pp. 182-183: «Like any other extension of man, typography had psychic and social consequences that suddenly shifted previous boundaries and patterns of culture. In bringing the ancient and medieval worlds into fusion -or, as some would say, confusion- the printed book created a third world, the modern world, which now encounters a new electric technology or a new extension of man. Electric means of moving of information are altering our typographic culture as sharply as print modified medieval manuscript and scholastic culture».

2 M. McLuhan, *Understanding* Media, London 1964, p. 182: «For if seen merely as a store of information, or as a new means of speedy retrieval of knowledge, typography ended parochialism and tribalism, psychically and socially, both in space and time. Indeed the first two centuries of printing, from movable types were motivated much more by the desire to see ancient and medieval books than by the need to read and write new ones. Until 1700 much more than 50 per cent of all printed boots were ancient or medieval. Not only antiquity but also the Middle Ages were given to the first reading public of the printed word. And the medieval texts were by far the most popular».

3 M. McLuhan, *Understanding* Media, London 1964, p. 184: «Socially, the typographic extension of man brought in nationalism, industrialism, mass markets, and universal literacy and education. For print presented an image of repeatable precision that inspired totally new forms of extending social energies. Print released great psychic and social energies in the Renaissance, as today in Japan or Russia, by breaking the individual out of the traditional group while providing a model of how to add individual to individual in massive agglomeration of power. The same spirit of private enterprise that emboldened authors and artists to cultivate self-expression led other men to create giant corporations, both military and commercial».

4 M. McLuhan, *Understanding* Media, London 1964, p. 39: «The effect of hot media treatment cannot include much empathy or participation at any time. In this connection an insurance and that featured Dad in an iron lung surrounded by a joyful family group did more to strike terror into the reader than all the warning wisdom in the world. It is a question that arises in connection with capital punishment».

destino. Il libro avrà un tale e così lungo predominio comunicativo da fare quasi dimenticare che anch'esso si basa sull'uso dei sensi di percezione, tanto da sentirsi estraneo a ciò che diventa l'uso preponderante degli occhi e dell'udito con la medialità audiovisiva [1]. Il balzo dell'intelletto con la libera editoria di massa e la distribuzione ad ampio raggio dei messaggi della conoscenza. L'accesso diretto alle fonti del sapere di verità si apre progressivamente, dalla Bibbia per tutti in lingua corrente, all'intento dell'educazione obbligatoria per tutti [2]. Nascerà il profilo dell'intellettuale che sembra atrofizzare la sua emotività spontanea [3]. Gutenberg fa di una preziosità (un manoscritto) un documento in mano a molti [4]. Si parlerà di una omogeneizzazione nella lingua letta

---

[1] M. McLuhan, *Understanding* Media, London 1964, p. 225: «Those external extensions of sense and faculty that we call media we use as constantly as we do our eyes and ears, and from the same motives. On the other hand, the book oriented man considers this nonstop use of media as debased; it is unfamiliar to him in the book-world».

[2] G. Gusdorf, *La parole*, Paris 1977, p. 111: «Dès le XVIe siècle, la diffusion du livre offre à chaque homme la possibilité, moyennant une initiation préalable, d'un accès direct à la vérité. L'événement est d'une importance capitale: la vérité ne fait plus acception de personne, de caste ni de rang. L'esprit critique est né; chaque homme est appelé à juger par lui-même de ce qu'il doit croire ou penser. L'humanisme de la Renaissance se fonde sur l'édition des classiques grecs et latins comme la Réforme est rendue possible par la diffusion de la Bible imprimée. Par une rencontre significative, la même assemblée du peuple qui décide, en 1536, l'adoption de la Réforme à Genève, décrète l'instruction publique obligatoire. Cette initiative mémorable dans l'histoire de l'Occident correspond à l'exigence de la nouvelle conscience religieuse qui veut aborder individuellement les textes sacrés. En même temps d'ailleurs, et pour les mêmes raisons, se constituent les langues littéraires modernes. Le latin suffisait jusque-là aux besoins de l'élite des clercs. La promotion intellectuelle de masses de plus en plus importantes pour lesquelles l'écriture et la lecture ne sont plus un métier, mais un élément de culture et de vie spirituelle, entraîne la formation des langues écrites constituées à partir des dialectes simplement parlés».

[3] J.-P. Lintanf, *Culture nouvelle et pastorale*, in AA. VV., *Moyens de communication de masse et pastorale*, Paris 1969, p. 53: «L'homme façonné par les media est aussi un homme chez qui s'abolit progressivement la séparation du rationnel et de l'intuitif. L'essor de l'imprimé a contribué à forger un homme aux mécanismes mentaux très complexes, mais à la sensibilité atrophiée. Le livre a ouvert l'accès à la culture à des multitudes nouvelles, mais le livre a aussi fabriqué «l'intellectuel». La civilisation livresque dont nous sortons et dont le type et le sommet restent le scientisme du XIXe siècle, a retiré la vie émotive de la circulation, se refusant à intégrer des richesses fondamentales que cultiveront alors ces «inadaptés», ces «a-sociaux» que seront les poètes et les artistes. Le livre et l'imprimé ont tué l'expression artistique populaire. Tout comme l'invasion technique occidentale a tué -- sans s'en rendre compte -- l'art africain, ainsi que le crie A. Resnais dans un film étonnant: *Les Statues meurent aussi*. Que l'on considère les productions architecturales du XIX° siècle et l'on sera fixé. Sait-on que l'abominable Palais d'Orsay a été construit pour «équilibrer», par-delà la Seine, les merveilleux toits du Louvre!».

[4] W. Metzger, *Vorbemerkung*, in M. Luther, *Predigten über die Christusbotschaft*, München 1966, S. 7: «Man kann es als einen Akt göttlicher Vorsehung betrachten, daß die Reformation in einem Zeitpunkt aufbrach, als es durch Gutenbergs Erfindung des Buchdruckes möglich geworden war, die Öffentlichkeit in einem vorher ungeahnten Maße zu erreichen. So hat in der Tat der Druck von Büchern, Broschüren und Flugblättern, nicht zuletzt aber die Vervielfältigung von Luthers deutscher Bibelübersetzung Entscheidendes zur Verbreitung des wieder ans Licht gebrachten Evangeliums beigetragen. Noch war freilich der Besitz eines Buches oder gar einer Bibel eine Kostbarkeit; noch war auch ein nicht geringer Teil des Volkes des Lesens unkundig. Umso größeres Gewicht bekamen

del testo stampato [1]. La lettura individuale crea una distanza dall'impegno immediato, l'emancipazione modifica i rapporti delle persone [2]. Il nazionalismo delle lingue o in funzione di una lingua comune nasce con la capacità di fare della lingua 'nazionale' il perno di una presa di coscienza. Ciò è solo possibile tramite la diffusione di massa della libera 'editoria': "la tipografia pose termine al campanilismo e al tribalismo" [3]. "La più nota delle conseguenze della tipografia è forse l'affiorare del nazionalismo. L'unificazione politica delle popolazioni secondo raggruppamenti linguistici era impensabile prima che la stampa trasformasse ogni idioma in un mass medium" [4]. "La stampa, nel trasformare i vari linguaggi in mezzi di comunicazione di massa, creò le forze uniformi e centralizzatrici del moderno nazionalismo" [5]. Si ripropone, così, la tematica della Riforma: Lutero, Gutenberg, la stampa della Scrittura in lingua corrente... Dunque, la Riforma sarebbe comunque alle sorgenti della rivoluzione francese. Per fortuna, l'antropologo della comunicazione individuò qualche iniziativa assai antagonistica contro quella di Lutero, che pure adoperò la strategia di stampa: "forse l'effetto più spettacolare della stampa durante il Rinascimento furono le campagne militari della Contro-riforma organizzate da spagnoli come sant'Ignazio di Loyola" [6]. Un effetto della libera editoria fu di moltiplicare i testi della Bibbia, un'altro quello di capacitare la stessa Controriforma. Il processo di uniformizzazione linguistica fece nascere la coscienza nazionale non come una 'ideologia' ma innanzi tutto come una operatività pratica. "La rivoluzione francese fu da lungo tempo preparata dal processo di omogeneizzazione proprio della stampa" [7]. Fino a che punto l'omogeneizzazione così configurata e la stretta coesione tra editoria di massa e

---

darum landauf, landab die Kanzeln als die Umschlagstellen der neugewonnenen Glaubenserkenntnisse. Von ihnen aus vollzog sich der Einbruch der reformatorischen Botschaft in die alte Kirche und ihren religiösen Betrieb, und das reformatorische Lied, der deutsche Choral der Gemeinde, antwortete als machtvolles Echo auf das gehörte Wort».

1 Cfr M. McLuhan, *Understanding Media*, London 1964, pp. 22, 64.

2 G. Gusdorf, *La parole*, Paris 1977, p. 112: «L'imprimerie n'est d'ailleurs pas seulement une technique de mise en relation. Elle exerce son influence sur la structure même de la conscience. L'homme qui écrit et qui lit n'est plus le même que celui qui doit à la seule parole proférée son insertion dans l'humanité. Les valeurs en jeu se modifient profondément. La parole est captive de la situation; elle suppose un visage et un moment, un contexte d'émotion actuelle, qui la surcharge de possibilités extrêmes pour l'entente comme pour la discorde. Au contraire, l'écriture donne du recul. Elle soustrait le lecteur aux prestiges de l'actualité. Elle le renvoie de la présence de chair, à une présence d'esprit, de l'actualité massive, chargée de sentiment, à une actualité plus dépouillée, non plus selon l'événement mais selon la pensée. Le pamphlet le plus passionné laisse à l'esprit critique des possibilités d'intervention qu'une harangue exaltée supprime tout à fait».

3 cfr L. Hertling, *Histoire de l'Église*, Paris 1962, p. 472; F. R. de Chateaubriand, *Études ou discours historiques (suivi d'une analyse raisonnée de l'histoire de France)*, Bruxelles 1830, p. 452.

4 cfr M. McLuhan, *Understanding Media*, London 1964, p. 182.

5 cfr M. McLuhan, *The Gutenberg Galaxy*, London 1962, p. 265.

6 cfr M. McLuhan, *The Gutenberg Galaxy*, London 1962, p. 298.

7 cfr M. McLuhan, *The Gutenberg Galaxy*, London 1962, p. 221.

formazione di una coscienza nazionale ebbe una sua conseguenza sul modo di immaginare e concepire la Chiesa, e poi le 'Chiese' (nelle guerre religiose del XVI secolo)? O, cioè, in quale misura si pensò la Chiesa come 'omogeneità' non tanto lontana da quella che si costituirebbe partendo dalla uniformità linguistica promossa dalla stampa meccanica? La globalizzazione converge, qui, con il concentramento e con il verticismo nell'ambito comunicativo. Il rischio sottolineato nell'approccio sociologico è notevole.

LA STAMPA DI ATTUALITÀ

Segue un altro momento comunicativo, non meno drammatico per i regni stabiliti ed i poteri esistenti: la fine XVII ed il XVIII secolo. Si assiste all'affermarsi della stampa di attualità, dalle rotative, dalla litografia, fino al sistema di rotocalco, dell'offset, della fotocomposizione [1]. Si delinea il sorgere della dinamica 'informativa' come contatto continuo con il mondo esterno sia cosmopolita, sia locale [2]- con i presupposti e le implicazioni del gioco informativo, in cui si impone maggiormente o alternativamente la libertà o l'autorità [3]. Come per altre tappe di comunicazione di

---

1 A. Zanacchi, *La sfida dei mass media*, Alba 1977, p. 54: «Nel 1796 Aloisius Senefelder aveva inventato la *litografia*, dalla quale derivò poi uno dei più efficienti sistema di stampa moderni, *l'offset*. Nel 1860 l'americano Bullock aveva costruito la prima *rotativa* per la stampa e nel 1884 il tedesco Othmar Mergenthaler aveva inventato la *linotype* per la composizione tipografica, funzionante con una tastiera simile a quella della *macchina da scrivere* (a sua volta inventata nel 1870). I progressi nel campo della stampa sono culminati con l'invenzione del *sistema rotocalco*, dell'offset e della *fotocomposizione*, mediante la quale è possibile effettuare, anche a distanza, la composizione per la stampa in modo completamente automatico e senza il ricorso ai caratteri di piombo».

2 Ch. R. Wright, *Mass Communication. A Sociological Perspective*, New York 1964, pp. 58-59: «For the cosmopolite, magazines in general, and news magazines in particular, are an important link with the outside world, providing information that helps to reduce his sense of cultural isolation and enables him to maintain his leadership on non-local topics. For the localite, on the other hand, news magazines are luxuries since they do not contain much material about local affairs - the topics upon which he may be called for an opinion. Similarly, although the localite read more newspapers, they were local ones, while the cosmopolite was more likely to be a regular reader of one of the metropolitan New York papers. Or, to move to a different medium, the localites interest in radio news was limited primarily to straight newscasts, while the cosmopolites preferred news commentators and analysts who could help them to interpret events».

3 J. Folliet, *L'information moderne et le droit à l'information*, Paris 1969, p. 120: «Si nous résumons l'histoire de l'information depuis la fin du XVIII° siècle, elle nous apparaît comme répartie en deux versants: l'un qui monte vers la liberté et l'autre qui descend vers l'autorité. Il ne s'agit bien sûr que d'un schéma et les deux évolutions, ni pures ni linéaires, comportent des exceptions, des pointes, des reculs et, comme disait Vico, des *ricorsi*. En gros pourtant, le schéma suit la courbe de la réalité. Nous le regarderons surtout en France, qui semble occuper une position médiane entre les pays anglo-saxons où le mouvement, commencé plus tôt, compte moins d'à-coups, et d'autres pays, européens ou américains du Sud, où il a subi plus de retards et marché avec moins de logique. Le reste du monde, hormis les régions qui furent les prolongements lointains de l'Europe occidentale ou de l'Amérique septentrionale, est resté longtemps en dehors ou en deçà d'une évolution qui supposait un ensemble

massa dall'avvio al loro pieno impatto, la stampa serve inizialmente a diffondere foglietti -per di più- con intenti di polemica politica, fino al XIX secolo e le potenzialità di moltiplicazione meccanica su larga scala [1]. Dall'incitazione socio-politica, la stampa appare anche negli Stati Uniti- sotto forma di foglietti locali di informazione commerciale o di incitazione commerciale dall'offerta delle merci in arrivo [2]. La stampa avrà i suoi momenti di massima incisività, che alcuni situano per la stampa locale- prima delle due guerre mondiali europee (e. g. nella Francia) [3]. L'azione diventa pubblica e si oppone alle manipolazioni private (o segrete) [4]. Il voler diventare personaggio pubblico diventa una priorità della convivenza, con i gestori dell'attualità

---

de conditions techniques, économiques et culturelles, entre autres l'imprimerie, la diffusion de la culture graphique, un minimum d'aisance matérielle et une conception plus ou moins libérale des rapports sociaux».
(«Sur l'histoire de la liberté de la presse, cf. toutes les histoires de la presse. La meilleure demeure celle de Georges Weill: *Le journal, origine et rôle de la presse périodique*, Paris, Albin Michel, 1934. R. Manevy: *Histoire de la presse* 1934-1939, Paris, 1945, Corréa; *La Presse de la III° République*, Paris, 1955, J. Forêt; É. Boivin, *Histoire du journalisme*, P.U.F., 1949; P. Ginisty: *Anthologie du journalisme*, Paris, Delagrave; P. Paraf, *L'information hier, aujourd'hui et demain*, Paris, 1946, Bourrelier; et les autres ouvrages déjà cités dans les chapitres précédents, notamment ceux de Charles Ledré et de Galtier-Boissière.)

1 UNESCO, *Comprendre pour agir*, Paris 1977, p. 350: «La presse a d'abord été comme un moyen de diffusion d'idées, avec les gazettes et les pamphlets politiques des XVII° et XVIII° siècles. Mais à partir du milieu du XIX° siècle un changement radical se produit : l'invention de presses à grand rendement, puis des presses rotatives, et l'introduction de la publicité, qui bouleverse les conditions financières de production, permettent désormais la diffusion massive et à bon marché du journal. Les considérations d'ordre commercial deviennent alors prépondérantes et conditionnent jusqu'au contenu des organes de presse, qui cherchent à augmenter leurs recettes publicitaires en touchant le public le plus large possible. La presse, dès lors, tendra à divertir autant qu'à informer et à convaincre, et c'est dans cette triple perspective qu'elle va se développer au cours du XX° siècle, jusqu'au moment où elle entrera en concurrence avec les moyens audiovisuels, tant en ce qui concerne l'aspect informatif et récréatif que celui des marchés publicitaires».

2 B. H. Bagdikian, *Some Peculiarities in American News,* in D. J. Leroy Ch. H. Sterling, *Mass News*, New Jersey 1973, p. 18: «The news media from the start were carriers of local information. The newspaper in the United States began as a printed extension of bulletin boards of taverns and coffeehouses, its content mainly of ship arrivals and their offerings of cargo. These papers sold for six cents each, a very high price in the eighteenth century, the affluent in the local population. The non-advertising content consisted largely of reprinted stories from the English papers which arrived on the same ship as the merchandise. Until the Revolution, the most common name for American newspapers was *Advertiser*».

3 F. Archambault - J.-F. Lemoine, *Quatre milliards de journaux*, Paris 1977, p. 38 : «L'avant-guerre -il faudrait préciser aussi bien avant celle de 1914 que celle de 1940- fut la belle époque de la presse française et singulièrement de la presse locale. Les statistiques ne sont pas rares, mais elles ne se recoupent pas toutes, notamment du fait des variations sur la notion de «journal». Pour Jacques Kayser en 1881, quatre-vingt-neuf villes de province publiaient des quotidiens; 18,5 % d'entre elles en publiaient deux, 18,5 % trois, 12 % quatre... En 1889, à Nancy, cinq quotidiens existaient déjà au moment de la fondation de l'Est Republicain. D'après Pierre Albert, en 1938, il y avait 185 quotidiens en province et 1.160 tri-, bi- ou hebdomadaires».

4 M. McLuhan, *Understanding Media*, London 1964, p. 231: «The press as a collective and communal image assumes a natural posture of opposition to all private manipulation».

comunicata che si prestano a favorirlo per vari motivi, non sempre trasparenti [1]. Si dirà che il libro è alla confessione privata ciò che sia la stampa di attualità alla confessione pubblica [2]!! L'editoria rende possibile ciò che verrà spinto fino in fondo dalla stampa di attualità: creare dei canali o delle fasce di distribuzione tramite la formazione di una lingua operativa unica [3]. La prima concretizzazione della stampa di attualità è il giornale, o quotidiano di attualità un essere vivente - dove niente è definitivo e garantito, tutto si punta sul continuo rinnovamento, opera d'arte sotto forma di teatro dell'informazione [4]. I giornali estenderanno i loro territori di copertura a causa anche del mercato sempre più ampiamente omogeneizzato da promuovere con la pubblicità su larga scala [5]. La versione cartacea della stampa di attualità conosce una crescita notevole, ma anche nel XX secolo – con una riduzione progressiva del numero di copie vendute (a Parigi, dalle 3.500.000 nel 1914 al 1.463.000 del 1965) [6]. La 'libertà di

---

1 M. McLuhan, *Understanding Media*, London 1964, p. 231: «Any mere individual who begins to stir about as if he were a public something-or -other is going to get into the press. Any individual who manipulates the public for his private good may also feel the cleansing power of publicity. The cloak of invisibility, therefore, would seem to fall most naturally on those who own newspapers or who use them extensively for commercial ends. May not this explain the strange obsession bookman with the press-lords as essentially corrupt».

2 M. McLuhan, *Understanding Media*, London 1964, p. 218: «The massive theme of the press can be managed only by direct contact with the formal patterns of the medium in question. It is thus necessary to state at once that "human interest" is a technical term meaning that which happens when multiple book pages or multiple information items are arranged in a mosaic on one sheet. The book is a private confessional form that provides a "point of view." The press is a group confessional form that provides communal participation It can "color" events by using them or by not using them at all. But it is the daily communal exposure of multiple items in juxtaposition that gives the press its complex dimension of human interest».

3 M. McLuhan, *Understanding Media*, London 1964, p. 22: «De Tocqueville, in earlier work on the French Revolution, had explained how it was the printed word that, achieving cultural saturation in the eighteenth century, had homogenized the French nation. Frenchmen were the same kind of people from north to south. The typographic principles of uniformity, continuity, and linearity had overlaid the complexities of ancient feudal and oral society. The Revolution was carried out by the new literati and lawyers».

4 Ph. Boegner, *Cette presse malade d'elle-même*, Paris 1973, p. 170: «La première réalité *fondamentale* est qu'un journal est un être vivant, jouissant d'une personnalité propre, passant par des âges successifs, ayant des exigences différentes, traversant des périodes de santé et de maladie qui ne sont pas forcément celles des autres. Une telle diversité interdit donc que, même pour des journaux très similaires, des mesures identiques, un traitement uniforme soient applicables à tous. Ce qui est souhaitable pour l'un ne vaut pas souvent pour l'autre, et ce qui est possible encore moins»; (cfr etiam Ph. Boegner, *Cette presse malade d'elle-même*, Paris 1973, pp. 171, 214).

5 B. H. Bagdikian, *Some Peculiarities in American News,* in D. J. Leroy Ch. H. Sterling, *Mass News*, New Jersey 1973, pp. 29-30: «Yet the merchandising function continues to favor ever larger geographical territories, so that the cost of reaching each consumer will drop. This is impelled not only by the larger shopping ranges made possible by the automobile, but also by the growth of unified national brands, commonly available at your local (anonymous) drug, department, or grocery store. Standard-brand cosmetics, food, and cigarettes do not need to specify particular stores or addresses in order to stimulate sales by wide-area broadcasting or newspaper advertising».

6 Ph. Boegner, *Cette presse malade d'elle-même*, Paris 1973, p. 44: «Pour mesurer pleinement la

comunicazione' anticipa la promessa della libertà informativa [1]. Nel quotidiano, il titolo può anche diventare più importante del contenuto stesso di un articolo, evidenziando l'intento primario della comunicazione di attualità nell'incitare al coinvolgimento -magari polemicamente- per far muovere la convivenza umana nella sua emancipazione di libertà [2]. Dal titolo appare un altro profilo: l'editoriale, o cioè dalla figura di massima notorietà si crea dalla sua qualità pubblica riconosciuta- un dialogo quasi privato con il lettore (ridiventando confessione privata?), particolarmente nell'attualità politica. Lo spettro della Rivoluzione francese, con l'incitamento ben riuscito della azione popolare intorno all'attualità, non ha -certo- ispirato un più fiducioso inserimento ecclesiale ma neanche dei poteri politici stabiliti nella circolazione di massa dell'attualità. Le autorità ecclesiastiche maggiori si fanno eco delle origini della stampa di attualità su questo sottofondo di confronto dalla Rivoluzione francese, facendo apparire l'aria di polemica in cui nacque ma senza insistere sulle questioni di potere dietro alle problematiche evocate (mettendo tutto sul conto della difesa della verità!) [3]. Altri rivoluzionari, i

---

menace qui pèse sur la presse parisienne rappelons qu'en 1914 «les quatre grands» du matin, *le Petit Journal, le Petit Parisien, le Matin, le Journal* vendaient environ 3,5 millions, soit 40 % de tous les quotidiens français. Il y a huit ans, en mars 1965, Les quatre grands du matin devenus *le Figaro, le Parisien Libéré, L'Aurore, Paris-Jour,* ne vendaient plus en totalité que 1.463.000 exemplaires».

[1] J. Folliet, *L'information moderne et le droit à l'information*, Paris 1969, p. 121: «En dépit d'une législation précautionneuse qui tend à devenir lettre morte, la période prérévolutionnaire voit les avant-gardes de cette liberté que la révolution proclamera solennellement. La «Déclaration des droits de l'homme et du citoyen» porte, à l'article 11, que «la libre communication des pensées et des opinions est un des droits les plus précieux de l'homme: tout citoyen peut donc parler, écrire, imprimer librement, sauf à répondre de l'abus de cette liberté dans les cas déterminés par la Loi» -- principes que réaffirmeront la Constitution de 1791 et la Déclaration de 1793. La constitution des États-Unis montrait moins de solennité, mais plus de précision dans son premier amendement: «Le Congrès ne fera pas de loi ... limitant la liberté de la parole ou de la presse». La conception française paraît typiquement libérale: liberté complète, presque absolue, tempérée après coup par une répression des abus éventuels selon les normes juridiques en vigueur. On remarquera que l'information ne paraît pas dans ce texte,
uniquement préoccupée de libre espression: la question ne se posait pas encore, même aux esprits les plus clairvoyants».

[2] J. Folliet, *L'information moderne et le droit à l'information*, Paris 1969, p. 87: «Malgré ces réserves, je reconnais qu'un titre est souvent un moyen d'orienter l'information ou plutôt de la désorienter, d'autant que beaucoup de lecteurs se contentent de regarder les titres de leur journal toujours plus abondants et plus envahissants (ne remplissent-ils pas 42 % de la première page du *Parisien libéré*?) soit tout au moins de l'accommoder au goût d'un public. Car -et ici je m'accorde avec M. Pucheu- en régime libéral, un moyen d'information dépend toujours de sa clientèle, soumis qu'il est aux «pesanteurs» économiques et sociologiques. Chez certains informateurs, à la sensibilité de medium, l'adaptation au public atteint une si belle perfection qu'elle devient inconsciente, faite de reflexes bien montés et d'automatisme».

[3] Paolo VI, *Allocuzione per i 125 anni de «La Civiltà Cattolica»*, in «Bulletin de la Commission pontificale pour les communications sociales», 1975, pp. 19-20: «Fortunatamente questo sguardo retrospettivo, che ci presenta le condizioni di scarsa vitalità, ma paradossali e drammatiche nei suoi nodi operativi della società italiana, alla metà del secolo scorso, è già stato offerto per quanto riguarda la rivista in questione, da un recente studio, originale e interessante del professor Gabriele De Rosa,

bolscevichi del 1917, non hanno esitato a vedere nella stampa l'agitatore collettivo e l'organizzatore unificante più sicuro e specifico [1]. Si costata, complessivamente, che la stampa di attualità non ha come priorità l'obiettività dell'informazione, anche se l'adagio 'il fatto è sacro, il commento è libero' sembra meglio applicato nella stampa mondiale che nella stampa italiana [2]. Anche nei paesi sotto dominio coloniale vedono ergersi una stampa di attualità propria nella lotta per l'indipendenza con un giornalismo

in apertura del primo dei quattro volumi di antologia, desunta dai più autorevoli scritti pubblicati da «La Civiltà Cattolica» dal 1850 al 1945; ripensiamo quindi riconoscenti a questo documento che ci consente d'entrare nel vivo della vicenda spirituale e concreta, donde il periodico trasse l'inizio, e si attestò nel campo della stampa con una sua propria fisionomia, non del tutto scomparsa con l'andare degli anni. Quale fisionomia? Giovanile e pugnace, un po' amareggiata, se volete, dallo smarrimento diffuso delle idee; e perciò caratterizzata da una vigorosa affermazione di verità militante; affermazione che potremmo dire qualificante l'atto di nascita della rivista, quasi un gesto d'audacia, se considerato al confronto della scena storica, che ne circondò la comparsa e se pensiamo all'anormalità della situazione storico-politica (Pio IX era esule a Napoli, dove la rivista dapprima venne alla luce) e dall'atmosfera ideologica, che gratificava quel tempo, fremente per le inquietudini ereditate dalla rivoluzione francese e dall'illuminismo che la precedette, non che dall'epopea napoleonica, ma tuttora languente di statiche consuetudini economico-sociali, e privo di cultura proporzionata ai bisogni e alle aspirazioni delle nuove generazioni, col titolo stimolante di risorgimento».

1 M. McLuhan, *Understanding Media*, London 1964, p. 229: «A newspaper, Lenin once declared, is not only a collective propagandist and collective agitator; it is also a collective organizer. Stalin called it the most powerful weapon of our Party. Khrushchev cites it as our chief ideological weapon. These men had more an eye to the collective form of the press mosaic, with its magical power to impose its own assumptions, than to the printed word as expressing a private point of view. In oral Russia, fragmentation of government powers is unknown. Not for them our function of the press as unifier of fragmented departments. The Russian monolith has quite different uses for the press mosaic. Russia now needs the press (as we formerly did the book) to translate a tribal and oral community into some degree of visual, uniform culture able to sustain a market system».

2 G. Bechelloni, *Informazione e potere,* Roma 1974, p. 217: ««Il fatto è sacro, il commento è libero»: bisogna invertire i soggetti dell affermazione attribuita a Beuve-Méry per ottenere la formula, certo generalizzata e paradossale, che sembra ispirare le scelte, la composizione e il dosaggio dell'informazione nella stampa quotidiana italiana. Al di fuori del paradosso, tuttavia, la realtà adombrata da una simile formula non è poi troppo diversa, né sarebbe necessaria una massiccia operazione riduttiva per eliminare il carattere amplificatorio di ogni generalizzazione»; p. 266: «Innanzitutto esce confermata l'ipotesi che la politica dell'informazione dei quotidiani non risponde a esigenze obiettive (il dove, quando, come e perché) bensì fa parte integrante della linea politica del giornale (dichiarata nel caso dei quotidiani di partito, non dichiarata nel caso dei quotidiani «indipendenti». Ciò fa sì che l'opinione investa anche la cronaca e l'informazione distorcendone il senso. Non solo, ma abbiamo visto come si verifichi spesso che in sede di commento si finisca per fornire elementi di informazione che non erano emersi in sede di cronaca, oppure si commenti fatti e idee che non erano stati esposti in quanto tali in sede di cronaca».

autoctono [1]. La stampa di attualità viene poi chiamata un "quarto potere" [2]. I giornalisti saranno tentati di rivendicare un tipo di gestione esclusiva dell'informazione nella stampa [3]. Nel panorama giornalistico, come quello italiano del XX secolo, i cambiamenti di protagonisti ed il rinnovamento del giornalismo politico stesso sembra rimanere immutato dalla seconda guerra mondiale europea [4]. Gli Stati si inseriranno

---

1 S. T. Kwame Boafo, *Communication Technology and Dependent Development in Sub-Saharan Africa*, in G. Sussman - J. A. Lent, *Transnational Communications. Wiring the Third World*, London 1991, p. 105: «A significant factor in the historical development of the press was the emergence of nationalist-politician journalists during the struggle for independence in the 1940s and 1950s. Prominent independence leaders such as Kwame Nkrumah of Ghana, Nnamdi Azikiwe of Nigeria, Jomo Kenyatta of Kenya, Felix Houphoet-Boigny of the Côte d'Ivoire, and Leopold Senghor of Senegal were also leading journalists who established or edited newspapers and other publications used to express nationalist sentiments, criticize colonial policies, and advocate political independence. Upon attainment of independence, these nationalist journalists became the political leaders and policymakers in black Africa. They moved into government with their newspapers, established new ones, and, in many instances, exercised excessive control over the media in the generally professed interest of nation building, political unity, and national consciousness. However, the new political leaders and administrators made very little genuine modification in the structure, utilization, and orientation of media to make them effective and meaningful instruments for development. Unfortunately, the model of media management and utilization pursued in black Africa in the 1960s generally remained unchanged in the late 1980s and early 1990s».

2 E. Baragli, *L'inter mirifica*, Roma 1969, pp. 64-65: «Ma in questo settore il ritardo della Chiesa rispetto ai tempi si verificò soprattutto quando, nella fine del secolo XVIII e nel secolo XIX, il giornalismo venne assumendo, quale polarizzatore delle opinioni pubbliche, peso e funzione di «quarto potere». Essa continuò a guardare indietro, trascurando di antivenire i tempi. Non diversamente da alcuni intellettuali «laici», parteggiò ancora per il libro, depositario e veicolo privilegiato di cultura di *élites*, sussidio di insegnamento diretto, ignorando la stampa quotidiana, formatrice di *opinioni* a livello di masse, mediante l'informazione orientata, in una società che diventava essenzialmente *opinionale*».

3 Ph. Boegner, *Cette presse malade d'elle-même*, Paris 1973, pp. 178-179 : «Que les journalistes participent à la gestion de l'information, nombre de patrons en admettent le principe et certains y ont consenti. Qu'ils en aient, comme le revendique le projet de statut des syndicats, la gestion exclusive est un objectif hors de leur portée. Et pour plusieurs raisons. 1° Une telle prétention ne tient aucun compte de la nature très particulière du capitaliste de presse. 2° Les journalistes, pris collectivement, auraient-ils une plus grande résistance aux pressions de toutes sortes qui ne manqueraient pas de continuer à s'exercer sur eux (1)? À côté des pressions du pouvoir et de la publicité, si souvent dénoncées, il ne faut pas oublier celles des dîners en ville, des petits clans et chapelles en tous genres avouables ou non, et aussi celles des autres employeurs qu'il faut ménager. A bien des égards celui qui écrit et qui signe est plus vulnérable, parce que plus facile à atteindre».
((1) «Les pires pressions que nous subissons, dira Jean Ferniot, au débat sur la presse de *Perspectives et Réalités,* évoqué plus haut, sont celles de l'amitié. Nous avons beaucoup de mal à nous contraindre à la critique de quelqu'un que nous aimons bien...».)

4 G. Bechelloni, *Informazione e potere,* Roma 1974, p. 93: «Collocata a uno degli ultimi posti nella graduatoria europea dei quotidiani venduti (103 copie per mille abitanti) e al primo posto in quella dei rotocalchi (326 copie per mille abitanti), l'Italia è uno di quei paesi in cui da più tempo si dibatte il tema della crisi dell'editoria, si progettano iniziative, si studiano soluzioni, si propongono rimedi. Il nostro paese ha cambiato faccia in questi anni ma il giornalismo politico italiano è rimasto pressoché immutato, sopravvivendo nelle sue formule e nel suo stile. La ventata di novità introdotta nel dopoguerra dai rotocalchi ha già da tempo esaurito la sua funzione di rottura»; F. Archambault -

progressivamente nella stampa scritta tramite persone fidate del potere politico [1]. Un certo controllo della stampa si insinua anche tramite varie pressioni indirette sul pubblico, celando il suo intento e mettendo avanti motivazioni di alto respiro [2]. Ma nasce anche la stampa del sottosuolo di fronte ai condizionamenti dei poteri istituzionali [3]. L'aspetto di incisività operativa nell'informazione porterà a una polemicità con la richiesta di poter reagire contro le molteplici forme di diffamazione [4]. Ma l'incisività avrà anche un aspetto di iniziativa a tutto campo, in ordine sparso o direttamente disordinato, non articolato secondo un piano di efficienza (sembra quasi agire per agire delle imprese grandi o piccole): malgrado notevoli concentramenti di testate, non si articola una rappresentatività complessiva come portavoce dell'attualità

J.-F. Lemoine, *Quatre milliards de journaux*, Paris 1977, p. 50: «Toutefois, fidèle à ses traditions, la presse persiste à fonctionner en circuit fermé. Même si les années de l'après-guerre l'ont obligée à procéder à une «nouvelle donne», qui changea radicalement les titres et les chefs, elle a néanmoins conservé navires et équipages, en recasant souvent bien des anciens responsables à des postes divers. Dans les années soixante-dix, les successions se règlent toujours dans le sérail. Très peu de nouvelles figures sont apparues, si ce n'est quelques nobles arbitres et une poignée d'hommes habiles prêts à tirer les marrons du feu».

1 Ph. Boegner, *Cette presse malade d'elle-même*, Paris 1973, p. 127: «Mais aujourd'hui, c'est l'État qui place au sein des grands journaux des hommes formés par lui et qui lui restent tout dévoués. Non seulement ces *missi dominici* sont acceptés, ils sont même parfois recherchés. Comment s'en étonner, l'État étant devenu le premier bailleur de fonds, le premier acheteur, le premier contrôleur? Un quotidien bien «utilisé» peut devenir une monnaie d'échanges, l'instrument idéal pour renvoyer la balle discrète Tirant leur puissance financière d'autres entreprises souvent plus importantes pour eux que leur mission de propriétaires d'information, nombre de propriétaires d'entreprises de presse doivent, de ce fait, compter avec l'État omniprésent. Il en résulte que la première préoccupation de leurs collaborateurs n'est plus d'informer, mais de ne pas leur attirer «d'ennuis», louable dévouement mais que favorise peu la liberté d'expression».

2 J. Tebbel, *Studying the Mass Media*, in D. J. Leroy Ch. H. Sterling, *Mass News*, New Jersey 1973, p. 214: «Obviously, in the United States we are witnessing a movement toward some kind of press control, put forward in most cases with assertions of the highest motives and with emphatic denials that any control is intended. Yet, when the rhetoric is stripped away, the end result is infringement of the freedom guaranteed by the First Amendment. The study group's recommendations need to be examined carefully by everyone who cares about that amendment, because the suggestions are plausible and because it is far from impossible that shrewdly organized public pressure will bring them about».

3 W. Fudge - J. W. English, *Emergence of the Fifth Estate*, in D. J. Leroy Ch. H. Sterling, *Mass News*, New Jersey 1973, p. 277: «Founded in 1966, the Underground Press Syndicate is a cooperative federation of about 200 papers, published worldwide, held together by trust. Members exchange papers and news. In addition, UPS coordinates national advertising, promotes national distribution of papers, and generally supports the underground press by holding conferences to discuss and help resolve common problems. UPS is administered by the Free Ranger Tribe which also publishes an internal newspaper for the underground press, *Intertribal Clear Head.* Tribal headquarters function as a storehouse and clearinghouse of information about the underground press».

4 Cfr UNESCO, COMMISSION INTERNATIONALE D'ETUDE DES PROBLEMES DE LA COMMUNICATION, *Rapport intérimaire sur les problèmes de la communication dans la société moderne*, Paris 1978, pp. 15-17.

comunicata [1]. Pure nella centralizzazione delle fonti di informazione (agenzie stampa), l'estensione nazionale della produzione e della distribuzione non è sempre parallela, come negli Stati Uniti dove i maggiori giornali rimangono legati ad un dato luogo [2]. In ogni caso, non si può omettere, in questo contesto, il riferimento alla 'libertà di comunicazione' che dette una tale spinta all'azione emancipata della rivoluzione francese [3]. Come per gli altri ambiti comunicativi specifici, ricordati qui, anche la

---

1 D. J. Leroy - Ch. H. Sterling, *Mass Media Bureaucracy*, in idem, *Mass News*, New Jersey 1973, p. 15: «Let us begin by repeating some crucial distinctions. While it is easy to talk about "the institution of the press," it is not a monolithic or coherent entity; rather, it includes a fragmented cluster of men and organizations sprinkled throughout the nation. It is a curious mixture of local enterprises, regional and national services. Consider, for example, what happens when congress decides to study automobile pollution. The legislators are able to call the corporate heads of two or three corporations and begin the investigation. Who speaks with similar authority for American journalism? Like quicksilver, the "press" seems to be a cluster of concerns. Mass news is the product of jerry-rigged conglomerates of local outlets, wire services, and television networks, often owned and managed by entrepreneurs concerned only with profits and show biz».

2 B. H. Bagdikian, *Some Peculiarities in American News,* in D. J. Leroy Ch. H. Sterling, *Mass News*, New Jersey 1973, p. 18: «The American news is even at odds with its own technological and corporate environment. It transmits most of its information through national monopolies, the telephone and telegraph systems. Its major suppliers of national and world news are two highly centralized national services, the Associated Press and United Press International. The newspaper industry as a whole is one of the country's largest and as such operates in an economic environment of corporate giantismand oligopoly. Yet the news itself continues to be dispensed through a highly fragmented collection of local firms. In the United States, no national newspaper is readily available in all parts of the country at its time of publication. The *New York Times* comes closest to being a national newspaper, but it is printed only in New York City and despite its considerable influence does not displace a significant portion of national newspaper reading. The *Wall Street Journal* is published simultaneously in six different locations and is readily available in more cities than any other daily, but specializes in business and finance. The *Christian Science Monitor* of Boston is distributed nationally but its countrywide circulation is small».

3 Notiamo qualche accenno in proposito: "La libera comunicazione dei pensieri e delle opinioni è uno dei diritti più preziosi dell'uomo" (1). Con l'avvio della rivoluzione francese si traccia già ciò che diventerà uno dei perni -ormai riconosciuti- della convivenza umana posteriore. Il frutto più immediato di questa 'libera comunicazione' fu di mettere il naso dappertutto, di capire ben poco, di lanciare qualsiasi opinione in giro, di accelerare la disgregazione di una situazione traballante. La comunicazione, come diritto centrale dell'uomo, cominciava con i peggiori auspici. I vari 'corti circuiti' della rivoluzione potrebbero -forse- trovare una particolare ed illuminante interpretazione partendo dalla dinamica comunicativa stessa. Chissà se apparve allora, ciò che oggi la comunicazione opera 'in profondità': non più cambiare la società ma far nascere una nuova 'civiltà' (o 'era', o sistema inter-culturale) e trasformare la persona 'dal di dentro' (2). Questo legame 'storico' tra la nascita della coscienza comunicativa come diritto fondamentale spiega -forse- la difficoltà delle Chiese di entrare nel gioco comunicativo e i pesanti giudizi che le autorità ecclesiali hanno espresso in questi due ultimi secoli sulla comunicazione di massa, a cominciare dalla stampa? O la 'conclusione' drammatica di una tappa storica, annunciava già ipoteticamente il sorgere di un rimescolamento completo dei ruoli umani, come sembra attuarlo la comunicazione odierna? Nella rivoluzione francese entra in scena nel modo più incontrollabile la comunicazione di massa. Ci si è fermati con una certa facilità -da parte degli oppositori della rivoluzione- sulla calcolatissima intenzione distruttiva e sulla infallibile efficacia dei sistemi di smantellamento della società tramite la "libertà di stampa". Oggi, si vede meglio come dalla sommossa al Terrore, gli impulsi comunicativi di massa erano ben più

---

irrintracciabili: qualsiasi cosa poteva nascere e spargersi in qualsiasi momento con qualsiasi esito. Ecco che siamo nel vivo della comunicazione odierna, nata nella tragedia dello sconvolgimento rivoluzionario, gravata da tutta l'ambiguità e la contraddittorietà di quell'evento. La 'libertà di comunicazione' è un diritto sorto dal confronto pesante del vecchio regime con le convulse spinte -ancora cieche- verso un ordinamento diverso. Quale riconoscimento può essere dato di questo fatto e come rendere giustizia alla rivoluzione francese per questa sua iniziale affermazione di diritto, che è poi diventata una cerniera operativa o di discernimento tra le società ancora autoritarie (nelle restrizioni a questo diritto) e le società di partecipazione complessiva (nel tentativo di valorizzare questo diritto)? "E qui conviene trattare di quella non mai troppo esecrata e condannata libertà di stampa, di tutto diffondere nel pubblico, che con tanto clamore alcuni osano reclamare e promuovere. Inorridiamo, fratelli..." (3). L'espressione di quel Papa è assai significativa nella sua formulazione: sotto 'libertà di stampa' si intuisce, infatti, l'orrore per le varie implicazioni della 'incontrollabilità comunicativa'. Anche cent'anni dopo l'evento rivoluzionario, la veemenza del tono lascia capire l'intensità del 'terrore' che tuttora anima la mente dell'autorità ecclesiale. Ma qual'è il problema specifico, dietro all'emotività delle prese di posizioni sulla libertà di stampa, da parte della nostra Chiesa? Può darsi che il nodo dello scandalo fu che la stampa, per primo, fece passare la Chiesa da co-gestrice delle sorti della nazione politica a interlocutrice nella nazione nell'uguaglianza con altri componenti della convivenza civile. E questo, lo fece, come si suol dire oggi, nella ipotesi immaginaria dei trafiletti o articoli di stampa: confronto nella finzione dove tanto facilmente si confonde tra immaginario e mensogna, tra finzione e realtà. Sia gli oppositori cattolici, sia i rivoluzionari sono stati presi alla sprovvista, non sapendo fare la distinzione tra finzione ed esperienza immediata. Ciò che per gli uni era una 'mensogna', per gli altri era una prova di sleale rifiuto da punire con determinazione. Da privilegiata protagonista della gestione politica, la comunicazione ipotizza la Chiesa come parte integrante della convivenza nazionale. Da estromessa dalla partecipazione diretta alla gestione convergente tra Stato e Chiesa, quest'ultima non si lascia integrare ma concepisce il suo ruolo -sempre a livello comunicativo- come un 'ruolo contro' il riassetto civile nato dalla rivoluzione. La stessa fondazione di giornali cattolici lo illustrano bene: "un grande combattimento si sta svolgendo oggi nel mondo tra la Chiesa cattolica -scrive il fondatore degli assunzionisti nel 1871, ispirando l'istituzione del giornale 'La Croix'- e la Rivoluzione. La Rivoluzione si propone altamente di rovesciare la Chiesa, il Regno di Cristo sulla terra. E' la guerra di Satana contro Dio. La Chiesa ha la sua organizzazione, il suo clero, le sue associazioni. La Rivoluzione ha la sua organizzazione, la frammassoneria e tutte le società segrete che fanno capo ad essa" (4). La piega è già presa: la Chiesa di fronte o contro la convivenza civile come due 'entità' e la ragion d'essere della iniziativa comunicativa nella stampa di massa come combattimento! Cosa impediva alla Chiesa d'integrarsi senza ruolo direttivo? E cosa impediva alla Chiesa di entrare nel gioco delle ipotesi, con le proprie proposte alternative ed immaginative? Uno storico -senz'altro poco propenso per la rivoluzione- ci dà una possibile risposta: "la Chiesa era presa alla sprovvista; aveva dei sapienti teologi, ma non riusciva ad opporre ai suoi nemici soltanto dei mediocri scrittori, e avrebbe avuto bisogno di esponenti di prim'ordine... " (5). La rivoluzione francese ci fa entrare nelle prime avvisaglie dell'"era dell'informazione". E, si sa, "l'informazione... non è tanto quello che 'viene detto' quanto quel che 'può essere' detto" (6). La Chiesa ha preso per una offensiva contro di Lei, quello che era infatti -nella stessa consistenza dell'informazione- "prodotto della libertà umana nella sua lotta per abbattere le barriere che tendono a limitarla: l'irreversibile scorrere del tempo, la concorrenza delle altre volontà libere, la pesantezza dell'universo circostante" (7). La questione centrale non era la Chiesa 'da abbattere', ma la perplessità su una Chiesa che si presenta come un 'limite restrittivo' o come sola 'norma vincolante'. ((1) Articolo 11 della: *Déclaration des droits de l'homme et du citoyen*, in A. D'Alès, *Dictionnaire apologétique de la doctrine catholique*, Paris 1927, vol. XXII, col. 1023. (2) Vedere A. Joos, *Messaggio cristiano e comunicazione oggi*, 6 vol., op. cit.; idem, *Le Chiese cristiane parlano di comunicazione*, Roma 1992. (3) Gregorio XVI, *Enciclica "Mirari vos"*, in idem, *Acta Gregorii XVI*, Roma 1901, p. 174, n 15. (4) R. Rémond - E. Poulat, *Cent ans d'histoire de "la Croix"*, Paris 1987, p. 136. (5) Abbé Jager, *Histoire de l'Église de France pendant la révolution*, Bruxelles

stampa di attualità evolve al di là di quello che è la stampa , diventando gestione dell'attualità informativa sia radiofonica che televisiva (con resistenza degli esponenti della stampa scritta o giornalisti). Certo, la prevalente caratteristica di questi due primi momenti di affermazione multimediale rimane quella della lettura o dell'essere lettori. Le altre tappe quelle audiovisive- saranno sospettate di aver silurato i pregi della lettura. Eppure si sottolinea che spesso essi possono essere vivaci alleati della lettura e se non succede, ciò viene causato da valutazioni sbagliate dei gestori della stampa, a riprova che non tutto dipende dai cosiddetti strumenti mediatici in quanto tale [1]. Si sottolineerà che la mancanza di una strategia editoriale e giornalistica più ampia ne spiega l'inefficienza, come si verifica in Italia nel XX secolo [2]. Tra angoscia sulla quale puntare permuovere la gente giocando sulle sue paure e evasione per uscirne e disinnescarle, la stampa si muoverà con particolare abilità a tenere il pubblico in altalena (tra edizioni serali-angoscianti e mattutine-tranquilizzanti) [3]. Ma vi è anche nella stampa di attualità una venatura che rimanda al localismo, dalla gestione stessa dei giornali particolarmente negli Stati Uniti [4]. L'intento informativo non spinge

---

1853, p. 32. (6) U. Eco, *Trattato di semiotica generale*, Milano 1980, p. 64. (7) Escarpit, *Théorie de l'information et pratique politique*, Paris 1979, p. 20.)

1 Ph. Boegner, *Cette presse malade d'elle-même*, Paris 1973, p. 68 : «La désaffection des lecteurs n'est donc pas due et nous touchons là l'élément crucial de la crise actuelle au seul développement de l'audio-visuel, mais à la façon dont les dirigeants des journaux ont réagi à son endroit. La télévision et la radio présentent en effet cette caractéristique d'être pour la presse écrite, suivant l'usage qu'elle en fait, des concurrents mortels ou des alliés puissants».

2 G. Bechelloni, *Informazione e potere,* Roma 1974, p. 94: «I nodi centrali di questa crisi sono stati ormai evidenziati, analizzati e dibattuti. Qui interessa sottolineare due punti: 1) assenza di una vera e propria editoria giornalistica die si proponga come scopo precipuo quello di vendere le informazioni; 2) assenza di una classe giornalistica pienamente consapevole delle proprie funzioni nei riguardi delle esigenze informative del lettore. La storia politica e culturale, la struttura economica e sociale del nostro paese ci possono fornire le chiavi per capire «il perché» di queste «assenze», ma non interessa qui ricordare le analisi che sono state ampiamente sviluppate negli ultimi anni. Vale la pena, piuttosto, di sottolineare che queste «assenze» si traducono in 1) inefficienza editoriale e 2) inefficienza giornalistica».

3 J. Folliet, *L'information moderne et le droit à l'information*, Paris 1969, p. 112: «Le public d'aujourd'hui est angoissé - et le monde de l'Apocalypse atomique ne cesse de le ravitailler en sujets d'angoisse. II oppose à son tourment des réactions différentes et même opposées. Tantôt il s'y refuse, refugié dans l'évasion, l'escapism disent les Anglais, la résolution obstinée de «ne pas s'en faire», de «ne pas chercher à comprendre», et de penser à autre chose. Tantôt il s'y abandonne et, pour un peu, il redemanderait de la peur jusqu'à s'enivrer. La presse se plie à ces humeurs, tour à tour alarmiste, le soir surtout, pour vendre du papier, et tranquillisante, surtout le matin, pour la même raison».

4 B. H. Bagdikian, *Some Peculiarities in American News,* in D. J. Leroy Ch. H. Sterling, *Mass News*, New Jersey 1973, p. 21: «The fundamental reason for this persistent localism in American news institutions is a peculiarity in American political organization and the prevailing pattern of family money spending. More governmental functions are left to the local level in the United States than in other developed countries. Schools, property taxes, land use, public health, large areas of business regulation, and many other political and social activities are controlled by locally elected and locally controlled bodies in the United States, while in other countries many of these are controlled by national governments or administered by national bureaucracies»; p. 17: «Among world news

pertanto solo verso una centralizzazione, ma implica come informazione- una spinta localizzante (con risvolti diversi che essa può assumere cfr infra). Si parlerà inizialmente del potere della stampa di attualità nella vita pubblica, per poi ridimensionare questa enfatica affermazione. Il potere di rendere un individuo persona pubblica (cfr supra) suscita delle attese da parte di molti che vorrebbero uscire dalla frustrazione di una vita tetra e monotona, facendo sorgere delle tipologie di affermazione pubblica, magari a livello della stampa del cuore o della partecipazione compensativa alle gesta degli idoli della vita pubblica: un modo di agire immaginariamente per procurazione [1]. D'altra parte, nella stampa alternativa o dell'underground (sottosuolo) si esprime l'intento di libero dissenso di fronte al potere vigente [2]. Sorge la figura del giornalista pubblico che assumerà varie valenze come incitatore informativo: persino come fautori di un evangelismo o proselitismo informazionale (molla attiva) [3]. Il taglio di incisività si esprime come metodologia

---

systems, America's is peculiar. In other countries there are national newspapers issued in one or two important urban centers and distributed as the primary serious journals throughout the country. Local papers are marginal and parochial, classified geographically and culturally as the provincial press. In most countries radio and television also are centralized, with few local originating facilities. Programs typically emanate from a central studio owned and controlled by a government monopoly. In the United States, the typical American consumer receives all his daily printed and broadcast news from a local private enterprise. There are historical reasons for this unique pattern in the United States and social reasons why it should continue. Though there are contemporary trends diminishing local independence, compared to world systems the American news continues to be rooted in the local community».

[1] J. Folliet, *L'information moderne et le droit à l'information*, Paris 1969, p. 111: «Beaucoup de nos contemporains sont «frustrés» par une vie terne, monotone et, malgré le confort matériel, assez dure en fin de compte. A cette médiocrité, ils cherchent des compensations imaginaires, de grandes aventures, en particulier amoureuses, vécues par procuration, des projections de leur petit moi sur des êtres à la fois réels et mythiques -besoins que la presse da cœur et même la presse féminine ne connaissent que trop. La presse courante et, plus encore, les journaux spécialisés, fournissent à bon marché de telles compensations grâce aux drames sentimentaux des stars, des idoles et des personnages couronnés, comme si la royauté, avec ou sans couronne, assumait de nos jours une fonction compensatrice».

[2] W. Fudge - J. W. English, *Emergence of the Fifth Estate*, in D. J. Leroy Ch. H. Sterling, *Mass News*, New Jersey 1973, p. 274: «The underground press, or counter establishment press, represents the ideal of freedom of dissent, and is a voice of those alienated from the American mainstream. As a vehicle of dissent, the underground press was employed in principle during pre-Revolutionary times by a young, longhaired radical named Benjamin Franklin. He was followed by other antiestablishment writers Samuel Adams with the Patriot Press, pamphleteer Thomas Paine, while Matthew Lyon was organizing radicals in New England».

[3] J. Pauly, *Public Journalism in International Perspective*, in «Communication Research Trends», 1999 n° 4, p. 11: «Public journalism has attracted its share of critics, among professional journalists as well as press scholars. Just as proponents imagine the history of public journalism as a series of famous projects, opponents imagine that history as a series of famous refutations by prominent journalists: *Washington Post managing editor* Leonard Downie's condemnation of press involvement at the 1994 Associated Press Managing Editors convention; former NBC News president Michael Gartner's 1995 warning about the "menace" of public journalism; executive director Rosemary Armao's attack on public journalism as "crude, naive, and dumb" at the 1995 Investigative Reporters

dell'irriverenza, come per esempio nella capitale britannica, per meglio svelare ciò che i governi non dicono [1]. La dinamica di incitamento sembra convogliare gli organi di stampa ad attribuire un potere talvolta iperbolico al particolare, o in termini di attualità, alle esigue minoranze [2]. Vi sono varie modalità di pressione o persino di manipolazione

---

and Editors convention; former *New York Times* executive editor Max Frankel's 1995 condemnation of "fix-it journalism"; *New York Times* editorial page editor Howell Raines' attack on James Fallows' discussion of public journalism in *Breaking the News (1996); New Yorker* writer David Remnick's 1996 defense of "informed, aggressive skepticism"; syndicated political columnist David Broder's abandonment of his earlier support at the 1996 Stanford public journalism conference. (Summaries of many of these criticisms can be found in Rosen [1999] and Corrigan [1999].) In this litany, the status of the critics counts heavily, for it establishes the authority of their refutations. Tone matters, too. Journalist-critics tend to portray themselves as plain-speaking, hard hitting, independent-minded, shoe-leather reporters who are not afraid to speak the truth about a pointy-headed fad that endangers the highest traditions of professional journalism. Corrigan (1999) describes the proponents of public journalism as "evangelists" - a metaphor that has been used by other critics. He and other journalist critics portray proponents as "proselytizers" who want to convert their profession to a new faith. Corrigan notes that the autobiographical accounts of Merritt and other proponents describe their conversion to public journalism as an epiphany. Whether such religious metaphors aptly describe the movement is open to question. (For their part, Carey and Rosen have responded that it is conventional journalism that portrays itself as the one true church, and that if one were to apply a religious metaphor, that public journalism's proponents should be described as heretics and their critics as the real high priests.) Nonetheless, the persistence of the tag *evangelist* suggests the depth of professional resentment often directed especially at non-journalists such as Rosen. Like other critics, Corrigan has condemned public journalism for too vaguely defining its goals (what's so new about it?), for compromising professional autonomy (shouldn't journalists be the ones to decide what's news?), for accepting foundation and corporate money (whose interests does the movement serve?), and for reducing journalism to a form of public relations (who will tell the hard truths if journalists do not?). Academic responses have varied more widely. Lambeth, Meyer, and Thorson (1998) assess the effects of public journalism on news coverage, using a range of approaches. The authors in their anthology assess Davis Merritt's philosophy of public Journalism; evaluate changes in citizens' political knowledge as a result of the "We the People/Wisconsin" project; examine the tensions between deliberation and mobilization models of social action in that same project; describe the changes in newsroom structure at a public journalism paper; compare the belief systems of journalists at two newspapers, one a conventional and the other a public journalism paper; debate the results of the *Charlotte Observer's* controversial 1996 election coverage; and suggest research questions by which future public journalism projects might be judged. This approach effectively normalizes public journalism as an object of social science scrutiny. The authors in Glasser (1999), by contrast, critique public journalism as a theoretical idea. Rosen (1999) describes the gist of Glasser's book, as he understands it. The scholarly contributors, he says, criticize public journalism for "misreading the exchange between Lippmann and Dewey; failing to pose a significant challenge to corporate control of the news media; adopting a sentimental or thinly reasoned view of democracy; promoting a hazy conception of itself that muddles important problems of definition; skirting important questions of power, justice, and inequality; relying too much on foundation support; neglecting to consider historical precedents in its eagerness to be seen as 'new'; overburdening the press with responsibilities it cannot meet; declining to offer a potent challenge to journalistic authority; and offering an illusion of empowerment and participation rather than the real thing" (n. 5, p. 318). Though rather accurate, Rosen's summary does not mention that virtually all the contributors agreed with significant portions of public journalism's critique of conventional journalism».

[1] Cfr Ph. Boegner, *Cette presse malade d'elle-même*, Paris 1973, p. 66.

[2] G. Bechelloni, *Informazione e potere,* Roma 1974, p. 266: «Venendo al merito: abbiamo notato

dei lettori, come la consuetudine italiana di mescolare cronaca e commento, chiamato il 'pastone' [1]. Se la stampa di attualità preme sul pubblico dei propri lettori, L'emancipazione dell'azione umana fa sorgere (ed insorgere) una persona che auto-decide per conto proprio, nella propria libertà, di fronte ai principi di diritto divino. Se riconosciamo questa libertà legittima come Chiesa (*Gaudium et spes*), non possiamo considerarla come una specie di male inevitabile (che si tollera per la gente comune), ma ci tocca assumerla nella dinamica di comunione e di comunità. Non si rinuncia alla propria libertà in una umanità azzerata, si guarda alla libertà per lasciarne manifestarsi le sue dimensioni più profonde. Diventa inevitabile e prioritario per l'umanità poter scoprire, discernere ed ammaestrare l'insieme dei messaggi indispensabili alla sua autocoscienza nonché alla sua iniziativa operativa [2]. Qui, troviamo un eco del secondo punto d'impatto dell'evento comunicativo: la 'molla' per l'azione emancipata dalla gestione informata dell'attualità. Nascono delle tipologie informative capaci di convogliare all'azione (tipologia socialista dell'utile e importante, o tipologia capitalista dell'eccezionale e dello spettacolare) [3]. Il giornalismo di crisi infrange la

---

come l'intento riduttivo accomuni tutti i giornali i quali finiscono paradossalmente per attribuire uno straordinario potere alle «esigue minoranze», sia nel caso in cui a queste minoranze si attribuisca la responsabilità delle prese di posizione più estreme «Paese sera», «L'unità», l'«Avanti!» sia nel caso in cui alle minoranze venga ricondotta la paternità delle agitazioni e delle occupazioni «Messaggero», «Nazione», «Corriere»). Anche se poi i quotidiani sono piuttosto reticenti ad ammettere il carattere di massa (o comunque la notevole capacità di mobilitazione) del movimento, emerge lo stesso (se non altro per lo spazio che alle agitazioni studentesche viene dedicato) che il fatto delle occupazioni coinvolge un numero motto vasto di studenti».

[1] G. Bechelloni, *Informazione e potere,* Roma 1974, p. 100: «Note sono le critiche rivolte al «pastone» e alla consuetudine di mescolare cronaca e commento. C'è semmai da dire che mentre il «pastone» era il metodo classico di «cucire» le notizie in partenza dalla redazione romana esso è diventato un espediente tecnico che trova applicazioni anche in altri settori del giornale -per es. le corrispondenze dall'estero- e consente quindi di estendere tale tecnica manipolatoria un po' su tutto l'insieme del notiziario politico che spesso diverge da giornale a giornale proprio per seguire quei riti da recita in famiglia così bene tratteggiati da Enzo Forcella quindici anni fa».

[2] UNESCO, *Comprendre pour agir*, Paris 1977, p. 375. «L'information est devenue une base essentielle du progrès de la civilisation et de la société. Il est largement reconnu, aujourd'hui, que le manque d'informations et de moyens efficaces d'échanger des informations est un des facteurs qui entravent le développement économique et social des peuples, Ainsi, le problème de l'information n'est pas autre chose que le problème de la gestion du savoir humain -- de la mémoire collective que la société doit apprendre à maîtriser efficacement et à utiliser pour pouvoir progresser».

[3] H. Davis - P. Walton, *Death of a premier: consensus and closure in international news*, in idem, *Language, Image, Media*, Oxford 1983, p. 163: «The comparative analysis of words most frequently used in the newspapers is an appropriate method for displaying the main contours of newspaper content and for reconstructing the image of the world portrayed by the press. The analysis entitled us to put forward the hypothesis that all press texts exhibit certain common features which are independent of the social system. Among these features there are, for example, an interest in the superpowers, definite location of the described subjects in time and space and an interest in novelty and large-scale phenomena. On the other hand the image of the world embedded in the vocabulary of the socialist press is decidedly different from the image of the world in the vocabulary of the capitalist press. If work, followed by organization, nation and plan, prevails in the socialist image of the world,

regolarità dei ritmi e scambi quotidiani [1]. L'attualità rientra nella impostazione di crociata su tale o tale tema dell'esperienza [2]. La stampa diventa, nel XIX secolo, stampa a tiraggio moltiplicato [3].

L'AUDIO ELETTRONICO A DISTANZA

Vi sono osservatori che vedono nell'avvento del XX secolo, con il richiamo all'audio tecnologico a distanza, un altro traguardo comunicativo con dei riflessi significativi [4]. Nasce il telefono, che fu inizialmente il termine per indicare un modo intricato di trasmettere note musicali tramite bastoncini di legno, per affermarsi poi come rapido collegamento a voce attraverso una rete elettrica [5]. Il telefono fisso invade

---

then money, followed by government, joint stock company and market, dominates the capitalist image. The socialist newspapers write first of all of what is seen to be important, socially and economically, whereas the capitalist newspapers write of what is seen to be unusual and exceptional. Thus the educational function of the language of socialist newspapers is most clearly revealed, not in its characteristic use of metaphor, but in its stress on the importance of work and in showing the significant, social and economic aspects of human activity».

[1] Cfr S. McBride, *Many Voices, one World*, London 1981, pp. 160-161.

[2] J. Tebbel, *The Making of a President: Politics and Mass Communication in America*, in P. D. Hazard (ed.), *TV as Art*, Illinois 1966, pp. 30-31: «The Beginnings of the decline in newspaper influence during the twenties and thirties was coincident with the rise of radio and television-media which developed an entirely different pattern of interaction with the political scene. Where newspapers and magazines used the weapon of crusade and individual attack against politicians and their actions, the weapon of television was exposure. Television, however, did not regard exposure as a weapon because it was not on the attack. It was simply in a competitive race with itself to show the public as much as it profitably could on the home screen».

[3] UNESCO, *Comprendre pour agir*, Paris 1977, p. 350: «La presse a d'abord été comme un moyen de diffusion d'idées, avec les gazettes et les pamphlets politiques des XVII et XVIII siècles. Mais à partir du milieu du XIX siècle un changement radical se produit: l'invention de presses à grand rendement, puis des presses rotatives, et l'introduction de la publicité, qui bouleverse les conditions financières de production, permettent désormais la diffusion massive et à bon marché du journal. Les considérations d'ordre commercial deviennent alors prépondérantes et conditionnent jusqu'au contenu des organes de presse, qui cherchent à augmenter leurs recettes publicitaires en touchant le public le plus large possible. La presse, dès lors, tendra à divertir autant qu'à informer et à convaincre, et c'est dans cette triple perspective qu'elle va se développer au cours du XX siècle, jusqu'au moment où elle entrera en concurrence avec les moyens audiovisuels, tant en ce qui concerne l'aspect informatif et récréatif que celui des marchés publicitaires».

[4] A. Zanacchi, *La sfida dei mass media*, Alba 1977, p. 80: «Nel 1906, grazie ai tubi elettronici inventati da John Fleming e perfezionati da Lee De Forest, capaci di amplificare le onde sonore, venne udita per la prima volta la voce umana trasmessa via radio. Dieci anni più tardi, nel 1916, andava in onda negli Stati Uniti il primo *giornale radio* con un resoconto sulle elezioni presidenziali».

[5] M. McLuhan, *Understanding Media*, London 1964, p. 287: «The word telephone came into existence in 1840, before Alexander Graham Bell was born. It was used to describe a device made to convey musical notes through wooden rods. By the 1870s, inventors in many places were trying to achieve the electrical transmission of speech, and the American Patent Office received Elisha Gray's design for a telephone on the same day as Bell's, but an hour or two later. The legal profession benefited enormously from this coincidence. But Bell got the fame, and his rivals became footnotes.

il pianeta con 400.000.000 di impianti negli anni 1980 ed una crescita del 1.000% dal 1945 [1]. Il passaggio alla telefonia senza filo non tarderà, dalle anticipazioni degli autori, a raggiungere le potenzialità degli anni 2000-2002 [2]. L'esplosione della telefonia appare travolgente: nel 1980, si parla di 440.000.000.000 di chiamate all anno nel mondo [3]. Riguarda alla radio si dirà che è un medium caldo - perché incentrato sull'alta definizione acustica come vettore percettivo costitutivo ed una partecipazione diretta dell'individuo meno accentuata (facendosi bersagliare più che ponendosi come attore di risposta) [4]. Con il telefono comincia la compenetrazione dell'informazione e

---

The telephone presumed to offer services to the public in 1877, paralleling wire telegraphy».

[1] S. MacBride, *Many Voices, one World*, London 1980, p 54: «There are at present some 400 million telephones in the world, an increase of about 1,000 per cent since 1945. Virtually all nations are linked together, many by direct dialing systems, in the international web, the largest integrated machine ever built. Eighty per cent of the world's telephones are in only ten countries of North America and Europe, for a total population of about 750 million; approximately half of all telephones are in the United States alone, when several cities have more phones than people. The socialist world has 7% of the world's telephones for a population of 1,3100 million, and the developing world has 7 per cent for population of 2,000 million (1)».
((1) *The Role of Telecommunications in Socio-Economic Development*, Hudson 1979.)

[2] F. Williams, *The Communication Revolution*, New York 1983, p. 64: «Even more under way is the expansion of mobile telephone service, a regulated area where AT&T has been given the lion's share of the market. Calling from your car has traditionally involved making a radio connection with a transmitter-receiver that covers a large area and is restricted in the number of conversations that can be handled at the same time. For example, for years in New York City, only 24 mobile phone conversations could go on simultaneously. By 1981, new broadcast and switching technologies made it possible to blanket a mobile service area with many low-powered radio links, each covering a relatively small area or "cell." The cellular grid is served by switching equipment that allows a caller to move from area to area without interruption. This makes it possible to increase the number of calls many thousands-fold; to several hundred thousand, for example, in New York City».

[3] S. MacBride, *Many Voices, one World*, London 1980, p. 55: «The growth of telephone communications has been equally rapid. According ITU figures about440 billion telephone calls are made per year (some 50% in the United States). Particularly revealing is the number of international calls; for example, in 1950 overseas messages to and from the United States totalled 773,000, but in 1977 the number was more than 50 million outgoing calls alone. Since the first transatlantic underwater cable was laid in 1956 with the capacity to carry 50 telephone calls at one time, five more have been brought into use, the last capable of handling 4,000 calls simultaneously. In all, there are 30 international submarine cables, with a total capacity of 17,074 telephone circuits. Meanwhile, in the past decade, the capacity of international satellite communications has jumped from 150 to more than 10,000 circuits; the latest generation of satellite used for transmitting telephone messages can handle 6,000 calls simultaneously»

[4] M. McLuhan, *Understanding Media*, London 1964, p. 31: «There is a basic principle that distinguishes a hot medium like radio from a cool one like the telephone, or a hot medium like the movie from a cool one like TV. A hot medium is one that extends one single sense in "high definition," High definition is the state of being well filled with data. A photograph is, visually, "high definition." A cartoon is "low definition," simply because very little visual information is provided. Telephone is a cool medium, or one of low definition, because the ear is given a meager amount of information. And speech is a cool medium of low definition, because so little is given and so much has to be filled in by the listener. On the other band, hot media do not leave so much to be filled in or completed by the listener. Hot media are, therefore, low in participation and cool media are high in participation or

dell'automatismo di collegamento: in una parola la strada aperta alla cibernetica [1]. L'estensione della memoria scritta nei volumi stampati (nelle lettere mandate per posta), che prendono tanto spazio, viene condensato su supporti più contenuti ma anche più effimeri [2]. Negli anni 50, si passa dalle lampade di vetro e sotto vuoto ai transistori: più piccoli, resistenti, e a buon mercato [3]. Si sa che il linguaggio scritto e quello parlato differiscono notevolmente: particolarmente come coinvolgimento impegnativo individuale nella oralità e come semplificazione dell'enunciato di fronte alla pluri-significanza dello scritto [4]. L'intento del dire ed udire rimanda subito alla specificità

---

completion by the audience. Naturally, therefore, a hot medium like radio has very different effects on the user from a cool medium like the telephone».

[1] L. Verschraegen, *Perspectives d'avenir*, in AA. VV., *Le dossier de la cybernétique,* Paris 1968, p. 298: «L'ubiquité de la cybernétique se marque particulièrement dans les réseaux téléphoniques. Ici, l'information se superpose à lauternatisme, en ce gigantesque système nerveux de la société humaine qui s'étend sur le monde entier, malgré certaines lacunes résultant d'idéologies différentes, et qui, par les relais des satellites synchrones, acquiert une dimension supplémentaire. En outre, des cerveaux électroniques sont branchés en nombre croissant sur ce même réseau et se transmettent des informations où l'homme n'a plus aucune part directe, tout en se conformant aux directives initiales de ce dernier. Mais déjà l'humanité a confié son destin aux ensembles cybernétiques qui contrôlent et commandent la haute stratégie nucléaire. Nous ne dirons pas quelle a abdiqué pour autant. Mais l'organisation des machines a comme contrepartie la constitution d'équipes humaines qui les régissent et vice versa».

[2] G. Gusdorf, *La parole*, Paris 1977, p. 114: «Une pelote de fil remplacera le livre et l'imprimerie ne sera plus qu'un souvenir des temps archaïques. Une telle transformation ne bouleversera pas seulement la pédagogie. Elle modifiera la structure même de la pensée, car la pensée n'existe pas en dehors de ses instruments, et comme préalablement à son incarnation. De même que la parole n'est pas un moyen d'expression, mais un élément constitutif de la réalité humaine, de même les techniques d'enregistrement mécanique feront très probablement sentir leur influence au niveau même de l'affirmation personnelle dans un sens qui demeure pour nous imprévisible. La civilisation du livre cédera la place à une civilisation de l'image et du son. Des arts nouveaux, dès à présent, prennent naissance et le génie humain voit s'ouvrir à lui de passionnantes aventures. La technique doit s'approfondir en conscience, elle doit élargir la conscience que l'homme a de lui-même, et donc augmenter de provinces nouvelles la réalité humaine».

[3] F. Williams, *The Communication Revolution*, New York 1983, p. 98: «Although the transistor was not such big news to the public when it was announced in 1948, it became a household word with the mass availability over the next several years of palm-sized inexpensive radios that most of us simply called "transistors." The transistor did not do anything very new in electronics. It controlled current flow much as did the large vacuum tubes in the old radios of the 1930s and 1940s or even the miniaturized tubes developed in World War II. But the transistor did offer some very desirable advantages. It was much more compact and durable than its fragile glass counterpart. It generated less heat, used less electricity, and held promise of being manufactured more cheaply than the tube».

[4] D. R. Olson, *McLuhan on literacy: «Bringing language into line with print»*, in D. De Kerkhove A. A. Iannucci, *McLuhan e la metamorfosi dell'uomo*, Roma 1984, p. 55: «Recent linguistic analyses of oral and written discourse produced by the same individuals, particularly by Wallace Chaft of Berkeley, have shown that oral and written discourse do in fact differ on two primary dimensions, what he calls involvement and integration. Oral discourse tends to be marked by high personal involvement as indicated through the use of personal pronouns which mark the relation between ego and subject matter and ego and the listener. In written language there are signs of detachment from such concerns with the result that written texts tend to be more objective, distant and equitoned.

tipicamente umana del comunicare [1]. Dal suono registrato e conservato su rulli e su dischi (fino ai compact), dagli altoparlanti che estendono il campo di impatto audio, dal telefono alla radio, si espande l'audio a distanza [2]. Subentra progressivamente una industria del suono registrato dove la musicalità più specifica e più circoscritta può essere integrata, dal margine industriale, in una promozionalità commerciale globale, come si è verificato persino per la musica "rapp" [3]. Ma, più la sofisticazione

---

Secondly, written language involves the packing of more information into a single idea unit than does speech. The devices for this integration are primarily subordination, qualification and modification of clauses. Other writers (Pattison, 1982) have noted. that these devices which become more elaborated in the course of advanced schooling, become the «official» authoritative forms of discourse in a literate society. Being literate, then, involves not only learning this new style of discourse but of then using it, on occasion, for the purposes of oral discourse. Such discourse, we may say, involves speaking a written language. And this more formal language is the language of bureaucracy and power in a literate society».

1 F. Williams, *The Communication Revolution*, New York 1983, p. 22: «The capability for speech, like the opposed thumb and upright stance, is a unique biological inheritance of our species. Its presence is interwoven with a brain capable of symbolization and with a flexible jaw and tongue arrangement capable of making the 40 or so sounds basic to any human language. Complementing our capacity of creating these sounds is an auditory capacity for distinguishing among them. No other species can create nor discriminate among this range of basic speech sounds. (Monkeys who "talk" use sign language. Parrots only superficial features of speech.) If only in terms of our physiological equipment, we humans are unique communicators».

2 A. Zanacchi, *La sfida dei mass media*, Alba 1977, pp. 53-54: «L'italiano Antonio Meucci, nel 1851, aveva inventato il *telefono,* che Alexander G. Bell e altri tecnici americani perfezionarono nel 1876. Il 13 luglio 1897 Guglielmo Marconi effettuò la prima *trasmissione telegrafica senza fili* servendosi delle onde radio: egli aveva intuito la possibilità di utilizzare come veicolo per trasmettere segnali a distanza senza l'aiuto di fili le onde elettromagnetiche, delle quali nel 1887 il tedesco Hertz aveva scoperto la possibilità di produzione e di ricezione. Il 12 dicembre 1901, Marconi diede vita alla prima trasmissione attraverso l'Oceano Atlantico, da Poldhu in Inghilterra a Saint-Thomas in Terranova»; ibidem, p. 80: «Nel 1906, grazie ai tubi elettronici inventati da John Fleming e perfezionati da Lee De Forest, capaci di amplificare le onde sonore, venne udita per la prima volta la voce umana trasmessa via radio. Dieci anni più tardi, nel 1916, andava in onda negli Stati Uniti il primo *giornale radio* con un resoconto sulle elezioni presidenziali»; *ibidem*, p. 80: «Nel 1926 gli apparecchi radio sparsi nel mondo erano già 6 milioni e mezzo e già erano sorte regolari stazioni radiofoniche in molti Paesi. In Italia si era costituita nel 1921 l'Unione Radiofonica Italiana (URI), e nello stesso anno aveva ottenuto dallo Stato la prima concessione dei servizi radiofonici e dato inizio a regolari trasmissioni. La radio era ormai adulta».

3 F. Colombo, *La carovana e il suo confine (L'industria culturale: promozione od ostacolo al dialogo tra culture?)*, in UNESCO CENTRE DE RECHERCHE JACQUES MARITAIN, *Comunicazione e politiche interculturali per il dialogo e la pace*, Roma 2000, p. 5b del testo distribuito: «Per "margine" dell'industria culturale intendiamo dunque una zona che non è di per sé né interna né esterna, ma che costituisce una riserva di possibile avanzata arretramento. Questa zona si genera a partire dai fenomeni di cui l'industrializzazione partecipa. Per esempio: la musica rap nasce come musica di strada, e come tale -originariamente esterna ai circuiti dell'industria discografica- sembra potenzialmente antagonista alla musica di successo. Essa, tuttavia, appartiene a identità etniche, culturali e di consumo assai prossime alle forme di fruizione promosse dall'industria culturale medesima. Ne consegue un'obiettiva vicinanza con l'istituzione rispetto alla quale i rappers si definiscono alternativi. L'integrazione o meno di questi nella grande macchina discografica potrà così avvenire, ma in due forme assai diverse

tecnologica e l'accesso di massa all auto-creazione di supporti riproduttivi si affinerà, più il controllo sulla produzione industriale da parte delle aziende diventerà difficile. Riacquista priorità il filone orale (o più ampiamente l'audio) nelle società occidentali tecnicamente attrezzate. Ma là dove il telefono sembrava favorire uno stile di dialogo poco conforme alle regole di un dire educato, la radio promuove invece nei suoi presentatori- un linguaggio improntato a una intensità misurata ed a maniere di esprimersi articolate e cortesi [1]. Nella radiofonia stessa, vi sarà una fascia direttamente universale: la musica a differenza del linguaggio parlato spesso condizionato da livelli o zone linguistiche proprie [2]. Stranamente, là dove la tradizione orale, ormai squalificata nelle società d'occidente, conquista nuovamente il sopravvento, l'organizzazione ed i finanziamenti della radiofonia nelle mani dell'occidente faranno prevalere quest'ultimo anche in nell'oralità a distanza [3]. Dal 1950, si calcolava che una persona su 4 aveva un ricevitore radio, ma su 50 nazioni sprovviste allora di attrezzature radiofoniche nell'ultimo quarto del XX secolo, 23 erano paesi africani (nel

---

fra loro: da un lato con l'imitazione e l'annacquamento dell'originario spirito di contestazione sociale nella musica rap di consumo; dall'altro con una consapevole adesione di soggetti all'industria discografica a un prezzo per così dire concordato (mantenimento della forza sovversiva dei testi e così via)».

[1] D. L. Altheide - R. P. Snow, *The Grammar of Radio*, in G. Gumpert - R. Cathcart, *Inter/Media*, Oxford 1982, p. 265: «Radio communication is also clear, crisp, pleasing to the car, and devoid of long (dead air) pauses. The talk of radio professionals appears articulate and polished, although on occasion we hear glaring bloopers and inane comments. But in major radio markets mistakes are rare, and so, for the average listener, the radio personality represents an ideal model of communication within a specialized subculture. In some cases, such as large urban MOR stations, the talk may even be described as "slick." To be slick is to flaunt a skill or talent beyond what is necessary tor the situation-extraordinary behavior that is a vital element of entertainment».

[2] S. McBride, *Many Voices, One World*, London 1981, p. 61: «Despite these advantages, radio is to an extent limited as an international medium of communication because of language and technical barriers, except in the field of music where it promotes a universal language. Music needs no interpreter, and radio has achieved a great deal in preserving, encouraging and popularizing the music of various countries, especially folk-music. For example, the Asia-Pacific Broadcasting Union has built up a major collection of folk-music recordings which are exchanged among broadcasting systems affiliated to the Union. The rise of television as a communication medium is obviously more striking since it started from a zero base only a few decades ago. Its phenomenal development has been not only in the proliferation of receiving sets but also in the quality of its output. Television has multiplied the amount of visual information and entertainment available to the public to a vast degree and has introduced new dramatic sensations which involve the viewer in far-flung events. Television, more than any other medium, epitomizes the advances made in communication in the last 25 years».

[3] D. E. Jones, *Studies about Iberoamerican Radio in the 90s*, in W. E. Biernalzki, *Radio, Some Supplementary Remarks*, in «Communication Research Trends», 1998 n° 1, p. 23: «The appearance of this new medium of communication was marked by the entrance of and domination by North American or European models and capital, adapted to Latin America or the Iberian Peninsula. In effect, for thirty years, Latin American radio received major investments from the great networks of the United States: ABC, NBC, and CBS. And that tendency was accentuated and consolidated in the seventies with the general spread of television channels, above all in the great markets such as Brazil, Mexico, and Argentina».

1960, 12), proprio quelli ai quali meglio si addiceva il filone orale , ritardo rapidamente colmato dopo gli anni 70 [1]. Solo nelle zone in via di sviluppo tecnologico la radio può essere riconosciuta come autenticamente di massa (a la portata di molti) [2]. Eppure, la radiofonia conoscerà dei cambiamenti notevoli. La sua chiave di partenza nell'affermarsi come vettore comunicativo rimane l'iniziativa privata di iniziatori comunicazionali [3]. Il periodo iniziale vede entrare in gioco la massima creatività e l'inventiva tecnologica, di pari passo con il sogno di grossi guadagni e la guerra dei brevetti per assicurarsi le varie paternità di invenzioni che promettono un ottimo mercato [4]. La diversificazione locale o privata là dove si lascia opportunità di spazio-sarà differentemente valutata secondo le motivazioni più o meno accentrative degli autori (come, per esempio, il fatto di non riconoscere la validità di indirizzarsi ad un pubblico specifico) [5]. La sua situazione apparirà spesso paradossale: nel divario cioè-

---

1 S. McBride, *Many Voices, One World*, London 1981, pp. 60-61: «Transmission capacity has more than tripled in the last quarter century. In 1950, some 50 countries in the world had no broadcasting facilities; 23 of these were Africa. Around 1960, the number of countries with no radio transmitters had shrunk to 12, seven of which were in Africa. Around 1973, a world survey of 187 countries and territories showed only three of them with no transmitting facilities: Bhutan, Liechtenstein and San Marino. There are an estimated one billion receivers in the world, i.e. an average of approximately one for every four persons on earth. The proliferation of receivers around the world is an important indication of the long arm of radio, and developing countries have made particular use of this medium in the last two decades».

2 S. McBride, *Many Voices, One World*, London 1981, p. 61: «In developing countries, radio is the only medium that can really be labelled mass, where a large proportion of the population can be reached by radio broadcasts and possess the means to receive them. Estimated Number of Radio Receivers in use || Africa, circa 1960: 4; 1970: 16; 1976: 30 / N. America, circa 1960: 184; 1970: 326; 1976: 454 / Europe, circa 1960: 136; 1970: 233; 1976: 284 / South America, circa 1960: 14; 1970: 31; 1976: 58 / Asia, circa 1960: 22; 1970: 58; 1976: 113 / Oceania, circa 1960: 3; 1970: 8; 1976: 14».

3 L. Merlin, *Le vrai dossier de la télévision*, Paris 1964, p. 23 : «La radio n'a pu débuter autrement par les initiatives *privées* de M. Girardeau à la S.F.R. et de M. Boris Sarnoff à R.C.A. En télévision, les recherches de Baird en Grande-Bretagne, d'Henri de France et de Barthélémy en France étaient aussi du *privé*. Les gouvernements ne sont intervenus qu'*après*, soit pour contrôler, soit pour racheter, soit pour utiliser à leur profit les initiatives privées parfois aussi pour les freiner».

4 C. R. Wright, *La comunicazione di massa*, Roma 1976, p. 54: «Il periodo iniziale della storia della radio può venire definito come il periodo della grande ingegnosità dell'inventore, della sperimentazione e della crescita incontrollata. Quindi il miraggio di grossi profitti diede la stura ad un'incessante lotta per il possesso e per ii controllo delle aziende interessate a questo settore. I conflitti legali per la esclusiva di brevetti di parti staccate e di processi tecnici necessari alle radio comunicazioni sboccarono in quella che fu chiamata «la guerra dei brevetti», in seguito alla quale il controllo dell'industria rimase nelle mani di poche organizzazioni operanti su larga scala. Di volta in volta alcuni di questi giganti comprendevano combinazioni sia in uno dei campi dell'industria radiofonica (per es. industrie costruttrici), sia fra i diversi rami di essa (fra industrie costruttrici ed organizzazioni radiofoniche), sia fra le differenti industrie di comunicazioni di massa (compartecipazione nella proprietà di giornali e di reti radiofoniche)».

5 A. Zanacchi, *La sfida dei mass media*, Alba 1977, p. 84: «Diventa quindi difficile, almeno per il momento, una valutazione del ruolo e delle possibilità delle radio private, la cui diffusione nel giro di pochissimo tempo, ha assunto dimensioni enormi (le prime sono nate nella primavera del 1975 -- Radio Milano International e Radio Emmanuel di Ancona-- ed oggi sono ormai centinaia). Tra gli

tra le sue potenzialità mediatiche e le strane limitazioni o la strana mancanza di copertura radiofonica verso territori più isolati, che sono subentrate nelle varie fasi della sua affermazione comunicativa [1]. La percezione acustica si rivela informativamente molto meno folta di quella visiva [2]. Tecnicamente, la radio offre una comunicazione più direttamente comprensibile, o cioè con un basso grado di ambiguità, anzi dalla tonalità stessa di una voce si capirà già il tipo di programma o di contenuto radiofonizzato (religioso, di notizie, musicale) [3]. La radio nasce come divertimento e diventa informativa sotto pressione della conquista di terreno comunicativo di svago che intende promuovere la televisione [4]. Sembra che il riflesso

---

errori principali di questo discutibile inizio si può annoverare quello di aver puntato esclusivamente o quasi sui giovani, che ha contribuito a creare una immagine sbagliata delle nuove emittenti radiofoniche, tanto più che in Italia non esiste alcuna forma di educazione organica ai mass media».

[1] COMMISSION INTERNATIONALE D'ETUDE DES PROBLEMES DE LA COMMUNICATION (UNESCO), *Rapport interimaire sur les problèmes de la communication dans la société moderne*, Paris 1978, p. 55: «56. La situation de la radio dans le monde actuel est paradoxale. Aucun autre média n'a la capacité d'atteindre autant de personnes de façon aussi efficace aux fins d'information et d'enseignement, de diffusion de la culture et de récréation. Elle peut être utilisée facilement et économiquement pour atteindre des régions écartées et pour communiquer dans les nombreuses langues vernaculaires -souvent sans écriture– qui existent dans les pays en développement. Presque tous les pays sont en mesure de produire des programmes radiophoniques conformes à leurs besoins politiques, à leurs habitudes culturelles et à leurs valeurs fondamentales. La radio est peut-être actuellement le moyen de communication le moins soumis aux sociétés transnationales qu'il s'agisse d'appartenance ou de choix des programmes. Malgré cela, les messages transmis par ce moyen ne parviennent pas encore à de larges fractions de l'humanité vivant dans des régions isolées, et beaucoup d'entre eux transfèrent aux masses qu'ils atteignent des contenus étrangers et des images faussées».

[2] E. T. Hall, *The Hidden Dimension*, New York 1966, p. 42: «The amount of information gathered by the eyes as contrasted with the ears has not been precisely calculated. Such a calculation not only involves a translation process, but scientists have been handicapped by lack of knowledge of what to count. A general notion, however, of the relative complexities of the two systems can be obtained by comparing the size of the nerves connecting the eyes and the ears to the centers of the brain. Since the optic nerve contains roughly eighteen times as many neurons as the cochlcar nerve, we assume it transmits at least that much more information. Actually, in normally alert subjects, it is probable that the eyes may be as much as a thousand times as effective as the ears in sweeping up information».

[3] D. L. Altheide R. P. Snow, *The Grammar of Radio*, in G. Gumpert - R. Cathcart, *Inter/Media*, Oxford 1982, p. 265: «Finally, radio grammar has a low degree of ambiguity. A radio may be switched on at any time and a listener will immediately understand what is happening. Several factors contribute to low ambiguity. Each music type is very distinctive, and after hearing only a few bars, almost anyone can identify the type of content that will follow. Voice rhythm is also an indication of content - compare religious radio to news, rock, or classics and the rhythm is readily apparent. Voice types are also standardized according to a station's content so that, even if you tune in during a break in the music, the station is identifiable. Content is instantly intelligible in radio and other "live" electronic media - there is no opportunity for an instant replay».

[4] M. McLuhan, *Understanding Media*, London 1964, p. 318: «One of the many effects of television on radio has been to shift radio from an entertainment medium into a kind of nervous information system. News bulletins, time signals, traffic data, and, above all, weather reports now serve to enhance the native power of radio to involve people in one another. Weather is that medium that involves all people equally. It is the top item on radio, showering us with fountains of auditory space or

di condizionamento 'emotivo' sia il più rilevante da menzionare, in questa chiave comunicativa [1]. Anzi, la tonalità è così significativa che il parlare una lingua come lingua madre risulta incomprensibile a chi ha studiato la stessa lingua in modo teorico, a causa dell'accento specifico di chi parla la propria lingua materna [2]. La radio nascerà nei paesi sotto colonizzazione come mezzo per mantenere il contesto culturale dei colonizzatori nei legami emotivi con la madre patria [3]. Da questi casi particolari, la radio si specializza nel servire dei pubblici specifici o di vari gruppi dentro una cultura con vari linguaggi tipici (del rock, del jazz, del country, dei teenagers) [4]. Là dove

---

lebensraum».

1 A. Zanacchi, *La sfida dei mass media*, Alba 1977, p. 54: «-- Nel 1920 entrò in campo la *radio*, dopo che nel 1914 l'invenzione della valvola termoionica da parte dell'inglese Fleming aveva consentito a Marconi di trasmettere e di ricevere non solo i segnali dell'alfabeto Morse, ma anche le parole e i suoni. Nel 1938, Orson Welles, con una delle più famose trasmissioni nella storia della radio, seminò il panico a New York simulando l'invasione dei marziani sulla terra».

2 E. T. Hall, *The Hidden Dimension*, New York 1966, pp. 68-69: «Linguists tell us that when the details of speech sounds are analyzed and recorded with great consistency and accuracy, it is often difficult to demonstrate clear-cut distinctions between some of the individual sounds. It is a common experience for travelers who land on a foreign shore to discover that they cannot understand a language they learned at home. The people of the country don't sound like their tutor! This can be disconcerting. Anyone who finds himself in the midst of speaking a totally unfamiliar language knows that at first he hears an undifferentiated blur of sounds».

3 S. T. Kwame Boafo, *Communication Technology and Dependent Development in Sub-Saharan Africa*, in G. Sussman - J. A. Lent, *Transnational Communications. Wiring the Third World*, London 1991, p. 105: «Electronic media were also introduced into black Africa during the colonial periods, with the establishment of the first radio broadcasting system in South Africa in the early 1920s. In 1928, radio broadcasting was introduced to Kenya and, in the 1930s, in such other British territories as Sierra Leone, the Gold Coast (now Ghana), and Nigeria. In the territories ruled by the French, Belgians, and Portuguese, radio broadcasting was started much later, particularly in the 1940s and 1950s. By the 1960s, when black African countries emerged from colonialism into political independence, virtually all had radio broadcasting systems. The development of television broadcasting in the region is a postindependence phenomenon, with the exception of Nigeria, where the first television station in black Africa was established in 1959. Much like the print media technology, the initial role of radio broadcasting was to provide information and entertainment to the colonial administrators and white settlers. Thus, for example, radio stations established in the British-ruled territories served as an extension or relay mechanism for the British Broadcasting Corporation (BBC) to transmit news, information, and entertainment programs for the colonial rulers, the large numbers of European settlers in eastern, central, and southern Africa, and the few educated elite among the indigenous population. As Ansah (1985) puts it, radio broadcasting services were "primarily aimed at enabling Europeans in Africa to maintain political and cultural links with the metropolitan countries».

4 D. L. Altheide - R. P. Snow, *The Grammar of Radio*, in G. Gumpert - R. Cathcart, *Inter/Media*, Oxford 1982, p. 265: «Radio achieves an intimate character referred to earlier by serving specialized audiences and subcultures. To reach these specialized audiences, the station must speak the appropriate subculture language; bubblegum rock, jazz, country, soul, and the rest are uniquely different in jargon, rhythm, pitch, and other speech characteristics. On bubblegum stations the deejay speaks fast, using teenage slang. In contrast, jazz audiences require a slow, cool style. On news, talk radio, and background music stations, the communicators follow a "middle-of-the-road" policy that some listeners describe as middle-class anonymity. Given the unique language character of a

l'editoria aveva unificato una lingua culturale a livello dell'intelletto e della moltiplicazione di esemplari di libri, la radio sembra diversificare un'altra volta i vari linguaggi o dialetti dei pubblici specifici. Eppure, oltre la metà del secolo XX nascono le radio ad ampio raggio di informazione internazionale [1]. Gli Stati si concentreranno, nella fase radiofonica di partenza, sulle trasmissioni possibilmente esterne tramite le onde ultracorte con intenti vari di propaganda o di promozionalità della propria immagine all'estero. Né pensiero né volontà, essa 'muove' l'anima. Essa salta la meccanica della logica per 'colpire' [2]. Il linguaggio 'parlato' -detto ed udito- implica una sua carica emotiva complessiva [3]. Le donne adulte ascoltano con una intensità sonora di 8 decibel di volume del suono più bassa dei maschi [4]. Inoltre, le donne sono delle

---

subculture, radio stations follow the language of their audience, rather than forcing listeners to accept something that is dissonant».

[1] S. McBride, *Many Voices,* One World, London 1981, p. 73: «The USSR and the USA have the highest number of hours of external broadcasting, estimated at 2,010 and 1,813 hours per week respectively in 1978. The People's Republic of China follows closely with more than 1,400 hours, and the Federal Republic of Germany, the United Kingdom, Democratic People's Republic of Korea, Albania and Egypt, each having more than 500 hours. In all, 26 countries broadcast each more than 100 hours per week, 1 and over eighty countries are engaged in international broadcasting today. It is, of course, difficult to estimate or pattern the audience for this multitude of international transmissions. The number of radio sets in the world capable of receiving shortwave transmissions is estimated to be between 200 and 300 million. The audience is obviously increased when medium-wave transmission is taken into account 2».

((1) *Source: International Broadcasting,* by B. Bumpus. op. cit. / (2) Some sample surveys carried out by the BBC in recent years show regular reception of their programmes by various segments of the potential adult audience ranging up to 30% in a few countries depending on the type of broadcast (national language service. World Service or Language training broadcasts) and the audience sample (urban, rural, etc.). In numbers. the BBC estimates the regular adult audience listening to BBC external broadcasts once a week or more to be of the order of 75 million persons, while the total adult audience which includes people listening less often, is around 130 million.)

[2] J. Vendryes, *Le langage*, Paris 1968, p. 168: «Ce qui caractérise le langage parlé, c'est qu'il se borne à mettre en valeur les sommets de la pensée; ceux-ci émergent seuls et dominent la phrase, tandis que les rapports logiques des mots et des membres de phrase entre eux, ou bien ne sont marqués qu'incomplètement, avec le secours, s'il y a lieu, de l'intonation et du geste, ou bien ne sont pas marqués du tout et doivent être suppléés par l'esprit. Ce langage parlé se rapproche du langage spontané: on appelle ainsi celui qui jaillit spontanément de l'esprit, sous le coup d'une émotion vive. On met alors en vedette les mots frappants, n'ayant ni le loisir ni le temps de ramener sa pensée aux règles strictes du langage réfléchi et organisé. Le langage spontané s'oppose ainsi au langage grammatical».

[3] E. H. Sturtevant, *An Introduction to linguistic Science*, London 1967, p. 135: «In addition to their intellectual content words suggest certain emotions. The chief difference in meaning between English *house* and *home* is of this sort; hence real-estate dealers offer for sale *a nice five-room home*, even though no one has yet lived in it. Sometimes the emphasis upon the emotional content of a word becomes so great that everything else is lost from sight. Intense dislike of *anarchists* and *socialists* leads many to couple the two words, as if they applied alike to all undesirable citizens, although anarchy and socialism are opposite extremes of political theory».

[4] D. McGuiness, *Sex, symbols, and* sensation, in D. De Kerckhove - A. Ianucci, *McLuhan e la metamorfosi dell'uomo*, Roma 1984, pp. 199-200: «Most remarkable is the finding that adult women set comfortable levels of volume at approximately 8 decibels lower than men. As the sensation of

migliori ascoltatrici per l'interlocutore (stando magari più lungamente al telefono con l'accusa maschilista di essere pettegoli) [1]. Nell'audio a distanza, una caratteristica antropologica appare immediatamente: la prevalenza della parola vivamente sentita (del suono musicale, ecc.). Già con la stampa di attualità, l'importanza antropologica del richiamo emotivo comincia ad affermarsi. Si intrecciano la sete di informazione e la saturazione emotivamente pungente d'informazioni [2]. La piattaforma informativa, sommergendoci di dati, svela innanzitutto la crescente complessità dell'avventura umana nel pensare e nell'agire [3]. La parola del linguaggio parlato si carica di emozione

---

loudness doubling is roughly 8-9 decibels, this means that at normal ranges of comfort, women hear sounds as roughly twice as loud as men. Other research (Pishkin and Blanchard, 1964) has shown that the sensitivity to changes in the volume of sound is greater in females. What these data imply is that females will be more adept in comprehending speech sounds and are particularly responsive to changes in dynamic inflection, the characteristic of speech that provides the information about the speaker's intentions and emotions. On the other hand, no differences are found in tests measuring pitch discrimination when the years of musical training are taken into consideration. These findings help to explain why studies on human infants have shown that females are much more likely to be comforted by the sound of their mother's voice, whereas males are much more likely to need physical reassurance. This allows the mother to be able to deal with her female infant at a distance (distal stimulation). Over time a greater vocal interaction takes place between mothers and daughters than between mothers and sons. This occurs also because the female responds to the inflection in her mother's voice, long before the actual understanding of speech has begun (Lewis, 1972)».

1 D. McGuiness, *Sex, symbols, and* sensation, in D. De Kerckhove - A. Ianucci, *McLuhan e la metamorfosi dell'uomo*, Roma 1984, pp. 203-204: «In a creature more disposed towards the world of persons, language comes to serve an empathetic function. This emphasis creates a pragmatic rather than semantic focus. But unlike a pragmatics directed towards the world of action, pragmatics here refers much more to the nature of determining other's needs. Thus there is closer attention to the assessment or analysis of intentions, determining whether the utterance can be trusted, whether or not the person is sincere. Secondly an empathetic language system is particularly context sensitive rather than context free. Thirdly, females are particularly good listeners; there is an intensity in receptive encoding, which monitors not only prosodics, but non-verbal cues. Thus all social signals become incorporated in the analysis. Finally, and perhaps most interesting, is that for females meaning is almost entirely independent of language. Meaning deals with intentions and feelings, and language is merely one of a number of devices that enables people to approximate meaning. Women rarely define words; they are much more likely to rephrase an utterance using different words to find a closer approximation to what they mean to say».

2 C. Pagano, *L'Économie des signes,* in AA.VV. *Formation et information,* Paris 1983, p. 39: «Une société d'information? C'est ce que nous venons de voir; et les mots tels que "avalanche", "déluge", "raz-de-marée" ne suffisent plus à la décrire. Pourtant, "jamais le besoin d'être informé n'a été aussi grand qu'aujourd'hui et n'a été si souvent reconnu. Mais on se trouve à cet égard en face d'un double problème apparemment contradictoire. D'un côté on se plaint, à juste titre, de l'insuffisance des informations disponibles qui est due soit à l'imperfection de l'appareil statistique, soit encore à des habitudes acquises depuis longtemps (secret des affaires, habitude ancrée de gouvernants à cacher au public les faits les plus significatifs, etc...); mais d'un autre côté, les individus aussi bien que les entreprises ne savent souvent que faire de la masse d'informations qui leur arrive tous les jours par différents canaux: radio, presse, télévision, livres nouveaux..." (*De l'information à la formation*, LE MONDE. 24.2.1970)».

3 UNESCO, *Informatics, a Vital Factor for Development*, Lausanne 1982, p. 11: «The interrelations within contemporary society grow in complexity day by day, and one of the inevitable consequences

vissuta, incarnata [1]. Il linguaggio scritto sarà più formale, strumento privilegiato della burocrazia e del potere insediato [2]. Il dire ha una sua 'energheia' o intensità d'impatto vivo: interpellando realizza un incontro [3], fa parte dell'evento e dell'esistenza [4]. I messaggi ci arrivano in modo inatteso come una valanga o un diluvio o un maremoto che si sparge tanto da sommergere il ricettore e tutta la comunità umana lasciandola intellettualmente interdetta ed operativamente travolta. Con l'uso del telefono, la rete dei rapporti sociali si estende oltre i limiti della interpersonalità spaziale [5]. Il dire

---

is that an ever-increasing volume of data and information must be handled (a). Data and information have thus become a necessary component in the dynamics of social evolution and particularly so in societies where technology and services play a significant role--as well as in relations among nations. They constitute a key element in decision-making at the most varied levels. As knowledge advances and its applications become more diverse and call for further research, precise information concerning the state of a problem, and even of how it is likely to evolve, is necessary before action can be undertaken. Hence the rational utilization of natural and human resources, scientific and technological development as well as agricultural and industrial progress and the advance of culture and social welfare demand increasingly efficient data handling and access to the most diversified and comprehensive information».

((a) The IFIP--ICC Vocabulary (North Holland, 1966), suggests that data are a representation of facts or ideas in a formalized manner, whereas information is the meaning a human assigns to data by means of the known conventions used in its representation. In the Unesco Secretariat, the General Information Programme (PGI), which is discussed in Chapter 1, is distinct from the Informatics Programme).

1 K. Rahner, *Zur Theologie des geistlichen Lebens*, in idem, *Schriften zur Theologie*, Band III, Einsiedeln 1967, S. 350: «Unser Wort ist mehr als ein Gedanke: Es ist fleischgewordener Gedanke. Bestehen Leib und Seele in ihrer Substanz-Einheit, wie die Scholastik lehrt: dann ist das Wort mehr als bloß eine äußerliche, signalhafte Verlautbarung eines Gedankens, der ebensogut ohne dieses animalische Lautgeräusch existieren könnte. Als ob sich der Gedanke bloß konventionell signalisieren würde in der brutalen Geistlosigkeit des. Animalisch-Materiellen, in dem wir Geister verkehren müssen! Das Wort ist vielmehr die Leibhaftigkeit, in der das, was wir jetzt erfahren und denken, allererst existiert dadurch, daß es sich hineinbildet in diesen seinen Wort Leib. Genauer noch: Das Wort ist der leibhaftige Gedanke, nicht die Leibhaftigkeit des Gedankens. Es ist mehr und es ist ursprünglicher als der Gedanke, wie der eine und ganze Mensch mehr und ursprünglicher ist als seine Seele und sein Leib je für sich. Darum kann keine Sprache eine andere ersetzen».

2 D. R. Olson, *McLuhan on literacy: «Bringing language into line with print»*, in D. De Kerkhove A. A. Iannucci, *McLuhan e la metamorfosi dell'uomo*, Roma 1984, p. 55 (citato supra).

3 J. Florkowsky, *La Théologie de la foi chez Rudolf Bultmann*, Paris 1971, pp. 182-183: «La parole n'apporte pas un contenu de vérité faisant connaître l'être de Dieu. Elle apporte une rencontre, en tant même qu'elle est interpellation. La parole, c'est Dieu parlant; c'est Dieu interpellant l'homme; ce n'est pas Dieu s'ouvrant et se communiquant à l'homme. Cette conception fait tout de même difficulté. En réalité, la parole, selon l'Écriture, même comme interpellation tourne aussi vers Dieu. En faisant choc sur l'homme et en provoquant ainsi sa conversion elle l'attire désormais à faire avec elle le chemin qui remonte à Dieu. Elle tend à réaliser une communication d'existence qui s'accomplit précisément dans le Christ, et pas seulement par le Christ».

4 W. Schmithals, *Die Theologie Rudolf Bultmanns*, Tübingen 1967, S. 228: «Vielmehr bilden Wort und Heilsgeschehen eine Einheit. Das Heil geschieht im Wort, das selbst das Heilsgeschehen ist. Das Wort vermittelt also nicht allgemeine Wahrheiten, sondern ist der entscheidende Anruf an den Menschen, der, wenn er den Ruf hört, 'in die Wahrheit' findet».

5 S. H. Aronson, *The Sociology of the Telephone*, in G. Gumpert R. Cathcart, *Inter / Media*, Oxford 1982, pp. 275-276: «With the spread of the telephone, a person's network of social relationships was

telefonico si desettorializza: esso succede tra due persone, ma non si sa esattamente dove, non avviene più effettivamente là in un dato luogo e si virtualizza (non è più una attuazione ben delimitata) [1]. La radiofonia, come hot medium o vettore ad alta definizione, potrà avere degli effetti moltiplicati in una cultura non alfabetizzata o solo orale, rendendo impossibile alla radio di essere limitata à un ruolo di puro divertimento [2]. Ecco che si adombra il nostro terzo 'nodo' comunicativo: l'impatto emotivo come piattaforma di esperienza vissuta. Se la radio viene accesa dall'utente, il telefono squilla insistentemente e si impone all'attenzione di chi si trova nel suo ambiente del tutto privato, invadendo la vita individuale oltre ogni rispetto delle buone maniere d'un tempo (!) [3]. Sarà anche in questa chiave emotiva o addirittura fantasiosa, che la radio

---

no longer confined to his physical area of residence (his neighborhood, in its original meaning); one could develop intimate social networks based on personal attraction and shared interests that transcended the boundaries of residence areas. It is customary to speak of dispersed social networks to denote that many urban dwellers form primary groups with others who live physically scattered throughout a metropolitan area, groups which interact as much via the telephone as in face-to- face meetings. Such primary groups constitute a person's "psychological neighborhood." Modern transportation, of course, makes it possible for such groups to forgather in person, but it is highly doubtful that they could long sustain their existence without the cohesion made possible by the telephone».

1 P. Lévy, *QU'EST-CE QUE LA VIRTUALISATION?*, in idem, *SUR LES CHEMINS DU VIRTUEL*, in «Internet» 2007, http://hypermedia.univparis8.fr/pierre/virtuel/virt1.htm: «Lorsqu'une personne, une collectivité, un acte, une information se virtualisent, ils se mettent "hors-là", ils se déterritorialisent. Une sorte de débrayage les détache de l'espace physique ou géographique ordinaire et de la temporalité de la montre et du calendrier. Encore une fois, ils ne sont pas totalement indépendants de l'espace-temps de référence, puisqu'ils doivent toujours se greffer sur des supports physiques et s'actualiser ici ou ailleurs, maintenant ou plus tard. Et cependant la virtualisation leur a fait prendre la tangente. Ils ne recoupent l'espace-temps classique que çà et là, en échappant à ses poncifs "réalistes" : ubiquité, simultanéité, distribution éclatée ou massivement parallèle. La virtualisation met le récit classique à rude épreuve: unité de temps sans unité de lieu (grâce aux interactions en temps réel par réseaux électroniques, aux retransmissions en direct, aux systèmes de téléprésence), continuité d'action malgré une durée discontinue (comme dans la communication par répondeurs ou par messagerie électronique). La synchronisation remplace l'unité de lieu, l'interconnexion se substitue à l'unité de temps. Mais, de nouveau, le virtuel n'est pas imaginaire pour autant. Il produit des effets. Quoiqu'on ne sache pas où, la conversation téléphonique a "lieu", nous verrons comment au chapitre suivant. Quoiqu'on ne sache pas quand, nous communiquons effectivement par répondeurs interposés. Les opérateurs les plus déterritorialisés, les plus découplés d'un enracinement spatio-temporel précis, les collectifs les plus virtualisés et virtualisants du monde contemporains sont ceux de la technoscience, de la finance et des médias. Ce sont aussi ceux qui structurent la réalité sociale avec le plus de force, voire avec le plus de violence».

2 M. McLuhan, *Understanding* Media, London 1964, p. 40: «Nevertheless, it makes all the difference whether a hot medium is used in a hot or cool culture. The hot radio medium, used in cool or nonliterate cultures has a violent effect, quite unlike its effect, say in England or America, where radio is felt as entertainment. A cool or low literacy culture cannot accept hot media like movies and radio as entertainment. They are, at least, as radically upsetting for them as the cool TV medium has proved to be for our high literacy».

3 E. M. Dickson, *Human Response to Video* Telephone, in G. Gumpert R. Cathcart, *Inter / Media*, Oxford 1982, p. 286: «In particular, the telephone lacks manners. It rings when one is taining to others, when one is eating dinner, when one is deep in thought, when one is lost in affection, and

riuscirà a tenere la concorrenza con altri e più recenti fasce comunicative (televisione, informatizzazione) [1].

IL VIDEO RAVVICINATO

Appare -poi- la diffusione di massa delle immagini 'vive' a distanza [2], in movimento, cogliendo la visione periferica dell'occhio [3]. Il cinema ne sarà l'iniziale protagonista, mettendo in moto le fotografie che fissavano un attimo di visualità. Esso sarà l'erede simultaneamente della fotografia e della fonografia con la loro caratteristica di duplicazione meccanica- creando le sequenze audio e video, come pure

---

when one is bathing. Since it is part of an enormous random access system, it is impossible to know who is at the other end of the ringing telephone and this drives all but the superbly disciplined to answer the telephone no matter what other activity is being interrupted. The persistence of the telephone's ring further guarantees that a telephone call is not ignored. Faced with standing in a line to make inquiries, some people have learned to go across the room to a public telephone. A call to the person serving the line interrupts the normal transactions and effectively moves the caller to the head of the line. Thus the person placing a call can intrude, divert attention and accomplish his task at the expense of the activities of the recipient of the call. It is no accident, therefore, that in order to insure stretches of time unbroken by telephone intrusions, many people have secretaries to answer the telephone, filter the calls for those which the person truly cares about, suggest times to call back that would be more convenient, extend promises (sometimes false) that the call will be returned, and simply lie about the presence of the person».

[1] R. Claude - J. Gritti, *Les chemins de la télévision*, Tournai 1969, p. 75 : «Il ne reste plus à la radio qu'à évoluer à son tour: la seule chance de la radio pour évoquer ces mêmes événements est de tourner délibérément le dos au réalisme par une création artistique qui prend appui sur le réel, en lui empruntant quelques bruits, quelques mesures de musique, mais qui traduit en paroles des émotions des états affectifs plutôt que des faits (1)».
((1) R. Wangermée, dans *Télévision*, Semaines sociales universitaires, p. 105.)

[2] A. Zanacchi, *La sfida dei mass media*, Alba 1977, p. 54: «Ma già nel 1926 in Inghilterra venivano diffuse le prime immagini *televisive* e nel 1939 negli Stati Uniti ebbero inizio regolari programmi TV. Nel 1962, per mezzo del *satellite artificiale* "Telstar", avvenne la prima trasmissione di immagini tra gli Stati Uniti e l'Europa: incominciava l'epoca della *mondovisione*».

[3] E. T. Hall, *The hidden Dimension*, New York 1966, pp. 71-72: «The man who detects movement out of the corner of his eye is seeing peripherally. Moving away from the central portion of the retina, the character and quality of vision change radically. The ability to see color diminishes as the color sensitive cones become more scattered. Fine vision associated with closely packed receptor cells (cones), each with its own neuron, shifts to very coarse vision in which perception of movement is enhanced. Connecting two hundred or more rods to a single neuron has the effect of amplifying the perception of motion while reducing detail. Peripheral vision is expressed in terms of an angle, approximately 90 degrees, on each side of a line extending through the middle of the skull. Both the visual angle and the capacity to detect motion can be demonstrated it the reader will perform the following experiment. Make two fists with the index fingers extended. Move them to a point adjacent to, but slightly behind, the ears. Looking straight ahead, wiggle the fingers and slowly advance both hands until motion is detected. Thus even though man sees less than a one-degree circle sharply, the eyes move so rapidly as they dart around painting in the details of the visual world that one is left with the impression of a much wider clear area than is actually present in the visual field. The fact that attention is focused on foveal and macular vision in coordinated shifts also maintains the illusion of broad-band clear vision».

nei disegni animati [1]. L'inizio del cinema si afferma come prevalentemente informativo [2]. Si passerà, poi, dalla visione con il grande schermo ai piccoli schermi infinitamente moltiplicati nell'impresa televisiva che moltiplicherà anche i canali degli enti nazionali o altri [3]. La frequentazione delle sale e la produzione cinematografica cala negli anni 60 - 70 del XX secolo [4]. Il grande schermo appariva totalitario di fronte ai piccoli schermi più dimessi nel loro contesto domestico [5], senza il taglio netto della sala oscura

---

1 Ch. Metz, *Problèmes de la bande-images dans le film de fiction*, in AA. VV., *La communication audiovisuelle*, Paris 1969, p. 119: «*A) Dénotation:* La motivation est ici fournie ici par *l'analogie*, c'est-à-dire par la ressemblance perceptive du signifiant et du signifié. Ceci, aussi bien dans la *bande-images (*= une image de chien ressemble à un chien) que dans la *bande-son* (= un bruit de canon dans un film ressemble à un vrai bruit de canon). Il y a donc l'analogie visuelle et l'analogie auditive; le cinéma est un dérivé de la photographie et de la phonographie, qui sont l'une et l'autre des technologies modernes de *duplication mécanique*».

2 S. McBride, *Many Voices, One World*, London 1981, p. 7: «The cinema is a complex aesthetic, psychological and social phenomenon. Films are "documents", comprising pictures and story, accompanied by words and music; they are thus highly complex and multi-dimensional productions. Throughout its development and much earlier than the emergence of other non-specialized media, film has played a multi-faceted role, providing information, drama, music and so on, either singly or in varying combinations. Its history began with newsreels, and even today, the cinema still plays an important informative role in some countries, despite the fact that newsreels and documentaries have disappeared from the cinema screen in countries where television is ubiquitous. Thousands of documentary, educational and training film, are produced every year, and not only in countries making feature films. They are made for television, for educational programmes --- both in and out of school --- and widely presented to other specialized audiences in cultural centres, lecture halls and in commerce and industry. In contrast, the vast majority of feature-length films, intended for a mass audience, are dramatized fiction --- serious, comic, tragic, fanciful --- designed primarily for entertainment, with high, medium or low cultural value. yet sometimes carrying a "message". Finally, the wider use of 8mm and 16mm film, especially super-8, is of particular utility not only t for local and group communication activities, but for professionals as well».

3 J. Cazeneuve, *L'homme téléspectateur*, Paris 1974, pp. 214-215: «C'est en ce sens que la télévision, rééquilibrée dans le nouveau contexte créé par le câble et la vidéo-cassette met fin aux spéculations sur la culture de masse, sur la massification. On s'aperçoit que, de plus en plus, des choix seront offerts aux hommes de demain grâce à la progression des techniques qui, contrairement à ce qu'on prévoyait naguère, tournent le dos à la standardisation. L'élargissement fonctionnel du petit écran branché sur les 20 ou 40 canaux du câble et sur le vidéogramme en même temps que sur les grandes chaînes nationales et sur les messages des satellites aboutira a un appareil que les Américains appellent déjà le *home-come,* et, grâce à cette multiplication des possibilités, l'homme téléspectateur, comme d'ailleurs, l'homme consommateur ou l'homme au travail ou l'homme en vacances ou 'l'homme pensant' sera placé devant ce que Tofler appelait l'hyperchoix».

4 L. Merlin, *Le vrai dossier de la télévision*, Paris 1964, p. 118: «Aux Etats-Unis, la moyenne hebdomadaire des entrées était de 3.449.800.000 en 1948, de 2.387.680.000 en 1953, de 2.095.005.000 en 1958 et de 1.893.600.000 en 1962. En Allemagne, la baisse a été de 19 pour 100 l'an dernier, aux Pays-Bas de 20 pour 100. Au .Japon, 1009 cinémas ont fermé leurs portes et 375 films ont été tournés en 1962 contre 547 en 1960».

5 R. Claude - J. Gritti, *Les chemins de la télévision*, Tournai 1969, pp. 69-70: «Dès lors un second «triangle» donne la réplique à celui de l'image, c'est pour ainsi dire celui du regard, celui du spectateur. Moins ça que dans la salle obscure du cinéma par un écran «totalitaire», plus libre dans son adhésion et ses mouvements face à l'écran «domestique» de télévision, le regard du spectateur est tour à tour diffus (base du triangle) et concentré (pointe du triangle). En définitive, l'espace de la

cinematografica che ci mette fuori dal nostro contesto ambientale quotidiano. Si osserva anche che là dove il cinema lascia da parte il teatro, la televisione ri-assume l'eloquenza del dire quale lo proponeva il teatro, situando il cinema piuttosto nella categoria del romanzo letterario [1]. Là dove la frequentazione dei cinema declina, i schermi televisivi ne riprendono le opere e le diffondono verso un pubblico ancora maggiore in numero [2]. Il concentramento produttivo interesserà l'ambito televisivo nel diventare dominante nel suo ruolo di divertimento, mentre l'industria cinematografica torna a produttori indipendenti con migliore capacità creativa ma anche con caratteristiche transnazionali più marcate [3]. L'immagine video non è una semplice

---

télévision englobe le spectateur. Mieux vaudrait dire «petit théâtre» que «petit cinéma» à domicile».

[1] R. Claude - J. Gritti, *Les chemins de la télévision*, Tournai 1969, p. 80: «Tandis que le cinéma est libéré du théâtre, la télévision, en prenant son originalité vis-à-vis du cinéma, se développe comme un art du dire, du présenter. L'homme de télévision montre pour ainsi dire du doigt des images et les entoure d'une parole *d'éloquence.* Le mot est lâché: l'art propre, «spécifique» de la télévision est à chercher non plus du côté du roman (comme le cinéma) mais du côté de la parole adressée, du côté de l'éloquence. Les images du cinéma s'agencent à la manière d'une poésie ou d'un roman; les images de la télévision se relient entre elles à la manière d'une parole publique oratoire».

[2] S. McBride, *Many Voices, one World*, London 1981, pp. 75-76: «This does not, however, mean that films as such are playing a lesser role. On the contrary, the dramatic decline in cinema attendance in Western industrialized countries (about 27 per cent in EEC countries over a period of 20 years was compensated by the rapid expansion of television, which screens a huge number of films in all countries. In other words, while there has been a notable decrease in most western countries in the number of persons attending films in public cinemas, they are nevertheless seen by much larger audiences through television (1). Also the links between the two media are growing as more and more producers are making films especially intended for the television audience (2), and the growing video cassette industry will provide still more films for television and home presentation. *Thus the newer medium* is *giving new life to the older one, and films remain a major resource for information, education, entertainment and culture. Both media which had and still have in many countries separate life and competitive attitudes, might benefit from a comprehensive development policy and coordinated activities and resources. In addition, Interaction between the two media could help to improve understandings between different cultures if television broadcasters in industrialized countries would show more films produced in developing countries*».

((1) By way of illustration, a recent study in France shows cinema attendance to have dropped from 411 million in 1957 to 180 million today. Over the same period, the number of television sets has risen from 440,00t to 16 million. It is estimated that there is a cumulative audience of almost four billion television viewers who watch the five hundred films screened annually. On the basis of the report, the French Conseil Economique et Social has expressed the view that what appears to be new about the filmindustrv crisis, about which there is so much talk today, is that it is one of adapting to the demands and requirements born of various forms of competition which are themselves bound up with a change in the patterns of supply and demand of leisure and cultural activities of the general public. Hence, if there is a crisis in the film industry, there is certainly not a crisis in the audiovisual media in general. In simpler and more direct terms it has been stated that the cinema is such a sick industry because the French have never before seen so many films. (See *Les Perspectives des Industries françaises du Cinéma,* Conseil Economique et Social, May 1979). / (2) At the Annual international Market of Television Programmes in Cannes (France), more than 1.500 feature-length films were offered to assembled representatives and broadcasting rights were purchase for half of them.)

[3] S. McBride, *Many Voices, one World*, London 1981, p. 107: «Since the advent of television, which

illustrazione di idee, azioni o sentimenti [1], ma mostrando suscita la reazione, magari emotiva [2], introduce l'immediatezza [3] di fronte all'astrattezza e la distanza del testo scritto [4], sprizzano immagini a flash in rapida successione come i sogni, rallentando -

has taken over the dominant place of cinema in mass entertainment (at least in developed countries) there has been a change in the structure of the *film* industry, in the US, the process of concentration was reversed, and the production centres were obliged to give up their distribution interests under anti-trust legislation. The independent producer came to the fore. A producer, wishing to make a certain film, raises money from banks and other sources outside the industry, perhaps in several countries which will constitute the eventual market. Since control is now in the hands of the film-maker, and the film is not an item in the production line of a company, the result has been a general improvement m artistic quality and originality. However, it has increased the transnational character of the film-making process. If a film has an Italian director, a British scriptwriter, American actors, and a location in Yugoslavia, and if its audience is intended to be cosmopolitan, it is hard to establish its national character. Co-production between national producing centres adds to the intricacies».

[1] H. Davis - P. Walton, *Death of a premier: consensus and closure in international news*, in idem, *Language, Image, Media*, Oxford 1983, pp. 46-47: «Our findings suggest that the relationship between image and text is more than purely illustrative. They reveal that there is often no direct or even indirect correspondence between the content of voice-overs and the shots which appear. It would seem that the relationship is more of an imperfect parallel. The extent to which the parallel elements contradict one another may depend on the ideological sensitivity of the subject matter. Thus, the closest correspondence in the above examples occurs in the sections which relate the events of the finding of Aldo Moro's body in a Rome street. There is less correspondence where the text refers to such issues as the possibility of a 'bargain' with the Red Brigades for Moro's life, the aims of the Red Brigades, and the ineffectiveness of the security forces. This could be expressed as a hypothesis that in areas of moral sensitivity efforts are made to close off the possibly ambiguous meanings of the visual track or efforts are made to reduce the ambiguity of the verbal track by using the connotations of the visuals. But this may imply a level of attention which is not present. Another way of expressing this might be to say that the correspondence between the two tracks will tend to be closest when the need to reduce ideological uncertainty in the message is greatest».

[2] Cfr H. Newcomb, *Television / The Critical View*, Oxford 1982, p. 480.

[3] A. Zanacchi, *Dolus Bonus. La pubblicità tra servizio e violenza*, (EURISPES) Roma 1994, p. 179: «Ci riferiamo all'immagine in senso iconico, cioè in senso materiale, perché si può parlare di immagine -come si è detto in precedenza- anche in senso traslato e quindi di un linguaggio dell'immagine (anziché di immagini), vale a dire una forma di comunicazione (si pensi all'immagine letteraria) che a differenza di quella concettuale, la quale avviene attraverso un normale processo del pensiero, ha in comune con quella iconica propriamente detta la capacità di ridurre al minimo il controllo razionale da parte del recettore. La grande efficacia comunicativa dell'immagine deriva dal fatto che essa è simile per alcuni aspetti al referente (cioè all'oggetto, alla cosa cui si riferisce) e permette quindi al recettore un riferimento immediato al referente stesso. L'immagine, tuttavia, non coincide con la realtà che rappresenta: «tra l 'elemento inducente, la realtà, e l'elemento indotto, l'immagine, si frappone tutta una serie di mediazioni che fanno sì che l'immagine non sia una restituzione, ma una ricostruzione della realtà» (1, Siamo così di fronte a due mondi paralleli: quello della realtà e quello delle immagini di cui il secondo è pur sempre una alterazione, una deformazione del primo. Il segno iconico, pur non possedendo alcuna proprietà intrinseca del referente, è legato ad esso per mezzo di fenomeni percettivi che lo fanno apparire uguale alle cose. Esso comunica quindi, come afferma Umberto Eco, delle forme relazionali uguali per mezzo di supporti estranei alle cose rappresentate, sulla base di codici di riconoscimento e di convenzioni grafiche».)

[4] Cfr J. W. Bachman, *Media Evangelism*, in «Lutheran World Federation Documentation», 1984 n° 17, p. 14.

magari- l'impegno attivo a causa di ciò che si vede [1]: tutto diventa spettacolo [2] con l'attrattiva delle immagini le più sorprendenti [3]. Così l'immagine farà pivotare la stessa pubblicità [4]. Dal cinema con le sue molteplici potenzialità tecniche, non si può più copiare ma si sceglie una angolatura [5]. Invece di guardare lo schermo dove si riflette la luce (foto o film), con la TV lo spettatore è trasformato in schermo sul quale si riflette la luce sparata dal video [6]. L'immagine fucilla lo spettatore, lo impregna fino all'assorbimento-assopimento [7] o porta alla passività fisica [8], la sua simulazione ci porta all indifferenza [9], con l'istituzione televisiva tra le più centralizzate nella sua gestione [10]. L'immagine televisiva non è più immagine riflessa ma deflessa: non ci viene rinviata

---

[1] Cfr. H. Madelin, *Approches sociologiques et anthropologiques des media*, in AA. VV., *Le courage des prophètes*, Paris 1979, p. 100; R. Wangermée - H. Lhoest, *L'après-télévision*, Paris 1973, p. 21.
[2] J.-P. Lintanf, *Culture nouvelle et pastorale*, in AA. VV., *Moyens de communication de masse et pastorale*, Paris 1969, p. 47: «Le danger le plus grand de cet envahissement, tient au fait que, d'une certaine façon, tout devient spectacle. C'est ce que nous disait monsieur Tardy en nous parlant de la conscience narrative. Au journal télévisé, le Biafra et le Viêt-Nam font leur apparition entre le dernier match de foot ou le dernier écho du cinéma. A la soirée mondaine, comme le chante si bien l'abbé Colombier, au goûter « de charité », on prendra un petit four de plus pour le Biafra et on forcera sur le whisky pour le Viêt-Nam».
[3] Cfr J. Cazeneuve, *L'homme téléspectateur*, Paris 1974, p. 92-97.
[4] J. Fiske, *Television Culture*, New York 1990, p. 116: «Stuart Hall (1986) has noted that the twentieth century's massive development of the means of reproducing and circulating images has pushed representation into the center of the cultural arena. The nineteenth-century's empiricist concern with the reproduction of the real has receded as the real has faded behind the imperative, incessant images of our culture. Images are clearer, more impressive than the reality they claim to represent, but they are also fragmented, contradictory and exhibit a vast variety that questions the unity of the world of experience. Images are made and read in relation to other images and the real is read as an image. Television commercials are not "about" products, but are images of desire and pleasure that overwhelm the product they are attached to. TV news is a mosaic of images of elite persons, horrific nature, and human violence. TV sport is a kaleidoscope of images of 001 muscle, of skill, of pain. The images are what matter, they exist in their own flickering domain and never come to rest in a firm anchorage in the real. Postmodernism posits the rejection of meaning in its affirmation of the image as signifier with no final signified; images exist in an infinite chain of intertextuality».
[5] Cfr G. Flores d'Arcais, *Note per un'estetica del cinema*, in S. Trasatti, *I cattolici e il neorealismo*, Roma 1989, pp. 80-82.
[6] Cfr M. McLuhan, *Understanding Media*, London 1964, p. 334.
[7] Cfr A. Brincourt, *La télévision*, Paris 1965, pp. 24, 52.
[8] Cfr X. Eyt, *La foi chrétienne à l'épreuve des médias*, in AA. VV., *Le courage des prophètes*, Paris 1979, p. 112.
[9] J. Baudrillard, *Media et information / stratégie d'objet et ironie objective*, in D. De Kerckhove - A. Ianucci, *McLuhan e la metamorfosi dell'uomo*, Roma 1984, p. 143: «C'est ce qui fait d'ailleurs que le bon vieux jugement critique et ironique n'est plus possible. On pouvait dire, pour en dénoncer la rhétorique: «Ça ç'est de la littérature!». On pouvait dire, pour en dénoncer l'artifice: «Ça, ç'est du théâtre!». On pouvait dire, pour en dénoncer la mystification: «Ça, c'est du cinéma». On ne peut pas dire pour dénoncer quoi que ce soit: «Ça, c'est de la télé!». Parce qu'il n'y a plus d'univers de référence. Parce que l'illusion est morte, ou parce qu'elle est totale. Le jour où nous pourrons dire de la même façon: «Ça, ç'est de la télé! Ça, ç'est de l'information!» c'est que tout aura changé».
[10] Cfr H. Newcomb, *Television / The Critical View*, Oxford 1982, p. 496.

ma sorge dallo schermo animato dalla luce [1]. L'immagine in movimento sarà poi trasferita su video-disco i cui solchi di 0,8 micron saranno letti dal fascetto laser [2]. L'immagine e la visualità sono state studiate e hanno portato a qualche valutazione. Dall'immagine filmica all immagine televisiva elettronica, la natura dell'immagine cambia con la sua capacità di suggerire la profondità fino alla interiorità [3]. Essa impregna fino all'assorbimento-assopimento [4]. Il campo visivo è estremamente ridotto come totalità visuale [5]. Eppure l'immagine smonta ciò che vediamo per 'farci guardare'

---

1 J. Baudrillard, *Media et information / stratégie d'objet et ironie objective*, in D. De Kerckhove - A. Ianucci, *McLuhan e la metamorfosi dell'uomo*, Roma 1984, p. 141: «Aller au-devant du désir de l'autre, réfléchir sa demande comme un miroir, voir l'anticiper: on imagine mal quelle puissance de déception, d'absorption, de leurre, de détournement, pour tout dire de revanche subtile il y a dans cette séduction instantanée. Ainsi cette façon qu'ont les masses, comme la matière, de s'estomper comme réalité à l'horizon des dispositifs simulateurs de capture que sont les sondages ou les écrans photographiques de particules. Ou encore celle qu'ont les évènements eux-mêmes de se dérober derrière l'écran des media et de la télévision. Car il est vrai que les évènements, comme les particules, n'ont plus d'existence probable que sur cet écran de déflection -- de déflection, et non plus de réflexion comme un miroir. Cet écran n'est plus un miroir: la lumière de la TV, on l'a dit, est endogène, elle vient de l'intérieur et ne réfléchit rien et tout se passe comme si l'écran lui-même était la cause et le lieu originel des phénomènes qui s'y produisent -- telle est la conséquence de la sophistication actuelle des dispositifs de capture «objective» qu'ils ont anéanti l'objectivité même de leur processus, et ceci constitue une réversion de la science et de la réalité qui, loin de se réfléchir aujourd'hui dans un savoir, se défléchissent dans le vide».

2 A. Stefanizzi, *Le nuove tecnologie di comunicazione*, Roma 1983, pp. 105-106: «Le proprietà ondulatoria e calorifica spiegano la presenza *del laser* nel videodisco. Punto di partenza è la trasformazione in segnali elettrici dell'immagine ottica che deve essere trasferita su disco: processo attuato normalmente nel campo televisivo. I segnali elettrici risultanti modulano un fascetto laser di elevata potenza e d' piccola sezione, che, battendo sul disco in rotazione, per le sue proprietà termiche incide un solco, che nella profondità e nelle deformazioni laterali conserva registrate le caratteristiche presenti nel fascetto incidente. I solchi, scavati per vaporizzazione dei materiale, sono larghi circa 0,8 micron e profondi circa 0,16 micron; la distanza media fra due solchi successivi è di due micron circa. Nella riproduzione dell'immagine, un fascetto laser di piccola potenza batte sul solco del disco in rotazione; il fascetto riflesso, diversamente modulato dalle deformazioni presenti nel solco, viene trasformato in segnale elettrico, che applicato a un comune televisore domestico, restituisce l'immagine ottica iniziale. Il video-disco ha un diametro di 30 centimetri; ruota alla velocità di 1500 giri al minuto; contiene mezz'ora di programma e può sopportare un elevatissimo numero di riproduzioni, perché la superficie del disco non si logora essendo utilizzato nella lettura un mezzo ottico».

3 A. Brincourt, *La télévision*, Paris 1965, p. 45: «Seconde remarque: l'image filmique et l'image électronique n'ont pas seulement une différence de qualité, mais de nature. Nous savons ce que la télévision gagne ici en *profondeur*: une sorte de radiographie des visages qui autorise des lois nouvelles d'interprétation et nous invite à découvrir «le jeu intérieur»».

4 A. Brincourt, *La télévision*, Paris 1965, p. 24: «Je gagne sur l'image ou elle me gagne. Le regard distrait rend vulnérable. L'engourdissement est d'abord l'effet d'une complaisance: on se laisse, par faiblesse, imbiber. Le regard boit sans soif, comme le buvard».

5 E. T. Hall, *The Hidden Dimension*, New York 1966, p. 71: «A simple demonstration illustrates the tiny size of the area covered by the fovea. Pick up any sharp, bright object, such as a needle, and hold it steady at arm's length. At the same time, pick up a similar pointed object in the free hand and slowly move it toward the first object until both points are in a single area of clearest vision and can be seen clearly *without shifting the eyes at all*. The two points have to be virtually overlapping before they

[1]. Si vede uno 'spazio' che però sorge da noi che 'guardiamo' [2]. La chiave 'spaziale' entra così a far parte di una profonda simbolica umana. L'immagine scioglie la razionalità e le sue strutture ben determinate [3]. In quel senso essa 'de-forma' per ri-costruire eventualmente [4]. I profili troppo chiaramente classificabili in TV appaiono poco

---

can be seen that clearly. The most difficult part is to avoid shifting the eyes away from the stationary point toward the moving point. Surrounding the fovea is the macula, an oval, yellow body of color-sensitive cells. It covers a visual angle of 3 degrees in the vertical plane and 12 to 15 degrees in the horizontal plane. Macular vision is quite clear, but not as clear and sharp as foveal vision because the cells are not as closely packed as they are in the fovea. Among other things man uses the macula for reading».

[1] A. Brincourt, *La télévision*, Paris 1965, p. 52: «Voilà bien le contraire de la télévision passive. Ici, l'image nous bouscule. «Il faut fusiller le téléspectateur», disait Frédéric Rossif, il y a quelques années. Cela signifiait qu'il venait de découvrir le moyen de parler au public «par l'image» sur un autre ton que celui admis dans les grandes salles. C'était aussi nous engager à changer de regard: cette forme de télévision ne donnait pas seulement «à voir», elle nous apprenait à regarder comme on apprend un nouveau langage».

[2] A. Rosmini, *Filosofia della morale*, in, *Antropologia in servizio della scienza morale*, volume II, in idem, *Opere di Antonio Rosmini*, vol. 24, Roma 1981, p. 95: «Ricevendo dunque l'anima dall'un occhio uno specchio, un altro specchio uguale dall'altro, tocca a lei il collocarli secondo la sua propria natura: se ella è semplice non aggiungerà alcun luogo, non li collocherà in luogo alcuno, ma riterrà le due sensazioni semplicissimamente come le son date: in tal caso elle s'immedesimeranno, cioè l'anima vedrà in entrambi le sensazioni uguali lo spazio stesso. In fatti il *luogo,* a cui venissero assegnate le due sensazioni, sarebbe uno spazio, una estensione aggiunta dall'anima: perocchè il rapporto locale delle due sensazioni totali non si trova nè nell'una, nè nell'altra, ma solo nel soggetto che le percepisce entrambi. L'anima dunque sente le sensazioni fuori di luogo, sole, in se stesse: ritiene, cioè vede lo spazio che hanno in sè; ma lo spazio che presenta ciascuna sensazione nol colloca in un altro spazio; e però due spazi non collocati in luoghi diversi diventano di necessità uno spazio medesimo».

[3] H. Lefebvre, *Le langage et la société*, Paris 1966, pp. 161-162: «Actuellement, dans l'oscillation signalée, le langage en tant que tel ne suffit pas à déterminer l'image comme telle, à lui spécifier un sens. Il n'y aura donc pas de barrière, pas de limite, pas de garde-fou devant «l'imaginaire» social, bien différent de l'antique imagination créatrice, appuyée sur des symbolismes encore vivants et sur des sens. Le rationnel, s'il persiste, aura d'autres fonctions que celle de fixer le «réel» devant «l'imaginaire». Les limites s'effacent. À l'image, tout est permis, le pire et le meilleur. Du côté du langage, pour et par le discours, on pourra tout dire et dire n'importe quoi. L'image et le langage se mettent en valeur -- ou se dévalorisent -- l'un l'autre, mais ne se limitant pas l'un l'autre, n'ont plus de régulation interne. Rien ne vient rétablir, sinon le gros bon sens de la quotidienneté, dans le trivial et la platitude, les bornes brisées de la raison».

[4] A. Zanacchi, *La sfida dei mass media*, Alba 1977, p. 42: «Siamo così di fronte a due mondi paralleli: quello della realtà e quello delle immagini, di cui il secondo è pur sempre una *alterazione,* una *de-formazione* del primo. Il segno iconico, pur non possedendo alcuna proprietà intrinseca del referente, è legato tuttavia a esso per mezzo di fenomeni percettivi che lo fanno apparire *uguale alle cose.* Esso comunica quindi delle *forme relazionali uguali* per mezzo di supporti estranei alle cose rappresentate, *sulla base di codici di riconoscimento e di convenzioni grafiche* (U. Eco)»; A. Zanacchi, *La sfida dei mass media*, Alba 1977, p. 41: «Torniamo dunque all'immagine nel senso più specifico del termine, all'immagine in senso materiale. La sua grande efficacia comunicativa deriva dal fatto che essa è simile per alcuni aspetti al referente (cioè all'oggetto, alla cosa a cui si riferisce) e permette quindi al recettore un riferimento immediato al referente stesso. L'immagine, tuttavia, *non coincide* con la realtà che rappresenta: tra l'elemento inducente, la realtà e l'elemento indotto, l'immagine, si frappone tutta una serie di mediazioni che fanno sì che l'immagine non sia una restituzione, ma ricostruzione

credibili [1]. Si gioca con le forme, i colori, i profili [2], come la visualità retinale capovolge la percezione nel farla giungere alla consapevolezza cerebrale [3]. L'immagine penetrando ovunque con la TV fa in modo che il pubblico indirizza elettivamente la drammaturgia visiva (combinando diversi linguaggi comunicativi), imponendola ai produttori stessi [4]. Tutto potrebbe risolversi in un malinteso (come spesso accade con i semplicismi) su ciò che implica il vedere e l'immagine nelle sue potenzialità, il video appariva demoniaco [5]. Inutile riprendere tutti i giudizi negativi sull'evento del cinema. Eppure, si è visto poi quanto il cinema stesso poteva riprendere un aspetto della stessa scrittura nella sua convergenza con la letteratura: tutti e due prioritariamente connotativi [6]. L'inchiesta antropologica è spesso incerta nella immediatezza delle sue

---

della realtà [1]».
([1] M. Tardy, *Per una didattica dell'immagine*, Torino 1968, p. 81.)

1 Cfr il confronto Kennedy-Nixon, in M. McLuhan, *Understanding Media*, London 1964, p. 353.

2 A. Zanacchi, *La sfida dei mass media*, Alba 1977, p. 42: «Il linguaggio iconico ha in effetti il potere di attivare, in misura molto maggiore rispetto al linguaggio verbale, più che uno sforzo mentale consapevole, la sfera emotivo-affettiva del recettore, il quale tende perciò ad accettare con minore spirito critico il messaggio che l'immagine gli propone, con una adesione emotiva che lo porta a partecipare alla vicenda comunicata come se egli stesso la vivesse realmente: si facilita così il fenomeno della *suggestione,* che è appunto la tipica forma di interazione per la quale chi ne influenzato finisce per accettare le idee altrui senza rendersene conto o, quanto meno, senza una adeguata valutazione razionale»; R. Wangermée - H. Lhoest, *L'après-télévision*, Paris 1973, p. 105.

3 V. Burgin, *Seeing Sense*, in H. Davis - P. Walton, *Language, Image, Media*, Oxford 1983, p. 227: «We do not however *see* our retinal images: as is well known, although we see the world as right-way-up, the image on our retina is inverted; we have two slightly discrepant retinal images, but see only one image; we make mental allowances for the known relative sizes of objects which override the actual relative sizes of their images on our retina; we also make allowances for perspective effects such as foreshortening, the foundation of the erroneous popular judgement that such effects in photography are 'distortions'; our eyes operate in scanning movements, the body is itself generally in motion, and such stable objects as we see are therefore *abstracted* from an ongoing phenomenal flux (Gibson 1967); moreover, attention to such objects 'out there' in the material world is constantly subverted as wilful concentration dissolves into involuntary association;...and so on. While the detail of these and many other factors as described in the literature of the psychology of perception, cognitive psychology, and related disciplines, is complex, the broad conclusion to be drawn from this work may nevertheless be simply expressed: "What we see...is not a pure and simple coding of the light patterns that are focused on the retina. Somewhere between the retina and the visual cortex the inflowing signals are modified to provide information that is already linked m a learned response... Evidently what reaches the visual cortex is evoked by the external world but is hardly a direct or simple replica of it (Pribram 1969)».

4 H. Newcomb, *Television / The Critical View*, Oxford 1982, p. 272.

5 G. Goethals, *The Church and the Mass Media: Competing Architects of our Dominant Symbols, Rituals and Myths*, in J. McDonnell - F. Trampiets, *Communicating Faith in a Technological Age*, Worcester 1989, p. 66 (cfr J. Mander and M. Muggeridge, TV as "demonic"); cfr W. A. Meeks, *The First Urban Christians: the Social World of the Apostle Paul*, New Haven and London 1983.

6 J. Gritti, *Les fonctions spécifiques du cinéma et de la télévision*, in AA. VV., *La communication audiovisuelle*, Paris 1969, p. 167: «Christian Metz (*Problèmes de la bande-images dans le film de fiction*) a cerné avec justesse les données de ce problème: la littérature et le cinéma sont tous deux arts et connotation, avec la différence que dans la littérature la connotation seule est expressive, alors que dans le cinéma, dénotation et connotation sont également expressives; d'où une plus grande

conclusioni. Alcuni vedono nel grande schermo una tendenza a creare eroi (di vario tipo) di alta notorietà [1]. Dai protagonisti del sogno nel cinema, si passerà a quelli della familiarità nella televisione [2]. Vista come più familiare, si penserà che la televisione sarà meno alienante che il cinema [3].

Le promesse della video individualizzata

Con essa si offre una potenzialità su misura per ogni utente: liberando ognuno dagli imperativi di orari, programmazioni, collettivizzazione [4]... Ma il grande problema rimane in questo campo- l'assenza di una diversità creativa e l'idea preconcetta che l'immagine viva ed individualizzata funzionasse quasi automaticamente per far capire o recepire i messaggi [5]. Si arriva progressivamente a porre l'interrogativo decisivo

---

homogénéité, mais peut-être une moindre « épaisseur » de l'art cinématographique».

1 E. Contreras - J. Larson - J. K. Mayo - P. Spain, *L'information audiovisuelle transculturelle*, in «Unesco» 1977, p. 16: «Au contraire, les héros des films de l'Europe de l'Est sont des membres de l'intelligentsia, des ouvriers ou des paysans. À l'Ouest, le milieu dans lequel se déroule l'action est principalement celui du spectacle: à l'Est c'est celui de l'étudiant. Les professions diffèrent selon les pays et il en est de même des traits de personnalité. Il existe de nettes différences dans les objectifs et le choix des valeurs».

2 R. Claude - J. Gritti, *Les chemins de la télévision*, Tournai 1969, p. 64: «Nous n'avons pas à traiter dans le présent livre du «star-system», c'est-à-dire de la fabrication des vedettes du cinéma, de leur emprise «mythologique», de leur culte par les fanatiques. Retenons simplement que le cinéma tend à transformer les acteurs en êtres menant une vie à part, en êtres de rêve. Pas de succès de ce genre à la télévision. Le succès des acteurs tient plutôt de la familiarité, de la «domestication». Pas de lancement foudroyant de vedettes, mais une lente acclimatation, une amitié pour tous les jours».

3 A. Zanacchi, *La sfida dei mass media*, Alba 1977, p. 86: «Assai spesso la televisione fa da sfondo alla vita familiare come un tempo faceva la radio. Per queste ragioni si ritiene in genere che la situazione di ascolto della televisione sia molto meno alienante di quella cinematografica. Tuttavia l'ascolto televisivo rappresenta in molti casi un'abitudine quotidiana, mentre la fruizione cinematografica -del resto in diminuzione ovunque- costituisce raramente un'abitudine e avviene con frequenze che mediamente, in Italia, non superano un film al mese per spettatore».

4 R. Wangermée - H. Lhoest, *L'après-télévision*, Paris 1973, p. 49: «Un commentateur optimiste a écrit un jour que le «vidéogramme est à la télévision ce que l'auto est au transport en commun». Si l'auto permet à son propriétaire d'aller où il veut, quand il veut, sans être soumis aux horaires et aux itinéraires fixes des services collectifs, le vidéogramme peut affranchir son utilisateur des contraintes que lui impose la télévision. Il le libère de la tyrannie des programmes limités, des horaires fixes, de la continuité implacable d'une diffusion sans possibilité d'arrêt ni de répétition. Le spectateur acquiert enfin son autonomie en passant de la consommation passive à la programmation active. II devient, comme on a dit, son «propre directeur des programmes». La vertu du vidéogramme est, en effet, de pouvoir s'adapter aux goûts et aux disponibilités de chacun des spectateurs, de pouvoir conserver et répéter les images qui cessent d'être éphémères. Certains équipements permettent aussi l'enregistrement individuel, soit it partir du récepteur de télévision, soit it l'aide d'une caméra électronique légère».

5 R. Wangermée - H. Lhoest, *L'après-télévision*, Paris 1973, pp. 200-201: «Un medium vide en quête d'auteurs. Sur le marché des vidéogrammes, il faudrait surtout que l'on trouve des contenus originaux. Ils sont rares dans les premiers catalogues: une vingtaine seulement sur 350 programmes offerts par un des grands distributeurs de l'audio-visuel aux Etats-Unis. Les producteurs avouent que désormais,

sull'immagine stessa, dall'esperienzialità di ognuno.

LA COMPUTERIZZAZIONE DI OGNI DATO

Il penultimo passaggio comunicativo potrebbe essere riassunto come 'informativo-informatico'. Esso si articolerà come crescita esponenziale del sapere. Se dall'anno 0 al 1750, il sapere umano si raddoppia, dal 1750 al 1900 si moltiplica per due un'altra volta, un'altra volta verso il 1950 e l ultima nei 10 anni seguenti [1]. Come ha potuto esplodere questa gestione del sapere? Si rimanda alle macchine che agevolano le operazioni del sapere, prima il sapere matematico nella velocizzazione dei calcoli. Dal lontano XVII secolo esisteva la pascalina o la macchina calcolatrice di

---

ils doivent tout investir dans la créativité. Le langage du vidéogramme n'est pas celui de la télévision. Il doit trouver de nouveaux modes d'expression. Par exemple, en réaction contre la méfiance des inconditionnels du livre, on croit abusivement que, par nature, l'audio-visuel est efficace dans l'enseignement. Ce n'est pas vrai. Il ne suffit pas de montrer des images sur un écran pour qu'elles soient comprises. L'audio-visuel a ses lois que l'on commence à découvrir péniblement».

[1] C. Guinchat - M. Menou, *Introduction générale aux sciences et techniques de l'information et de la documentation*, Paris 1981, p. 20: «D'après la National Education Association américaine, «il a fallu attendre 1750 pour que le savoir de l'homme de l'époque du Christ puisse être seulement doublé. Une nouvelle multiplication par deux s'est achevée cent cinquante ans plus tard, en 1900... La quatrième multiplication de ce genre, pour l'ensemble du savoir scientifique, s'est déroulée dans la seule décennie qui suit 1950. D'une autre manière, on peut dire que la connaissance technologique a été multipliée par dix tous les cinquante ans depuis plus de deux mille huit cents ans. En 1950, on comptait 1 000 000 de chercheurs et d'ingénieurs dans le monde. En 1900, ils étaient au nombre de 100 000, en 1850 10 000 et en 1800 1 000 (1)». En l'effectif des savants et chercheurs, qui constituent la source principale de connaissances et d'informations scientifiques, ne cesse de croître: il atteint sans doute les dix millions aujourd'hui (2). En outre, à la communauté scientifique proprement dite s'ajoutent maintenant toutes sortes d'autres utilisateurs: administrateurs, chefs d'entreprise, industriels, juristes, hommes politiques, éducateurs, etc., non seulement demandeurs, mais de plus en plus producteurs d'informations nouvelles. A la multiplication de l'offre répond, selon un processus naturel, celle de la demande. A ces groupes d'utilisateurs appartiennent tous ceux qui, d'une manière ou d'une autre, participent de «l'industrie du savoir», c'est-à-dire de la production, de la distribution et de la consommation des connaissances. On peut poser en principe que «tout transfert de connaissances équivaut à un transfert d'informations, et vice versa» (3), Ce que l'industrie du savoir, dont la raison d'être est d'assurer cette transmission des connaissances-informations, continuera de croître rapidement dans un monde fondé sur le progrès scientifique».
((1) G. Anderla. *L'information en 1985. Une étude prévisionnelle des besoins et des ressources,* p. 14 et 19, Paris, OCDE, 1973. / (2) Cite in Unisist..., *op. cit.*, p. 11-12. / (3) G. Anderla, *op. cit.*, p. 68.)

Pascal [1]. Leibniz proseguirà il lavoro di meccanizzazione iniziato da Pascal [2]. Il segreto dell'informatica sarà la sua semplicità di codificazione binaria (0 e 1 o cioè un bit) con la quale si potranno trattare tutte le informazioni numeriche, allungando le combinazioni di 1 e 0 fino all'infinito [3]. Si cela qui- la capacità di trasmettere tutti i dati del sapere o di immagazzinarli. Con l'elettronica, la fulminea rapidità si aggiungerà

---

1 J. J. Servan Schreiber, *Le Défi mondial,* Paris 1980, p. 350 : «Les choses en restèrent là très longtemps. La naissance, bien plus tard, de la série d'intuitions qui ont conduit à l'informatique, est d'abord due au cerveau de Pascal. Nous avons vu, en lisant l'hommage que lui a rendu l'inventeur japonais Masuru Ibuka, comment la puissance de l'esprit de Pascal avait été aiguisée per la volonté paternelle. A l'âge de onze ans, en 1634, Blaise Pascal avait déjà composé un "traité des sons", sous la conduite stimulante de son père qui exerçait, lui, la profession de collecteur d'impôts dans l'Administration française. Le jeune garçon, qui ne cesse d'apprendre et d'observer le travail fastidieux auquel son père est astreint, cherche un moyen de l'aider. C'est alors qu'il trace les plans, à dix-neuf ans, d'une «additionneuse mécanique» dotée d'engrenages et de roues montées sur axes. Son progrès décisif consiste à opérer pour la première fois des «retenues» dans les calculs. C'est ainsi la première «machine à calculer» du monde Elle fut baptisée «pascaline», construite en plusieurs exemplaires, appelée aussitôt à un très rapide d6veloppement - qui fut interrompu. D'abord per l'hostilité farouche de tous les employés aux comptes qui y virent une menace pour leur emploi; puis par la mort précoce de Pascal, dont la fécondité intellectuelle s'employa d'ailleurs bien davantage au service de sa passion philosophique et religieuse qu'à la lutte pour imposer sa machine à calculer. Quand Pascal mourut, son enseignement et ses pensées brillaient d'un grand éclat; mais tout le monde avait oublié sa machine».

2 J. J. Servan Schreiber, *Le Défi mondial,* Paris 1980, pp. 350-351 : «Tout le monde sauf un autre enfant prodige, de vingt-cinq ans plus jeune que Pascal, né à Leipzig en 1646, qui avait entendu parler de l'invention et qui en saisit l'essentiel: la complexité croissante des progrès de la société, qui se manifestent dans toute l'Europe au XVII° siècle, *l'accumulation des connaissances, qui deviennent envahissantes, ne seront pas maîtrisées, utilisables, mises au service de l'homme que si l'on parvient à mécaniser, à automatiser «le traitement des nombres»*. Leibniz élargit avec intrépidité le champ et la perspective: il y introduit les données astronomiques el les fonctions trigonomtriques. Il y mêle bientôt une autre intuition féconde, ce qu'il appelle dès ce moment-là «le système nouveau de la nature et de la communication». II est porté par un optimisme fondamental sur l'homme et sa destinée, le dynamisme de sa nature, sa capacité cérébrale et le lien essentiel qui le rattache à l'univers environnant. «Il n'y a rien de l'intelligence qui me vienne des sens, si ce n'est l'intelligence elle-même», écrit-il dans une formule célèbre».

3 J. J. Servan Schreiber, *Le Défi mondial,* Paris 1980, pp. 351-352: «On sait que le principe fondamental de fonctionnement de tous les ordinateurs modernes repose sur ce 0 et sur ce 1. Ils ne connaissent in ne connaîtront aucun autre signe. Mais ils peuvent écrire ainsi tous les nombres, jusqu'à l'infini. Telle est l'arithmétique binaire, d'une simplicité si nouvelle qu'elle va enfanter l'une après l'autre, du fait même qu'elle est la plus simple, toutes les capacités de la technologie informatique. Avec l'écriture binaire, on part de 0, qui s'écrit 0. On continue avec le 1, qui s'écrit 1. On arrive à 2. Accepter d'ajouter le 2 en troisième signe, serait s'écarter de la simplicité essentielle du calcul binaire, et se perdre. Donc, on refuse le 2. Il s'écrira: 10. On arrive au 3: il s'écrit 11. Le 4 s'écrit 100 (toujours deux signes seulement). Le 5 s'écrit (les choses deviennent automatiques): 101. Le 6: 110. Le 7: 111. Le 8: 1000. Le 9, sous la contrainte inflexible du binaire: 1001. Ainsi de suite pour 10, 11, 12, 13, 14, 15 (1010, 1011, 1100, 1101,1110 et 1111). Toujours deux signes seulement. En arrivant au 16, on a épuisé les combinaisons, sur une longueur de quatre, des deux signes 0 et 1. II faut donc allonger. 16 s'écrit donc: 10000. l7 devient: 10001. Et ainsi de suite».

alla semplicità de codifica [1]. Nascono le banche dati alle quali si collegheranno organismi sociali ed operativi sempre più numerosi [2]. Si possono immagazzinare i dati informativi stessi, dalla loro raccolta si passerà alla loro analisi ed al loro consolidamento (consistenza dell'informazione recepita) [3]. Dalle banche dati si svilupperanno i servizi del videotext e del teletext [4]. Appaiono i computers, con la

1 R. Escarpit, *Théorie de l'information et pratique politique*, Paris 1981, p. 29: «Mais un seuil n'a vraiment été franchi que lorsque les progrès de l'électronique ont permis d accélérer fantastiquement le processus tout en réduisant l'ensemble des calculs à des additions et des soustractions de base deux. En effet, les mémoires electromagnétiques, fonctionnant sur le principe du tout ou rien, sont par définition binaire. Un ordinateur ne sait compter que jusqu'à à deux et ne connaît que les deux premières opérations, mais il les effectue et les combine tellement vite qu'il peut reconstituer n'importe quel calcul des milliers, voire des millions de fois plus rapidement que le cerveau humain. Les machines combinatoires ne fournissent pas vraiment d'information, mais, aux yeux d'un observateur humain, les événements qui se produisent à la sortie sont, sur le moment, assez imprévisibles pour avoir valeur d'information pendant le temps qu'il faudrait à l'observateur pour obtenir l'information par ses propres moyens».

2 S. McBride, *Many Voices, one World*, London 1981, p. 71: «If within twenty years -or even less- not only the mass media but a large number of decisionmaking bodies, businesses and households are linked to central data banks, there will obviously be a radical transformation in the ways and speed that information is circulated and put to use. The same is going to happen with the expansion of data banks for scientific, technical, cultural and business information. In other words, all these informatic networks with their quantities of information and data are bringing about a new mode of communication. It does not seem premature to start preparatory work in all countries for new opportunities such as these, even if they have to be on a limited scale for quite some time. However, since the distribution and development of many of these most recent technological advances in the multiplication of information sources and services are mainly concentrated in a few areas around the world, the equitable distribution of their potential benefits is a major subject of international concern. There can be no doubt that these data exchanges cross political frontiers. This, however, is not a wholly new phenomenon; previous services were already highly concentrated and confined to certain points in the world. International study -not limited to industrialised countries alone- of the flow of data across frontiers, leading to proposals for action, would help in bringing about a recognition of its importance and its implications, and thus facilitate a more equitable development».

3 C. Guinchat-M. Menou, *Introduction générale aux sciences et techniques de l'information et de la documentation*, Paris 1981, p. 270: «Alors que la banque de données fournit des données individuelles, le service d'analyse de l'information indique des documents présentant différentes catégories de données, situées entre deux seuils, au besoin, l'une et l'autre peuvent constituer l'unique activité d'une unité d'information ou n'être qu'un service particulier d'une unité plurifonctionnelle. La consolidation de l'information consiste à vérifier la validité des informations contenues dans les divers documents, ou en définir les limites, et à confronter les informations fournies sur une question précise par différentes sources, de façon à obtenir une information cumulée et évaluée. Celle-ci sera généralement reprise, incorporée à un fichier spécial et diffusée dans un document tertiaire. La consolidation exige, la plupart du temps, un travail de recherche sur l'ensemble des informations primaires rassemblées».

4 A. Stefanizzi, *Le nuove tecnologie di comunicazione*, Roma 1983, p. 12: «Associando queste banche di dati con le reti di telecomunicazioni, nasce il nuovo servizio del *Videotext*, mediante il quale l'utente allacciato alle reti può richiedere e ottenere rapidamente qualunque informazione depositata in una delle banche. Non basta: associando banche di dati, telecomunicazioni e impianti televisivi si dà vita al *teletext*, mediante il quale il telespettatore può bloccare e leggere sul proprio televisore domestico la pagina, o le pagine, d'attualità che lo interessino e che l'ente televisivo, prelevandole da una banca

caratteristica di rigidità strutturale di fronte alla massima plasticità di funzioni [1]. Già si era capito che la semplificazione di tutti i segni aritmetici riducendogli a due (calcolo binario iniziato da Leibniz [2]) e la rapidità di calcolo sono la chiave dell'efficacia (con l'inglese Babbage) [3]. Partendo dal calcolo binario, vi possono essere diverse impostazioni di codifica: come EBCDIC o ASCII [4]. Per rendere la traduzione dei dati nel calcolo binario e per trasmettere ogni elemento in modo affidabile, ci vorranno dei

---

di dati, irradi in concomitanza con i programmi ordinari».

[1] Z. Pylyshyn, *Computers and Symbolisation of Knowledge*, in D. De Kerckhove - A. Ianucci, *McLuhan e la metamorfosi dell'uomo*, Roma 1984, p. 240: «That computers violate this claim is one of their most important and unique characteristics. Their topographic structure is completely rigid, yet they are capable of maximal plasticity of function. It is this very property that led Turing (1951) to speculate that computers would be capable in principle of exhibiting intelligent behaviour. The combination of extreme plasticity and a structure which gives rise to the orderly growth of complexity (due to the layering and distribution of labour principles mentioned earlier) makes computers a powerful new form of technology».

[2] J. J. Servan Schreiber, *Le Défi mondial,* Paris 1980, pp. 351-352: «Pour «enregistrer» le monde extérieur, permettre à l'intelligence d'en emmagasiner les données, les accumuler, les conserver, les transmettre, il invente une «roue multiplicatrice», dotée de neuf dents de longueurs inégales dont on peut voir, trois siècles plus tard, à quel point elle est la matrice même des premières calculatrices électroniques à naître dans les années 60. C'est lui encore qui, le premier, procède à la simplification radicale de l'arithmétique qui va devenir le sang et la vie de notre électronique et de nos télécommunications: le calcul binaire, qui remplace toute l'écriture des nombres par deux signes en tout et pour tout: 0 et 1. Zéro et Un... La grande aventure commence. Leibniz prouve que seule cette manière de compter, n'utilisant que deux signes, permettra à des machines d'enregistrer, de retenir, de combiner, de faire fonctionner une masse illimitée de signaux de communication de toute nature, de toutes les sciences, de toutes les langues, à la seule condition, simple, qu'on les traduise d'abord en chiffres qui sont ensuite codifiables, eux sans limite, par les deux signes 0 et 1, et eux seuls. Tout était décrit, défini. Restait à le réaliser».

[3] J. J. Servan Schreiber, *Le Défi mondial,* Paris 1980, pp. 352-353 : «La vitesse de calcul va devenir la clé de la puissance, de l'utilité de toute machine. Comme la guerre, dont Napoléon disait qu'elle est «un art simple et tout d'exécution», il ne reste plus là qu'un problème d'application. Après le Français Pascal, après l'Allemand Leibniz, c'est l'Anglais Babbage, à la fin du XVIII° siècle et au début du XIX°, qui construit la première machine adaptée à l'enregistrement et à la combinaison de la nouvelle écriture mathématique binaire. Il la présente en 1822 devant la Société royale en l'accompagnant d'une communication: «Observations sur l'application des machines au calcul des mathématiques»».

[4] C. Guinchat-M. Menou, *Introduction générale aux sciences et techniques de l'information et de la documentation*, Paris 1981, p. 204: «Les informations introduites en machine sont exprimées en numérotation «binaire», c'est-à-dire ne comprenant que deux signes: 0 *et* 1, selon que le support magnétique de l'ordinateur a été sensibilisé ou non (a reçu ou non une information). Chaque caractère d'un système de signes naturels est donc exprimé par une série de chiffres binaires. Il existe de nombreux systèmes de codages internes propres aux divers ordinateurs; les deux principaux sont: E B C D I C (extended binary-coded decimal interchange code - Décimal code binaire étendu) et A S C I I'(American standard code for information interchange). Ainsi, dans ce dernier système, 1 se dit 00 11 00 01, A 01 000001)], a 0110 0001). Le codage interne risque de créer des difficultés lorsque l'on veut utiliser des données produites ailleurs ou lorsque l'on veut coopérer. Chaque unité élémentaire d'information (0 ou 1) est appelée bit. Huit bits forment un octet qui correspond souvent à un caractère, encore que la définition du nombre de bits par caractère en machine dépende aussi du modèle de l'ordinateur)».

linguaggi con una propria logica [1]. Tali linguaggi sono chiamati linguaggi-macchina o linguaggi di programmazione o anche software (francese: logiciel, essi danno le istruzioni al computer per eseguire i compiti impostati [2]. Questi linguaggi artificiali (con struttura fissa e regole limitate) saranno capaci di dare istruzioni operative al computer (con varie applicazioni come Fortran, Algol, o BASIC e APL) [3]. A questo punto sorge, tra i mezzi meccanici una autentica macchina non meccanica, uscendo da quello che il mondo industriale considerava come scontato o cioè che esegue solo quello che si mette meccanicamente in moto: quello che non è meccanico include qualcosa di imprevedibile [4]. Si penserà inizialmente che come macchina essa non potrà però mai anticipare (secondo la definizione di Ada de Lovelace, a proposito della prima macchina analitica) [5]. Sorgono anche le reti planetarie via satellite e l'accelerazione-

---

1 ENCYCLOPAEDIA BRITANNICA, *The New Encyclopaedia Britannica. Macropaedia*, Chicago 1973-1974, *Communication*, p. 1006: «Cybernetic theory and computer technology require rigorous but straightforward languages to permit translation into non ambiguous, special symbols that can be stored and utilized for statistical manipulations. The closed system of formal logic proved ideal for this need. Premises and conclusions drawn from syllogisms according to logical rules may be easily tested in a consistent, scientific manner, as long as all parties communicating share the rational premises employed by the particular system».

2 C. Guinchat-M. Menou, *Introduction générale aux sciences et techniques de l'information et de la documentation*, Paris 1981, p. 212: «Les logiciels sont des ensembles structurés d'instructions qui permettent à l'ordinateur d'exécuter les travaux qu'on lui destine. Ces instructions son exprimées soit dans un langage directement intelligible par l'ordinateur, dit «langage machine», fondé sur la numérotation binaire, soit dans un langage évolué, ou «langage de programmation», qui est traduit par l'ordinateur en langage machine».

3 C. Guinchat-M. Menou, *Introduction générale aux sciences et techniques de l'information et de la documentation*, Paris 1981, p. 213: «Les langages de programmation sont des langages artificiels qui permettent de présenter les instructions pour l'ordinateur à l'aide d'une structure fixe et de règles d'écriture limitées. Les principaux sont Fortran et Algol pour les applications de calcul scientifique, B A S I C et A P L pour les applications en temps partagé, pour les applications de gestion, FL/I pour toutes sortes d'applications».

4 Sh. Turkle, *Computer as Rorschach*, in G. Gumpert - R. Cathcart, *Inter/Media*, Oxford 1982, pp. 422-423: «Machines are most people's everyday metaphor for invoking predictability and, insofar as the computer is able to simulate the kind of unpredictability we associate with people, it threatens our concept of machine. Here is a machine that is not mechanistic. Locally, it has mechanistic components but seen globally these disappear and you are dealing with a system that surprises. Something else that makes analogies between the computer and mechanical antecedents (like adding machines) unsatisfactory is that computers can be programmed into autonomy from their human users. On the simplest level, after a few sessions of an introductory computer science course, the novice programmer knows how to write programs that would, in principle, go on forever, let us say because step three is an instruction that says return to step one. Such programs will never stop; that is until somebody kills them by pulling out the plug, turning out the machine, or pressing a special control key on the computer terminal which is designed for just such moments. I interviewed a group of college students as they went through an introductory programming course
and most could remember strong feelings about what one referred to as his first forever program».

5 J. J. Servan Schreiber, *Le Défi mondial,* Paris 1980, p. 354: «C'est de là que sortit le premier ordinateur, encore appelé «machine analytique» et dont Ada de Lovelace sait donner la définition finale. Comme on lui demandait: «*Peut-on considérer que la machine est créatrice ou non?* », elle

intensificazione della trasmissione dei dati con le fibre ottiche [1], partendo dall'elemento più piccolo, più leggero e più rapido di circolazione nel calcolatore: l'elettrone [2]. Occupa uno spazio specifico l'uso dei raggi laser con capacità potentemente maggiorata di energia con supporti più ridotti [3], dalla stessa miniaturizzazione dei

---

répondit: *La machine n'a aucune prétention de créer. Elle peut faire tout ce qu'on saura lui demander. Elle n'aura jamais le pouvoir d'anticiper une relation. Son unique compétence est de nous aider à trouver.*» Ada de Lovelace mourut, jeune elle aussi, à trente-six ans. En signe de reconnaissance pour le pas décisif qu'elle avait fait franchir, le ministère américain de la Défense, le Pentagone, lorsqu'il décida, en 1979, d'unifier le nombre excessif de langages informatiques utilisés dans les gros ordinateurs dont dépendent ses systèmes de missiles, baptisa ce langage unique: «Ada»».

1 A. Stefanizzi, *Le nuove tecnologie di comunicazione*, Roma 1983, p. 90: «Altra sorprendente innovazione tecnologica: i cavi coassiali metallici potevano essere gradualmente sostituiti da quelli a fibra ottica, che presentano i seguenti vantaggi: trasferimento d'una maggiore quantità d'informazione, bassissima attenuazione, insensibilità ai campi elettromagnetici, maggiore leggerezza e, appena iniziata la produzione su scala industriale, inferiorità di costi. Inoltre, intorno al 1985-86, la televisione diretta da satelliti sarà una realtà per alcuni Paesi europei e ciò potrà significare nuovo impulso al cavi, perché numerosi cittadini potranno richiedere di ricevere via cavo i programmi irradiati dal satellite nazionale e da quelli dei Paesi vicini».

2 J. J. Servan Schreiber, *Le Défi mondial,* Paris 1980, pp. 354-355: «Enfin, dernier è intervenir pour en arriver à l'ordinateur électronique lui-même: le Hongrois von Neumann, naturalisé américain. Travaillant après la dernière guerre sur le programme nucléaire, il appliqua son esprit aux machines à calculer et apporta les deux dernières inventions décisives aux ordinateurs naissants. D'abord l'utilisation, pour la signalisation binaire, de l'élément le plus petit, le plus léger et le plus rapide qui puisse être: le minuscule «électron» qui, à l'intérieur de l'atome, gravite autour du noyau. Deux mille fois plus petit que l'atome lui-même, il peut, sous l'impulsion d'un faible courant, circuler très vite dans les circuits des calculateurs, en un mouvement de va-et-vient: 0 et 1. Naissance de «l'électronique». Von Neumann intègre ensuite dans «l'ordinateur électronique» la capacité de mémoire interne au sein même du calculateur, de telle sorte que les programmes ou instructions qu'on lui donne puissent s'y inscrire, s'y combiner, agir les uns sur les autres, s'y modifier - bref traiter, de toutes les manières, l'information fournie. Début de la société «informatique» dans laquelle nous entrons».

3 A. Stefanizzi, *Le nuove tecnologie di comunicazione*, Roma 1983, pp. 98-99: «*Laser è* un termine acronimo, formato cioè dalle iniziali dei termini inglesi che descrivono l'origine e l'effetto del fenomeno: *light amplification* by stimulated emission of radiation, che significa: «amplificazione della luce mediante emissione stimolata di radiazione». Il *laser* è perciò una sorgente di radiazioni elettromagnetiche di lunghezza d'onda prossima o coincidente con la lunghezza d'onda delle radiazioni luminose. Tali radiazioni si differenziano da quelle emesse dalle altre sorgenti luminose, quali una candela, una lampada elettrica, il Sole, perché, mentre queste ultime sono di diverse lunghezze d'onda, hanno diversità di fase e vengono emesse in tutte le direzioni, quelle emesse dal *laser* sono tutte della stessa lunghezza d'onda (monocromatiche), hanno la stessa fase (coerenti) e vengono emesse nella stessa direzione sotto forma di fascetto. Altra proprietà differenziatrice è che la quantità di energia trasportata da un fascetto *laser* è molto maggiore di quella trasportata da un equivalente fascetto di luce bianca. Quale l'origine di queste proprietà? Le premesse teoriche hanno portato al fascetto *laser* sono state poste circa cinquant'anni fa da tre grandi fisici: Max Plank, con la scoperta che l'energia non è una variabile continua ma discreta, multipla di una grandezza elementare; Albert Einstein, con la concezione della luce come flusso di pacchetti di energia e con le leggi dell'effetto fotoelettrico; Niels Bohr, con il collegamento tra variazioni di energia dell'atomo e radiazioni elettromagnetiche».

calcolatori elettronici [1]. Le onde da ultracorte passano a dimensioni microniche ma necessitano la via ottica di trasparenza per non essere bloccate [2]. Si creano duplicati (non solo estensioni) di ciò che pensiamo, sentiamo, facciamo, e ciò fuori della nostra individuale organicità fisiologica [3]. Ma il computer opera non in modo da duplicare ogni più specifico elemento dell insieme, ma creando un insieme somigliante nella simulazione che realizza, con il rischio di errori su elementi intrinseci (magari reconditi) che non si nota dalla simulazione stessa [4]. La cibernetica cercherà, dal

---

1 J. J. Servan Schreiber, *Le Défi mondial,* Paris 1980, pp. 358-359: «On passe alors, selon une voie qui sera encore relativement longue en recherche, mais qui ne présente plus de mystère, à la «troisième génération» celle qui permet d'inscrire dix mille transistors sur une pastille, sur un circuit intégré. On en est alors au micro-ordinateur, et aux calculateurs de poche. La révolution s'ébauche à la fin des années 60. Elle est naissante, elle n'est pas encore accomplie. Ces ordinateurs, petits et puissants, de la troisième génération, transforment déjà la capacité de toutes les machines industrielles, de même qu'ils multiplient les moyens de calcul et d'innovation du cerveau humnain. Ils sont très vite diffusés et utilisés. Nous restons encore, cependant, dans l'économie industrielle».

2 A. Stefanizzi, *Le nuove tecnologie di comunicazione*, Roma 1983, p. 101: «Le radiazioni emesse dal *laser* sono onde elettromagnetiche, ed essendo anche monocromatiche e coerenti sono simili alle onde prodotte da un trasmettitore radiofonico o televisivo. E come queste onde si prestano benissimo per irradiare nello spazio informazioni di qualunque genere, sonore, visive o dati, altrettanto possono fare le radiazioni laser. Occorrerà certo, come in tutte le radioconiunicazioni, modulare l'onda portante con l'informazione che si vuole trasmettere, ma, una volta compiuta tale operazione, l'onda laser porterà lontano e senza deformazione il messaggio affidatole. La differenza fra le onde prodotte dal trasmettitore radiofonico o televisivo e quelle prodotte dal *laser* sta nella lunghezza d'onda. Mentre i primi producono onde che vanno dal chilometri di lunghezza ai centimetri, dette onde «lunghe», «medie», «corte», «cortissime», quelle prodotte dal laser sono, come è stato già indicato, nel campo dei micron. La piccolezza dell'onda rende il laser prezioso nel campo delle radiocomunicazioni per il volume informativo trasportato, per i dati che permette di acquisire e per il modesto ingombro delle sue apparecchiatura»; p. 104: «Se la piccolezza dell'onda porta con sé tanti vantaggi, implica anche due serie limitazioni. La prima è che le onde laser, incontrando un ostacolo non lo aggirano, ma restano bloccate, come avviene nella propagazione delle onde luminose; perciò le radiocomunicazioni via laser sono possibili solo entro la visibilità ottica. La seconda è che, attraversando l'atmosfera, vengono parzialmente assorbite dal vari componenti gassosi e dalle eventuali gocce d acqua o di nebbia presenti; perciò le comunicazioni via laser risultano eccellenti soprattutto nel vuoto, per esempio fra satelliti».

3 Z. Pylyshyn, *Computers and Symbolisation of Knowledge*, in D. De Kerckhove - A. Ianucci, *McLuhan e la metamorfosi dell'uomo*, Roma 1984, p. 241: «If all this turns out to be true, and the new natural kind becomes assimilated to the general view, as did the Galilean reassignments over the Aristotelian ones, we shall be witnessing a revolution in our image of man, perhaps greater even than the Darwinian or the Freudian. We shall also be witnessing a revolutionary change in the nature of our environment as we extend ourselves electronically. But the extension will be unlike that brought about by electronic communication media, which by extending our sense extended ourselves, as McLuhan pointed out. This new extension will literally place replicas of some of our active functions – like thinking, deciding, recommending, evaluating, and pursuing goals - out there along with other people and animals. As autonomous active gatherers and exploiters of knowledge they will represent a new and still incomprehensible form of intellectual life. They will have to be given a place to participate. They will be among the inhabitants of the new global village McLuhan spoke of, and we shall have to learn to live *with* them, rather than have them live for us or us for them».

4 J. Sauvan, *Intelligence artificielle, mythe ou réalité*, in AA. VV., *Le dossier de la cybernétique*, Paris 1968, p. 101: «L'ordinateur joue le rôle d'un simulateur de simulateur. Il est certain que des

concreto percepito in ciò che si muove, di cogliere il sistema che articola tutto ciò che sia operativo: all'inverso della matematica che intende articolare l'astratto [1]. Ci si chiederà in che cosa consiste un sistema operativo [2]. Si cerca, cioè, la fondamentale logica della operatività nei suoi vari livelli ed ambiti, nella loro interconnessione [3]. Con la gestione del proprio sapere e delle proprie competenze 'da casa', si smembra una

---

erreurs extrêmement graves peuvent naître de cet état de fait. La simulation qui est une ressemblance n'est pas transitive, c'est-à-dire que si A ressemble à B, et que B ressemble à C, cela ne veut pas dire, contrairement à l'axiome du duc de Bordeaux, que A ressemble à C. Très souvent l'ordinateur ne peut simuler exactement la machine, et le programmeur se contente de considérer celle-ci comme une boîte noire et de simuler uniquement son «tableau de vérité». Mais, comme la machine n'existe pas, on n'est déjà pas sûr du tableau de vérité. En outre, si la machine fonctionne en parallèle, l'ordinateur est obligé de faire une approximation plus ou moins valable. La machine étant elle-même une approximation de la fonction intellectuelle, on se demande ce que l'ordinateur peut bien représenter de celle-ci».

[1] A. A. Moles, *Objet, méthode et axiomatique de la cybernétique,* in AA.VV., *Le dossier de la cybernétique,* Paris 1968, p. 61: «Au terme de ce tour d'horizon, la cybernétique nous apparaît donc comme la méthode de formalisation fondamentale du concret, qu'il s'agisse du monde naturel, de l'être vivant ou du produit de ses artifices; elle se pose à l'égale des mathématiques dont elle se sert largement, mais qui, elles, poursuivent une formalisation de l'abstrait. La cybernétique est simultanément une science générale des organismes, une attitude de pensée, une philosophie du sémantique. Elle ne doit jamais oublier cette remarque de Platon qui la définit: «La cybernétique sauve des périls non seulement les âmes, mais aussi bien les vies que les richesses. C'est une science sage et modeste, qui ne se vante pas, prenant un air important comme si elle accomplissait quelque chose de magnifique. Car le pilote sait qu'en débarquant ses passagers, il ne les a pas débarqués meilleurs qu'ils n'étaient lors de l'embarquement, ni pour le corps, ni pour l'âme» (Gorgias 511)».

[2] F. E. Mairlot, *La cybernétique, science de l'invariant, et son impact sur la solution des problèmes réels*, in AA. VV., *Scientific Methods and Actual Problems*, Namur 1975, p. 39: «La première démarche se divise en plusieurs étapes et intéresse davantage les sciences particulières, dites classiques. Il s'agit de poser le système en tant que forme, de le définir au maximum, tant en ce qui concerne ses éléments constitutifs et leurs liaisons que sa signifiance et ses significations, sans oublier de le situer par rapport aux autres systèmes qui l'ont influencé, l'influencent ou l'influenceront. Ensuite, il faut intégrer le problème au sein du système défini. Il est aussi possible de procéder inversement et de poser le problème en premier lieu. Mais par après, il faut définir le système en fonction du problème posé. Il n'est pas inutile, dans de nombreux cas, de préciser aussi les niveaux du système et les lieux et moments du problème».

[3] H. Frank, *La cybernétique et la philosophie*, in AA. VV., *Le dossier de la cybernétique*, Paris 1968, pp. 290-291: «Un premier exemple, qui est aussi le plus connu, est fourni par la logistique, qui se développe maintenant en une algèbre des commutations et même en une logique séquentielle des processus automatiques. Cette discipline mathématique aime se substituer à la logique philosophique, et cette prétention est évidemment tout à fait justifiée. Plus discutée est l'esthétique informationnelle, qui se présente comme le pendant cybernétique de l'esthétique philosophique. Dans un autre ordre d'idées la pédagogie cybernétique, crée en Europe parallèlement au développement des théories et procédés behaviouristes de l'instruction programmée américaine, fournit un contraste idéal avec la pédagogie classique dont l'édification a été totalement empirique. De même encore la linguistique mathématique, dont la traduction automatique constitue une des branches techniques, est un pendant cybernétique d'un secteur de la philologie traditionnelle. Et pour prendre un dernier exemple dans le domaine du droit, on voit bien que seules des calculatrices électroniques peuvent garantir une reproductibilité des jugements juridiques, ce qui exige que
l'on soumette la loi au calcul».

convivenza stabilita in certi 'luoghi' [1]. Quali saranno le implicazioni di questo nuovo passo? La praxis avviata della gestione informatica del sapere ci fa già sentire una modificazione notevole nel modo di prospettare il pensiero da questa 'intelligenza artificiale': i dati sembrano intrecciarsi aldilà dei schemi mentali individualmente prestabiliti, e portano più di una volta allo scioglimento di ciò che una persona si era costruito come articolazione del suo ambito mentale. Le applicazioni di memorizzazione e di paragonabilità dei dati offre un aiuto specifico nella diagnosi medicale, fino a dettare le soluzioni al professionista [2]. Si dice che il computer informatico fa delle cose perché è costituito dal tipo di informazioni raccolte e memorizzate, incidendo dal loro significato o contenuto stesso (a differenza della staticità e del contenutismo formale del libro, delle biblioteche, ecc.) [3]. Lo abbiamo

---

1 A. Zanacchi, *La sfida dei mass media*, Alba 1977, pp. 55-56: «Non era fantascienza quanto affermava più di dieci anni fa l'americano David Sarnoff, uno dei pionieri dell'elettronica: la rivoluzione delle comunicazioni, grazie soprattutto ai sottili raggi del *laser*, fornirà a ogni individuo «una propria linea privata per comunicazioni audiovisive su qualsiasi distanza, così come oggi molti hanno delle linee telefoniche private [1]»; «Negli Stati Uniti E. B. Parker e D. A. Dunn ritengono infatti possibile entro il 1985 la diffusione di un unico apparecchio domiciliare, un terminale domestico capace di portare nelle case e negli uffici immagini televisive, comunicazioni telefoniche, giornali in facsimile, dati di ogni tipo forniti da elaboratori elettronici: il tutto «a un costo equivalente a quello del sistema nazionale telefonico attuale» [2]».
([1] D. Sarnoff, *una nuova era nelle telecomunicazioni*, in «Mondo Occidentale», n. 10S, marzo-aprile 1966. / [2] N. Henry, *The Future as Information*, in «Futures», agosto 1973, p. 393.)

2. Williams, *The Communication Revolution*, New York 1983, p. 148: «Computers and physicians share a number of characteristics. Both depend upon memory, or a knowledge base, for many types of problem solving. Both have strategies for evaluating new problems against the knowledge base. Physicians have their medical history forms, their routines, and questions which by process of elimination narrow down to identification and analysis of the specific problem. Computers have branching program procedures which take input data and attempt to assess them in successive steps. Both physician and computer use procedures whereby data can be evaluated in alternative ways for comparative purposes. Both attempt by the most objective manner possible to derive a rational solution, or more often, probabilities of alternative solutions. Physician and computer can repeatedly reassess these probabilities. Finally, both can take experience gained from one case problem solving and add it to the knowledge base to facilitate future solutions. In theory, there isn't much that a physician can do that a computer cannot, including development of a good bedside manner. This is a challenge for computer programmers».

3 Z. Pylyshyn, *Computers and Symbolisation of Knowledge*, in D. De Kerckhove - A. Ianucci, *McLuhan e la metamorfosi dell'uomo*, Roma 1984, p. 241: «It is commonplace nowadays to accept computers as a major new medium for the storage, transmission and transformation of information. It is becoming clear to the public now, as it was not when I first began to teach computer science over 15 years ago, that computers are not lightening-fast numerical calculators, but information handlers. Nonetheless it is not generally appreciated how the information-handling capacity of a computer is different (except for speed and efficiency), from the information-handling capacity of such devices as books, files, tape recorders, telephones, libraries, television sets, and so on, all of which in some sense store, transmit, process, and transform information. But that it is different should be abundantly clear. Computers, unlike books or even television sets, do things because of the particular information they contain. Moreover, the nature of the behaviour that they exhibit appears to be directly attributable to the content of the information they have - or what the information is about. This is not true of any

evocato ipoteticamente come 'de-strutturazione' del sapere mentale e del lavoro intellettuale.

LA VIRTUALITÀ DELL'INTENTO UMANO

Eppure esiste un sesto momento comunicativo ipotizzabile: la virtualità multimediale. Tecnologicamente, appare prima la digitalizzazione dei dati (a differenza del sistema analogico) [1]. La virtualità salta, ormai, oltre il 'reale'. Si pensava che si opponesse al 'reale' [2]. Si è partito dalla 'simulazione' spinta fino in fondo -cioè simulare ma non nel senso di copiare artificialmente la 'realtà esistente' tale quale ma di copiare delle modalità di esperienza umana (scrivere, calcolare, disegnare) che si riesce a fare tramite congegni elettronici [3]. Dal computer si arriverà ad ipotizzare i

---

of the other information-handling systems we can think of – with the obvious exception of people, or systems in which people play the important causal role in determining the behaviour (e.g. libraries)».

[1] A. Stefanizzi, *Le nuove tecnologie di comunicazione*, Roma 1983, pp. 89- 90: «Vero salto di qualità si era compiuto quando sulle reti si era riusciti a fare viaggiare l'informazione, non più in forma analogica ma in linguaggio digitale. E poiché in tale linguaggio possono essere convertiti suoni, dati e immagini, la rete risultava idonea a trasmettere qualunque tipo d'informazione. Le reti, qui inizialmente erano sorte per la distribuzione di programmi televisivi, si rivelarono idonee per nuovi e utilissimi servizi, quali la trasmissione di dati, il videotex, la teleeducazione, il telecontrollo, il disbrigo a domicilio d'acquisti, di operazioni bancarie e di pratiche d'ufficio».

[2] H. Rheingold, *La realtà virtuale. I mondi artificiali generati dal computer e il loro potere di trasformare la società*, Bologna 1993, p. 236: «Nel novembre del 1980, ecco quello che Theodore Nelson aveva da dire a proposito del significato profondo della virtualità. Non dimenticate che scrisse queste parole prima della diffusione su larga scala dei personal computer, quando i display *head-mounted* erano curiosità da laboratorio. Il problema centrale della progettazione dei sistemi interattivi è ciò che io definisco virtualità di un sistema. II termine è inteso in senso generalissimo e abbraccia tutti i campi in cui la mente, gli effetti e le illusioni sono appropriate parti in gioco. Per virtualità di una cosa intendo la sua apparenza, come qualcosa di distinto dalla sua più concreta 'realtà', che può non essere importante. (II termine alternativo più vicino che sono riuscito a trovare è 'ambiente mentale'. I miei studenti mi hanno incoraggiato a mantenere il termine 'virtualità', benché possa essere motivo di contusione tra gli utenti dei cosiddetti 'sistemi virtuali', cioè sistemi reali configurati con una smisurata memoria virtuale.) Un sistema informatico interattivo è una serie di presentazioni atte ad influenzare la mente in un certo modo, proprio come un film. Non si tratta di un'analogia casuale; si tratta del problema centrale. Utilizzo il termine 'virtuale' nel suo senso tradizionale, come opposto a 'reale'. La realtà di un film comprende come lo scenario è stato dipinto e dove gli attori sono stati riposizionati fra le riprese, ma a chi può interessare? La virtualità del film è ciò che *sembra esserci*. La realtà di un sistema interattivo comprende la sua struttura di dati e con quale linguaggio è stato programmato -ma ancora, a chi può interessare? II problema importante è, *che cosa ha l'apparenza di essere*? Una virtualità', inoltre, è una struttura di apparenza - la sensazione concettuale di quello che è creato. In quale ambiente concettuale ci troviamo? E questo ambiente e la qualità e la percezione della sua reazione, che conta - non l'irrilevante realtà' dei dettagli di attuazione. E creare quest'apparenza, come un insieme integrato, costituisce il vero lavoro di progettazione e realizzazione della virtualità. È tanto vero per un film quanto per un elaboratore di testi».

[3] B. Wooley, *Mondi virtuali*, Torino 1993, p. 92: «Un computer è una machina «virtuale»: per essere più precisi, è una machina di Turing virtuale. È un entità astratta, o un processo astratto che ha trovato espressione fisica, cioè è stato «realizzato». È una simulazione: solo che non è necessariamente una

robot, progettati a compiere sostitutivamente anche delle attività finora eseguibili solo da operai(e) umani(e) [1]. Si è arrivato ad una zona di esperienza tra il 'fattivamente reale' ed 'l'illusoriamente immaginario' [2]. In quel senso il confronto del virtuale si focalizza sull'"attuale" più che sul 'reale'. Si lavora sui 'sensi' per suggerire 'artificialmente', alterando l'assimilazione 'sentita' (cioè emotivamente vissuta dal vedere e dall'udire) [3]. Si 'vede' diversamente il mondo [4]. Tutto viene modificato come, nella scrittura, dalle 27-32 lettere alfabetiche agli ideogrammi estremo-orientali [5]. Sarà innanzitutto diversa

---

simulazione di qualcosa che esiste realmente. E l'uso effettivo che si fa di un computer a fornire l'esperienza di ciò che significa realmente la parola «virtuale». In generale gli utenti di un personal computer si adattano agevolmente all'idea di un sistema che è al tempo stesso un word processor, un calcolatore, un blocco di carta da disegno, un libro, un'intera biblioteca di consultazione, uno strumento per la correzione degli errori d'ortografia. Se decisero di smontare pezzo per pezzo questo sistema per vedere cosa c'è dentro, non vi troverebbero il minimo segno di nessuna di queste cose, così come lo smontaggio di un IBM370 non potrebbe rivelare la presenza di tutta quella memoria extra fornita dal sistema di memoria virtuale. Queste cose sono entità puramente astratti in quanto sono indipendenti da qualsiasi sostanzialità fisica, e ciò nondimeno sono reali. II «virtuale» è dunque una modalità di esistenza simulata, che nasce dal concetto di calcolo automatico. Gli stessi computer sono entità virtuali, non sostanziali».

1 J. J. Servan Schreiber, *Le Défi mondial,* Paris 1980, pp. 360-361: «Les robots, ici encore, il faut changer de regard pour ne pas s'y tromper, loin de réduire le besoin en hommes, multipliant le nombre d'hommes dont on a besoin. Et chaque homme, nous avons même dit chaque enfant, peut en quelques mois être suffisamment informé, entrainé, pour participer utilement à son niveau, qui ne cessera de progresser, à la «nourriture humaine» de l'univers des circuits informatisés. Systèmes informatisés qui vont à la fois être capables de remplir, à l'échelle de la planète, toutes les tâches non-humaines et qui vont permettre, en vérité exiger, l'accomplissement créatif de ce qui est et sera toujours propre à l'homme. Et à lui seul».

2 B. Wooley, *Mondi virtuali*, Torino 1993, p. 77: «Quegli oggetti partecipano di un nuovo modo di esistenza, un modo che non è reale ma non è neppure immaginario: è il modo che ha preso il nome di «virtuale»»; cfr *A colloquio con Paul Virilio*, in «Virtual», 1994 n° 8, pp. 8-9.

3 B. Wooley, *Mondi virtuali*, Torino 1993, p. 17: «La realtà virtuale è quella tecnologia che viene usata per creare una più intima «interfaccia» fra l'essere umano e le immagini prodotte dai computer. Suo scopo è simulare l'intero complesso dei dati sensoriali che costituiscono l'esperienza «reale». Idealmente, il suo utente indossa un'apparecchiatura che sostituisce i dati sensoriali provenienti dal mondo naturale con quelli prodotti da un computer. Davanti agli occhi vengono posti degli schermi di computer, e il corpo è ricoperto de «effettori»: ciò fornisce da un lato una visione di questo mondo artificiale, e dall'altro le sensazioni che si provano a suo contatto. Inoltre un dispositivo di monitoraggio collegato al corpo registra i suoi movimenti, in modo che, come l'utente si muove, anche ciò che egli vede o sente viene alterato corrispondentemente».

4 H. Rheingold, *La realtà virtuale. I mondi artificiali generati dal computer e il loro potere di trasformare la società*, Bologna 1993, p. 336: «'Il film è vero a 24 fotogrammi al secondo' era solito dire Jean-Luc Godard. Quella velocità di proiezione è la soglia in cui le immagini fotografiche separate proiettate su uno schermo cinematografico si fondono all'interno del sistema percettivo umano nell'allucinazione consensuale che conosciamo come cinema. Il ciberspazio è il luogo in cui l'interfaccia uomo-computer si sta avvicinando ai 24 fotogrammi al secondo. II progresso di molte delle qualità fondamentali che riteniamo essere umane è collegato all'evoluzione di viste del mondo - all'emergere e all'inventare modi nuovi di vedere il mondo».

5 H. Rheingold, *La realtà virtuale. I mondi artificiali generati dal computer e il loro potere di trasformare la società*, Bologna 1993, p. 336: «Nonostante l'incessante bombardamento di simboli visivi, pochi di noi che facciamo parte della cultura americana *high-viz*, si ritengono capaci di

la 'sensibilità' in questa percezione modificata: l'immagine inserisce la sua propria dinamica non semplicemente 'razionale' o di contestura 'intelligibile' [1]. Immagini 'numeriche', immagini 'di sintesi': si parla -nella simulazione virtuale- di 'de-figurazione' [2]. Gli oggetti reali, nel loro riflesso multimediale, diventano virtuali come

---

esprimersi visivamente o di utilizzare immagini per comunicare. Ci si rivolgi ai professionisti per questo. Alla luce dell'evidenza che la vista binoculare è stato un puntello del bagaglio di strumenti di sopravvivenza della nostra specie per milioni di anni, non è strano che la comunicazione visiva non sia un linguaggio comune al di fuori delle agenzie di pubblicità e delle scuole d'arte? I bulbi oculari, dopo tutto, sono il punto in cui il cervello incontra il mondo il che significa che dovrà succedere qualcosa senza precedenti alle nostre menti, come risultato di questo nuovo miglioramento in fatto di input ottico. Alcuni ricercatori giapponesi ritengono che questo sia il punto di forza della tecnologia giapponese, in cui nuove interfacce per computer e mezzi di comunicazione possono accordarsi con le abilità particolari dell'inclinazione mentale accompagna la scorrevolezza nella lingua scritta giapponese. La scrittura giapponese, basata sui pittogrammi *Kanji* di origine cinese che mantengono ancora un contenuto pittorico oltre che semantico, è per sua natura un linguaggio visivamente ricco. Persone ed alberi, buoi e fiumi, forze naturali ed attività umane riconoscibile sembrano balzar fuori da certe immagini *Kanji* quando vengono indicate. Imparare ad esprimersi in *kanji* richiede una specie di addestramento al pensiero visivo. I bambini americani imparano 26 lettere, di solito scritte a matita. I bambini giapponesi imparano a dipingere centinaia di pittogrammi. Almeno un autorevole ricercatore giapponese ha affermato che a causa del pensiero pittorico stimolato dal *kanji* i lettori giapponesi utilizzano una parte differente del loro cervello rispetto ai lettori di linguaggi alfabetici. In America e nel resto del mondo non - *Kanji*, le nuove tecnologie di comunicazione e le nuove conoscenze sul funzionamento della mente umana stanno cambiando l'atteggiamento tradizionale secondo il quale l'espressione visiva è riservata soltanto a chi ha 'talento'. E la velocità del cambiamento sembra in fase di accelerazione a causa del continuo sviluppo di personal computer basati sulla grafica. Inoltre, la nuova rivoluzione non riguarda solo nuovi strumenti ma, come tutte le rivoluzioni, comporta un nuovo modo di vedere».

[1] Ph. Quéau, *Éloge de la simulation. De la vie des langages à la synthèse des images*, Champ Vallon 1986, p. 63: «Il virtuale ci fa vedere il mondo come un'immagine e le immagini come mondi. Da una parte semplifica il nostro sguardo sul reale e lo impoverisce 'numerizzandolo', dall'altra ci fa abitare le immagini come se fossero 'mondi'». «Ogni immagine virtuale rinvia ad altre immagini virtuali e dunque a saperi possibili. Ma non tutte le immagini si lasciano comprendere facilmente: spesso esse non sono nient'altro che apparenza. Ciò che si può cogliere attraverso le immagini è la via d'accesso ai modelli. Ma è anche ciò che esse si sforzano di nascondere. E questa illusione propria del virtuale, che va ben al di là di quella creata dalle immagini tradizionali, perché ci inganna sulla nostra stessa capacità di comprendere. L'immagine non è intelligibile in sé, ma ci deve mettere sulla strada verso l'intelligibile contenuto nei modelli»; cfr R. Alquati, *Alcune annotazioni sistematiche sul virtuale*, in AA.VV., *Sul virtuale*, Torino 1994, pp. 3-4; P. Curran, *Des objects virtuels aux univers virtuels*, in «Commucation et langages», 1994 n 99, p. 108.

[2] Ph. Quéau, *Per un etica del viso*, in «Virtual» 1994 n° 7, p. 72: «Le immagini clonate dei nostri visi si moltiplicheranno presto nelle reti e sugli schermi, non c'è alcun dubbio che avremo molto da perdere in questa proliferazione. Ci presteremo a una sorta di de-figurazione. Perché le immagini non sono mai innocenti. Non sono mai immagini di per se stesse ma rinviano necessariamente a ciò di cui esse sono l'immagine. Ora i cloni non rinviano a nient'altro che ad astrazioni, mentre sembrano evocare il segno apparente di visi reali. Questi cloni virtuali sono immagini decadute che non designano mai ciò che sostituiscono e che non esprimono più di quanto non occultino qualcosa di ineffabile. C'è modo di credere che esse ci trascinino nella loro decadenza e che facciano perdere anche a noi il ricordo dell'ineffabile. Il ciberspazio ci immergerà collettivamente in un luogo la cui poetica rimane da creare. In questo mondo virtuale non c'è da dubitare che saremo confrontati a molteplici "visi", che a poco e poco ci svuoteranno (attraverso la loro evidenza impudente) del nostro

si verifica nel denaro che da metallo prezioso diventa percorrendo tutte le forme mediatiche, dallo scritto fino al denaro virtuale delle reti di scambio a distanza, simultaneizzando e dematerializzando la trattativa pecuniaria [1]. In questo senso, esso non è più supporto (aureo) di valore ma direttamente valore, sbilanciando la configurazione previa dei valori nel loro profilo etico [2]. Anzi, il denaro virtualizzato sconfina oltre alle potenzialità odierne dell'immaginario ed apre nuovi orizzonti in termini pecuniari per impostare
monetariamente il futuro (magari in modo incontrollabile) [3]. Con questi spostamenti,

---

proprio, della nostra propria visione. Le comunità virtuali di domano saranno evidentemente vuote, svuotate di ciò che ci rende umani: l'intuizione dell'alterità radicale dell'altro al di là di ogni somiglianza, e anche l'intuizione dell'alterità radicale dell'altro, alla luce della sua semplice Presenza».

1 J.-P. Hébert, *L'économie, est-ce la guerre?*, in «Documents épiscopat», 2001 n° 15-16, pp. 19-20: «La monnaie s'est historiquement dégagée de ses formes matérielles, passant du métal précieux (mais pesant) au billet, puis à la monnaie scripturale qui n'existe que par une inscription, encore visible quand elle était faite dans des livres de compte, mais pratiquement insaisissable par les sens quand elle n'est plus que stockage dans une mémoire d'ordinateur. Cette dématérialisation, qui rend la monnaie de plus en plus abstraite, étend son champ de circulation. Moins la monnaie est dépendante d'une forme matérielle quelconque, plus elle est apte à permettre toute transaction, tout échange, toute possession. De la même façon, son rôle d' «équivalent général» se trouve renforcé. En ce sens, la fonction «libératrice» de la monnaie se développe: elle permet d'échapper aux contraintes concrètes de l'échange ou aux contraintes de durée. La monnaie abstraite est impérissable. Son possesseur n'est plus limité comme il le serait par un échange de troc. Elle ouvre un champ illimité de potentialités: non pas au sens où tout serait possible à la fois mais au sens où, dans la limite de la quantité de monnaie mobilisable, n'importe quel usage est possible. Cette liberté générale est un attracteur puissant, qui a le mérite de détourner les énergies d'une violence immédiate. Peut-être même la monnaie peut-elle être considérée comme une «sublimation» de la violence: ayant la capacité de virtualiser (au sens où on parle d'images virtuelles sur les écrans) n'importe quel rêve, elle peut aussi virtualiser la violence».

2 J.-P. Hébert, *L'économie, est-ce la guerre?*, in «Documents épiscopat», 2001 n° 15-16, p. 20: «La monnaie, parce qu'elle est équivalent général, est valeur. Du rôle d'«expression (et mesure) de la valeur», elle devient «valeur» par elle-même, valeur fondamentale, générale, universellement reconnue. Par là même, elle dévalorise tout le reste, et donc tout autre système de valeurs. Ce qui est très précisément la ruine (au moins potentielle) de toute éthique. Qu'est-ce que le discrédit des utopies, des idéaux, des «vieilles lunes», des «beaux sentiments», sinon le constat que ce sont des chimères coûteuses ou insuffisamment rentables? Le cynisme n'est pas un chant désespéré, c'est la petite mélodie entêtante que jouent les pièces d'or rebondissant sur les pavés de nos bonnes intentions. La solidarité, la fraternité, l'égalité, la dignité, la liberté n'ont pas de prix et pas de dividendes. Elles sont donc de moins en moins aptes à soutenir la concurrence avec un système de valeur qui se réduit à une valeur unique, d'autant moins contraignante à première vue qu'elle n'a par elle-même aucune implication morale, ni politique, ni autre».

3 J.-P. Hébert, *L'économie, est-ce la guerre?*, in «Documents épiscopat», 2001 n° 15-16, p. 21: «Pour les mêmes raisons, la monnaie supplante le rêve. Par sa potentialité indéfinie, donc presque infinie, elle évince l'imagination, la vision, l'effort de l'esprit pour fabriquer l'avenir. La relation à l'avenir ne peut être pensée que dans les catégories monétaires. Il ne peut plus y avoir de prophète. Un prophète ne peut être riche, ni un riche prophète, puisqu'il y faut justement une disponibilité, une gratuité, pour pouvoir parler de pure grâce, pour consentir à être l'instrument d'une parole, pour se prêter sans se louer. Cette ruine de la parole de sens, du verbe d'avenir n'a rien à voir avec une quelconque

non si potrà più - nella virtualità- relazionarsi nei sentimenti, o cioè incarnare emotivamente, come succedeva prima nell'esperienza ormai sfuggita dal nostro controllo di impostazione [1].

uniformisation de masse: n'ayant aucune forme idéologique concrète, la monnaie peut parfaitement s'accommoder de la multiplicité. On «déclinera» les moyens du rêve, on créera des familles de produits censés être porteurs d'imaginaire. Si le consommateur veut de la diversité et est prêt à la payer, alors va pour la diversité! L'extension de la sphère monétaire tend à fabriquer un individu calculateur, muré dans un autisme mercantile, dont tous les comportements, même ceux de coopération ou de solidarité, ne sont que le résultat d'un calcul coût-avantage, Tel est en tout cas la norme implicite que «l'idéologie monétaire» tend à développer. Cette violence dévalorise - donc ruine -tout système social. Cette destruction est une violence, qui peut aller jusqu'à la violence physique la plus réelle: prostitution, drogue, trafics d'organes humains sont l'annexion par la sphère monétaire de l'amour, du rêve et du don. Ces phénomènes ne sont pas des «perversions» de la logique monétaire, mais s'inscrivent dans son droit fil. Qu'ils soient aujourd'hui illégaux ne doit pas faire illusion : un jour viendra, si l'on n'y prend garde, où, purgés de leur organisation criminelle devenue obsolète, ils seront des industries ayant pignon sur rue».

1 M. Pentenero, *Dell'operatività virtuale*, in AA. VV., *Sul virtuale*, Torino 1994, p. 29: «Come interpretare l'insorgenza del virtuale e la possibilità di un nuovo mondo simulato? Chi ce lo propone e con quali fini? E un effetto di sistema, di un sistema che ormai procede sotto la spinta autotelica dei suoi apparati tecnologici integrati, o è l'espressione di un nuovo bisogno sociale collettivo? Quali le prerogative di chi vivrà nella virtualità? Cosa ne sarà del nostro modo di appercepire ii reale? Cosa diventerà il reale? E i rapporti umani in esso? E la qualità della vita? e l'esperienza umana? Potremo ancora toccare, vedere, godere, desiderare, sognare, sperare? In che modo? Cambierà questo mondo capitalistico basato sullo sfruttamento generalizzato e sull'alienazione imperante? Come dobbiamo porci rispetto a tutto ciò? Sempre l'innovazione quando incalza ci spiazza e ci pone di fronte a interrogativi che non trovano, né forse possono trovare, almeno nel breve periodo, risposte soddisfacenti o anche solo un inquadramento plausibile. È vero: la realtà virtuale è ancora perlopiù una proiezione immaginosa che una realtà di fatto e tuttavia, forse per il fatto che avanza con grandi mezzi e ad opera di soggetti assai potenti e determinati nel perseguire i loro specifici fini di dominio, non possiamo non allarmarci e, nei limiti del possibile, interrogarci».

2° PASSO
L'AFFERMARSI DI TRE MAGGIORI FASCIE COMUNICATIVE ATTRAVERSO LA MULTIMEDIALITÀ: INFORMAZIONE, GESTIONE, SENSIBILIZZAZIONE A DISTANZA

Abbiamo considerato l'impatto della comunicazione multimediale sull'esperienza umana innanzitutto come diacronia dell'intento comunicazionale. Con ciò si evita di spezzettare l'incidenza della comunicazione isolando ogni strumento con una suo condizionamento psicologico proprio, ovviamente poco pertinente [1]. In questo senso conviene considerare la multimedialità nelle sue dimensioni più ampiamente organiche. Ci fermiamo, dunque, alle fasce comunicative quali l'informazione, la gestione a distanza, la strategia coinvolgimento emotivo.

LA FASCIA MULTIMEDIALE INFORMATIVA

Con l'informazione, la compenetrazione tra la materialità dello strumento e l'immaterialità dei contenuti si fa più tangibile: non si può ridurre l'informazione a una entità di sola energia o di sola massa materiale [2]. L'informazione non è 'un qualcosa'

---

[1] R. A. Wicklund - C. Maran, *Intersoggettività e possibili implicazioni dei moderni mezzi di comunicazione*, in D. Fiorensoli, *Oltre il soggetto. Dall'intersoggettività all'agape*, Verona 2004, p. 89: «Ma potrebbe tutto ciò implicare che vi sia la necessità di sviluppare degli speciali principi psicologici per parlare della vita sociale all'interno delle automobili o tra i possessori di automobili? C'è bisogno di una psicologia sociale per Il telefono, distinta da quella per l'interazione faccia-a-faccia? Allo stesso modo, vi è la necessità di una psicologia qualitativamente distinta per le relazioni mediate dal computer? A ciò rispondiamo dicendo che i tipi di contesti fisici (es. aeroplani) e i modi di comunicazione (es. telefono, e-mail) non sono, in se stessi, delle variabili psicologicamente pertinenti. Piuttosto che pensare che ogni nuovo contesto tecnico in qualche modo porti con sé la sua personale psicologia, è importante coordinare le differenze tra i contesti e le differenze tra i modi di comunicare a variabili psicologiche quali la percezione, la motivazione o l'apprendimento. Per cui, quale tipo di percezioni, stati motivazionali o processi di apprendimento differiscono in funzione dei tipi di mediatori tecnici dell'interazione umana?».

[2] J. Heinrichs, *Theory of practical communication: a Christian Approach*, in «Journal of the World Association for Christian Communication», 1981, n 4, p. 11: «If the medium of meaning (M), is taken to mean not just a channel, in the sense of an historically and culturally developed and agreed code, but the *a priori* of the community of communication (Karl-Otto Apel), which is the presupposition of all information and communication in human relationships -if is taken to denote an openness to meaning and a reservoir of meaning which is available to all human subjects equally (together with its biological constants), it can be identified with *information generally as an ontological quantity*. The above diagram also shows that it is *impossible to* -reduce information to energy and mass, as the two aspects of material realty (O), just as Norbert Wiener insists in his well-known thesis: Information

ma è una relazione [1]. Tutti i rami multimediali implicano una dimensione informativa. Qualsiasi messaggio costituisce una informazione e qualsiasi informazione ha in se una dinamica informatica [2]. Allo stesso tempo, si dice che ogni riflesso informativo incide sul cosiddetto sistema nervoso della comunità umana: culturale e sociale [3]. Ogni ferita inferta alla dinamica informativa, nella sua complessità e nel suo impatto particolareggiato, significa anche disordine, incoerenza e trauma per la persona e la società. Se l'informazione raffigura, in qualche modo, il contesto del sistema nervoso o della stessa coscienza inter-umana, si dirà pure, che l'informazione è l'elemento che vivifica la vita di tutti [4]. Si vede, oggi, come la vita stessa sia un gioco informativo e quanto il primo campo ad usufruire della prospettiva informativa sarà proprio lo studio della vita, cioè la ricerca biologica e genetica [5]. Eppure, nella sua incisività immediata,

---

is information, not matter or energy. No materialism which does not admit this can survive at the present day (1)».
((1) N. Wiener, *Cybernetics,* or *Control and Communication in the Animal and the Machine*, New York 1948, p. 155.)

[1] S. H. Katz - W. Buckley, *Le paradigme de l'information*, AA. VV., *Pour une anthropologie fondamentale*, Paris 1974, p. 152: «L'information n'est pas une chose, il n y a pas d'information circulant dans un fil, sortant de la bouche et traversant la pièce; pour des Chinois sans interprètes et ne comprenant pas notre langue, tout ce que nous disons n'est que du bruit. L'information est donc essentiellement une relation (entre au moins deux ensembles en état de contrainte et d interrelations réciproques) susceptible d'être canalisée à travers diverses transformations tout en maintenant une invariance».

[2] J. J. Servan Schreiber, *Le Défi mondial,* Paris 1980, p. 355: «Il faut donc, pour saisir ici l'essence et le rôle de l'information, faire un premier effort d'oubli de sa signification banalisée et limitée. Tout ce qui constitue un message est une information. Un voyant rouge qui s'allume, le cri ou l'odeur d'un animal, le scintillement d'une étoile, une étincelle électrique - constituent, chaque fois, une molécule d'information, un élément informatique».

[3] M. Lubis, *Interaction entre culture et communication,* in «UNESCO», 1979 n° 76, p. 2: «Priver d'information des membres ou des groupes d'une société, empêcher la libre circulation de l'information, instaurer un système de communication à sens unique, monopoliser l'information ou les communications (que ce monopole soit public ou privé) provoquent un désordre du système nerveux de la société qui donnera naissance à une répression culturelle au sens le plus large».

[4] C. Guinchat - M. Menou, *Introduction générale aux sciences et techniques de l'information et de la documentation*, Paris 1981, p. 17: «A une époque où la science domine la vie de tous, l'élément qui la vivifie, l'information, est d'une importance majeure pour la société universelle. Le transfert de l'information scientifique et technique est le préalable nécessaire à tout progrès économique et social. Le progrès technique, en effet, facteur d'augmentation de la productivité et de la richesse nationale, est fonction de deux éléments fondamentaux: l'innovation; l'amélioration des procédés et des méthodes utilisées ultérieurement. L'application de ces facteurs de développement, fruit de la recherche scientifique, dépend directement de l'accès aux découvertes. En ce domaine, tout retard d'information, toute lacune signifie stagnation, sinon régression».

[5] J. J. Servan Schreiber, *Le Défi mondial,* Paris 1980, p. 448: «En somme, jusqu'à présent, nous n'avons exploré et domestiqué le potentiel de la science et de la technologie que sous un seul angle: celui des progrès de la micro-électronique. Voici l'étape suivante abordée: l'exploitation des richesses que recèle l'information transmise à travers la chaîne génétique elle-même. Cette information est transportée par l'ADN, sorte de "chip" génétique. En combinant les informations de divers circuits génétiques, une ingénierie adaptée, plus fine que celle de toutes nos sciences électroniques, sait

l'informazione comincia col disturbare il quadro stabilito dell'esistenza nella misura in cui essa è *non-prevista, non-attesa, non inquadrata.* L'informazione si muove con un impatto che viene chiamato non-ordine-abituale-e-prevedibile [1]. Con questo primo accenno, ci riallacciamo con il primo 'momento' dell'evento comunicativo: il balzo dell'intelletto con l'editoria di massa e la distribuzione ad ampio raggio dei messaggi. La via informativa è una risposta inventiva. Nella massima informazione sembra esservi l'unica strada per uscire dai vicoli ciechi del destino. Diventa inevitabile e prioritario per l'umanità poter scoprire, discernere ed ammaestrare l'insieme delle informazioni indispensabili alla sua sopravvivenza nonché alla sua iniziativa operativa [2]. Qui, troviamo un eco del secondo punto d'impatto dell'evento comunicativo: la 'molla' per l'azione emancipata. Ma la società di informazione sembra anche configurarsi come una valanga e a un diluvio o un maremoto di informazioni che si spargono tanto da sommergere il ricettore e tutta la comunità umana lasciandola intellettualmente interdetta ed operativamente travolta. Tutta la persona e l'intera società si trovano coinvolte 'volente nolente'. Il rischio è di moltiplicare informazioni ripetitive [3]. Si intrecciano la sete di informazione e la saturazione emotivamente pungente d'informazioni [4]. La piattaforma informativa, sommergendoci di dati, svela

---

maintenant aboutir à un véritable "travail" de création, de production, dont la puissance sera à celle du microprocesseur ce que celle-ci est, aujourd'hui, aux mécaniques qu'il remplace».

1 U. Eco, *Opera aperta*, Torino 1976, p. 111: «Noi stiamo dunque esaminando la possibilità di veicolare una *informazione* che non sia "significato" abituale *attraverso un impiego delle strutture convenzionali di un linguaggio, che si opponga alle leggi di probabilità che lo regolano dall'interno.* In tale caso, di conseguenza, l'informazione sarebbe associata non all'ordine ma al *disordine,* almeno a un certo tipo di *non-ordine-abituabile-e-prevedibile.* È stato detto che la misura positiva di una tale informazione (in quanto distinta dal significato) sia l'entropia. Ma se l'entropia è il disordine al massimo grado e - in seno ad essa – la coesistenza di *tutte* le probabilità e di *nessuna,* allora l'informazione data da un messaggio organizzato intenzionalmente (messaggio poetico o comune) apparirà solo come una particolarissima forma di disordine: un disordine che appare tale in quanto parte da un ordine preesistente. Si può ancora parlare di entropia a questo proposito?».

2 UNESCO, *Comprendre pour agir*, Paris 1977, p. 375: «L'information est devenue une base essentielle du progrès de la civilisation et de la société. Il est largement reconnu, aujourd'hui, que le manque d'informations et de moyens efficaces d'échanger des informations est un des facteurs qui entravent le développement économique et social des peuples, Ainsi, le problème de l'information n'est pas autre chose que le problème de la gestion du savoir humain -- de la mémoire collective que la société doit apprendre à maîtriser efficacement et à utiliser pour pouvoir progresser».

3 J. Cazeneuve, *L'homme téléspectateur*, Paris 1974, pp. 64-65 : «Quelques chiffres suffisent à faire évaluer la part de cette croissance de la communication dans «l'encombrement» de la société moderne, sur lequel Louis Armand a judicieusement attiré l'attention. En France, rappelle-t-il, l'Agence France Presse émet environ 500.000 mots par jour, la presse quotidienne comporte près de 14.500 titres, la radio émet pour presque tous les foyers et 10 millions de postes récepteurs captent les émissions de deux ou trois chaînes. Il faut ajouter à cela que les informations sont stockées dans des livres, sur des disques, des bandes magnétiques, de sorte que la communication est établie dans le temps et répétitive presque à l'infini».

4 C. Pagano, *L'Économie des signes,* in AA.VV. *Formation et information,* Paris 1983, p. 39: «Une société d'information? C'est ce que nous venons de voir; et les mots tels que "avalanche", "déluge",

innanzitutto la crescente complessità dell'avventura umana nel pensare e nell'agire [1]. 'Vedendo' l'intreccio così fitto e talvolta inestricabile, l'azione si ferma. I dati ci invadono come tante immagini e ci paralizzano. Giungiamo, così, al nostro quarto rilievo: la complessità più direttamente percepita tanto da portare ad una indecisione, o a una riconsiderazione dei parametri dell'azione. Corrispondentemente l'informazione crea un intreccio di dati su tutto e su tutti, tanto che i diversi campi dell'azione e del pensiero devono necessariamente tener conto gli uni degli altri [2]. Non si può più considerare una via conoscitiva o una via di attuazione come un vaso chiuso che, tramite i suoi particolari segreti -che si conservano e si difendono corporativamente- dia accesso in modo riservato alla conoscenza o alla operatività. L'interrelazionalità e l'interdisciplinarietà si affermano come un imperativo

---

"raz-de-marée" ne suffisent plus à la décrire. Pourtant, "jamais le besoin d'être informé n'a été aussi grand qu'aujourd'hui et n'a été si souvent reconnu. Mais on se trouve à cet égard en face d'un double problème apparemment contradictoire. D'un côté on se plaint, à juste titre, de l'insuffisance des informations disponibles qui est due soit à l'imperfection de l'appareil statistique, soit encore à des habitudes acquises depuis longtemps (secret des affaires, habitude ancrée de gouvernants à cacher au public les faits les plus significatifs, etc...); mais d'un autre côté, les individus aussi bien que les entreprises ne savent souvent que faire de la massa d'informations qui leur arrive tous les jours par différents canaux: radio, presse, télévision, livres nouveaux..." *».
(* *De l'information à la formation*, LE MONDE. 24.2.1970.)

[1] UNESCO, *Informatics, a Vital Factor for Development*, Lausanne 1982, p. 11: «The interrelations within contemporary society grow in complexity day by day, and one of the inevitable consequences is that an ever-increasing volume of data and information must be handled (a). Data and information have thus become a necessary component in the dynamics of social evolution and particularly so in societies where technology and services play a significant role--as well as in relations among nations. They constitute a key element in decision-making at the most varied levels. As knowledge advances and its applications become more diverse and call for further research, precise information concerning the state of a problem, and even of how it is likely to evolve, is necessary before action can be undertaken. Hence the rational utilization of natural and human resources, scientific and technological development as well as agricultural and industrial progress and the advance of culture and social welfare demand increasingly efficient data handling and access to the most diversified and comprehensive information».
((a) The IFIP--ICC Vocabulary (North Holland, 1966), suggests that data are a representation of facts or ideas in a formalized manner, whereas information is the meaning a human assigns to data by means of the known conventions used in its representation. In the Unesco Secretariat, the General Information Programme (PGI), which is discussed in Chapter 1, is distinct from the Informatics Programme.)

[2] UNESCO, *Comprendre pour agir*, Paris 1977, p. 380: «Il semble que la situation actuelle de l'information se caractérise par une double tendance à l'intégration. Sur le plan des disciplines, les approches isolées ne se justifient plus: les principes, les méthodes, les normes de traitement de l'information sont les mêmes, quelle que soit la matière à laquelle on a affaire; ainsi les instruments méthodologiques mis au point pour traiter de l'information scientifique et technique sont-ils applicables à l'ensemble des domaines du savoir. De même, sur le plan institutionnel, il y a, par-delà les problèmes spécifiques liés aux missions particulières d'organismes divers comme les bibliothèques, les centres de documentation ou les archives, des démarches, des méthodes et des technologies qui sont communes et autorisent à considérer l'ensemble des services d'information comme un système dont le fonctionnement et le développement appellent des approches semblables».

insostituibile, se si vuole arrivare ad un discernimento operativo nell'infinito numero dei dati che si possono raccogliere. Dalla complessità a questo tessuto di complementarietà nelle discipline e nei metodi, le strutture stesse della conoscenza acquisita vengono sciolte in quanto organizzazione stabile e fissa del sapere. Se volessimo suggerire il punto 'dolens', andrebbe -forse- richiamata l'attenzione su certi divari che 'covavano' nella esperienza detta 'moderna' e che risucchiano implosivamente tutto ciò che li circonda in una 'rottura' comunicativamente percepita. Questi divari sono le 'distanze' tra il cosiddetto 'progresso moderno' e le simboliche arcaiche nuovamente affermatesi nella soglia 'post-moderna' (cfr infra). Di fonte all informazione si muove forse- un altro ambito della conoscenza, che sia specifico e non parte integrante di essa? L'approccio antropologico comunicazionale nella sua indagine- osserva la dipendenza della riflessione filosofica dagli eventi e fatti dell'esperienza umana, articolandosi come un sistema di codifica riguardo all'osservazione di essi [1].

LA FASCIA MULTIMEDIALE DELLA GESTIONE A DISTANZA

Non solo il sapere viene promosso dalla multimedialità, ma anche la capacità di operare, magari a distanza e tramite gli strani strumenti che fanno fare delle cose. Si danno ordini e si fanno
ordinazioni, si articola e si struttura, si organizza e si esegue un insieme di intenti. Si dirà (Ruesch,
Bateson) che la comunicazione è la matrice o la rete sottostante per tutta l'operatività umana [2]. Ma la dinamica comunicativa si auto-gestisce anche, o detto diversamente, si

---

1 H. Frank, *La cybernétique et la philosophie*, in AA. VV., *Le dossier de la cybernétique*, Paris 1968, p. 291: «D'autre part, la réflexion philosophique n'est pas indépendante des faits et des événements observables dans la nature ou dans la société, et l'on ne peut nier l'influence qu'exerce la philosophie sur le développement des sciences, des arts, du droit, etc. On pourrait, dès lors essayer de calculer la quantité d'information qui a été projetée dans le monde réel (physique ou social) par certaines œuvres philosophiques, et la comparer avec l'information transmise par les mêmes œuvres à d'autres parties de la littérature philosophique. II deviendrait alors possible de considérer la philosophie comme un système de codification des observations. On pourrait tenter d'évaluer l'efficacité de ce système, soit du point de vue de la redondance, soit du point de vue de l'assurance contre les erreurs, etc. II en résulterait, cette fois, une «cybernétique de la philosophie» qui pourrait, à son tour, être regardée comme objet nouveau d'une philosophie plus élevée, et ainsi de suite».

2 A. Pasquali, *Faut-il comprendre les médias ou la Communication (La culture et la communication)*, in «Cultures», 1979 n° 3, p. 19: «Des énoncés aussi lapidaires que ceux de Ruesch et de Bateson (1955) qu'il vaut la peine de reproduire *in extenso* «La communication est la matrice dans laquelle sont enclavées toutes les activités humaines... et le dénominateur commun des différents champs des sciences sociales..., fondement d'une théorie unitaire du comportement humain... Quand on étudie le rapport entre des entités, on rencontre des problèmes de communication... S'intéresser à la communication revient à adopter une position scientifique définie qui concentre son attention et son intérêt sur les relations humaines. Une communication réussie est synonyme de vie et d'adaptation...

auto-pilota: si prospetta tutto l'ambito della cibernetica e della teoria dell'informazione [1]. La comunicazione non si presenta come principio, come una teoria, o come una inquadratura predeterminata. Come abbiamo già accennato, essa si presenta come una metodologia totale di esistenza nella sua dimensione operativa. Se è metodologia totale, vuol dire che si estende (senza esaurire) dall'esperienza umana più elementari fino ai dati più sofisticati. Però, metodologia operativa totale vuol dire anche metodo riconosciuto dall'uso comune. Quale può essere un tale metodo comune? Si potrebbe parlare, a questo proposito, di una scienza del movimento. La cibernetica diventa il secondo momento della rivoluzione industriale con le sue macchine intelligenti [2]. Il movimento o l'azione deve avere una sua coerenza per ottenere degli effetti. Si parlerà

Toutes les anomalies de la conduite sont considérées comme des troubles de la communication... La thérapie psychiatrique a pour objectif d'améliorer le système de communication du patient...» des énoncés comme ceux-là peuvent être rangés parmi ceux qui sont formulés tons les cinquante ans par une science et qui possèdent un poids suffisant pour permettre des tournants essentiels, générateurs de synthèse, dans leur domaine propre, voire dans d'autres».

1 ENCYCLOPAEDIA BRITANNICA, *The New Encyclopaedia Britannica. Macropaedia*, Chicago 1973-1974, vol. 6, p. 580: «Information. BIBLIOGRAPHY. C. E. Shannon and Warren Weaver, *The Mathematical Theory of Communication* (1949), the classic in which information theory was first developed; R. O. Gallager, *Information Theory and Reliable Communication* (1968), a comprehensive modern text; Jr. Pierce, *Symbols, Signals, and Noise: The Nature and Process of Communication* (1961); and 0. Raisbeck, *Information Theory: An Introduction for Scientists and Engineers* (1964), two non-mathematical introductions; Ms. Pinsker, *Information and Information Stability of Random Variables and Processes* (1964; orig. pub. in Russian, 1960), a very general and abstract work on the development of coding theorems; Jacob Wolfowitz, *Coding Theorems of Information Theory,* 2nd ed. (1964), classic on the mathematical development of coding theorems; T. Berger, *Rate Distortion Theory: A Mathematical Basis for Data Compression* (1911), a comprehensive modern treatment of source coding with a distortion measure; Er. Berlckamp, *Algebraic Coding Theory* (1968), a comprehensive modern treatment of block codes; W.W. Peterson, *Error-Correcting Codes*(1961), an earlier less abstract work on the development of coding techniques; Special Issue on Error Correcting Codes, *IEEE Trans. on Communication Technology* (October 1971), a series of articles dealing with applications of coding techniques; Norbert Wiener, *Extrapolation, Interpolation, and Smoothing of Stationary Time Series, with Engineering Applications* (1949), a classic on the development of filtering and prediction; An. Kolmoorov, *Interpolation and Extrapolation of Stationary Random Sequences*, *Izr. Akad. Nauk SSSR,* Ser. Mat., vol. 5, no. 3 (1941) a classic on the independent development of filtering and prediction; Xl. Van Trees, *Detection, Estimation, and hiodulation Theory,* 3 Pt. (1968-71), a comprehensive treatment of communication applications of filtering and prediction theory; Am. Yaolom, *An Introduction to the Theory of Stationary Random Functions,* rev. ed. (Eng. trans. 1962), comprehensive treatment of filtering and prediction theory. Ce. Shannon, Communication Theory of Secrecy Systems, *Bell Syst. Tech. J.,* 28:656 715 (1949), a classic in cryptography; W.W. Garner, *Uncertainty and Structure As Psychological Concepts* (1962), with some applications».

2 G. R. Boulanger, *Qu'est-ce que la cybernétique?,* in AA.VV., *Le dossier de la cybernétique,* Paris 1968, p. 14: «Du point de vue technique, la cybernétique constitue la véritable clef de voûte de la seconde révolution industrielle, caractérisée par l'apparition des machines dites intellectuelles comme le fut la première au siècle dernier par l'expansion du machinisme de force. Sous son impulsion, on assiste aujourd'hui à un développement intensif des machines réflexes qui, partant des régulateurs les plus simples, conduit tout droit à l'usine automatique en passant par des réalisations aussi spectaculaires que l'avion-robot ou que le pilotage automatique des automobiles sur les autostrades».

perciò della comune necessità di un sistema operativo [1]. Il sistema non appare a prima vista e non è direttamente percettibile [2]. Non si tratta evidentemente di qualsiasi movimento ma della comunicazione esaminata nella sua dinamica di percorso per raggiungere gli altri e se stessi. Si tratta, dunque, di un processo motivato, guidato, controllato. Esiste un nome per questa ricerca metodologica: la cibernetica [3]. Essa sarebbe una scienza della guida nella comunicazione all'interno e tra organismi vivi e non vivi. Anzi, i pionieri della cibernetica notarono una somiglianza tra l'agire degli impianti automatici e degli organismi vivi e motivati [4]. Si è detto anche che la cibernetica è un insieme di mezzi messi in opera per raggiungere uno scopo tramite una motivazione codificata e un ordinamento operativo [5]. Ci si interessa più a ciò che

---

1 F. E. Mairlot, *La cybernétique, science de l'invariant, et son impact sur la solution des problèmes réels*, in AA. VV., *Scientific Methods and Actual Problems*, Namur 1975, pp. 36-37: «Les caractéristiques fondamentales du champ d'étude de la cybernétique, ou du système en tant que forme, seront représentées par quatre aspects: 1. le système est réalisé an moyen de composants constitués d'éléments constitutifs d'une part, capables de se relier activement en un moment donné de l'autre; 2. ces composants deviennent une totalité grâce à la signifiance qu'ils acquièrent, c'est-à-dire an sens-direction dont le système est empreint. La signifiance est le principe unificateur de l'ensemble des composants pour en faire une totalité fonctionnelle. Cette notion est capitale pour bien poser le système ou le comprendre. Bien des problèmes réels résultent de sa méconnaissance».

2 F. E. Mairlot, *La cybernétique, science de l'invariant, et son impact sur la solution des problèmes réels*, in AA. VV., *Scientific Methods and Actual Problems*, Namur 1975, p. 37: «Deux constatations se dégagent à ce moment. En premier lieu, ce qui rend le système possible, existant, réel ne se limite pas au phénoménal. Il est *sous-tendu par une réalité non directement perceptible,* et qui de ce fait, n'apparaît qu'en un deuxième temps de l'étude».

3 G. R. Boulanger, *Qu'est-ce que la cybernétique?,* in AA.VV., *Le dossier de la cybernétique,* Paris 1968, pp. 13-14: «Étymologiquement, la cybernétique serait donc une science du pilotage, du gouvernement, du contrôle. Mais dès l'origine, Wiener en donne une définition plus précise en sous-titre de l'ouvrage qu'il publie en 1948 sous le titre *Cybernetics:* la cybernétique sera la science du contrôle et de la communication chez l'animal et dans la machine. La cybernétique apparaît ainsi comme la science qui s'est donné pour objet l'étude des systèmes vivants et non vivants que l'on peut qualifier d'autogouvernés, par opposition aux mécanismes dits «automatiques» au sens ordinaire du mot. Et la définition de la cybernétique donnée en 1948 par Wiener malgré les sollicitations diverses dont elle a été l'objet me paraît, aujourd'hui encore, la meilleure et la plus complète».

4 S. I. Hayakawa, *The Use and Misuse of Language*, New York 1962, p. 25: «There is evidence that his vision (an empirical science of man formulated in a structural language, like that of mathematical physics) is already in the making. An attack on the problem of constructing such a science has been launched from two directions. On the one hand, the rise of automaton technology (servomechanisms, mechanical brains, etc.) made necessary the development of a structural theory of that technology. Norbert Wiener, a leading theoretician in this field, called the theory *cybernetics.* He has pointed out that in view of the striking analogies between the behavior of automata and the seemingly purposeful behavior of organisms, one might well try to apply cybernetics to a theory of behavior controlled by the homeostatic functions of the nervous system. On the other hand, the new hybrid science of mathematical biology, developed largely by Nicolas Rashevsky and his associates at the University of Chicago, has made the methods of mathematical physics available in the development of a unified theory of the living organism».

5 L. Ectors, *Intelligence, instinct et cybernétique,* in AA.VV., in AA.VV., *Le dossier de la cybernétique,* Paris 1968. pp. 168-169: «La cybernétique est un ensemble de moyens mis en œuvre, avec plus ou moins de réussite, pour atteindre un but. L'intelligence codifie le but à atteindre, le

si muove e alle vie del movimento che alla cosa in se stessa [1]. Se la grande rivoluzione industriale si era poggiata sulla visione meccanicistica, la cibernetica si presenta come chiave di volta della seconda rivoluzione, quella post-moderna, passando dalla macchina meccanica alla macchina intelligente [2]. Il modello degli organismi serve come prospettiva di partenza per avvicinare metodologicamente il movimento, lasciando da parte la questione della composizione propria degli organi in quanto tali (siano essi meccanici, elettronici o biologici). L'immagine della scatola nera illustra una tale metodologia di complessiva relazionalità [3].

LA FASCIA MULTIMEDIALE DI SENSIBILIZZAZIONE EMOTIVA: PUBBLICITÀ, TEMPO LIBERO, DIVERTIMENTO

Fermiamoci all aspetto più assestato delle sensibilizzazione multimediale: la promozionalità. La strategia di sensibilizzazione emotiva passa attraverso tutti i rami della multimedialità, a cominciare dalla pubblicità che può diventare commercializzazione ad oltranza. Già nella stampa di attualità, la pubblicità aumenta dopo la 1° guerra mondiale europea, per raddoppiare dopo la 2° guerra mondiale [4].

---

conçoit, trouve une motivation, fait apparaître dans une activité désordonnée l'idéal à obtenir et à réaliser. L'intelligence humaine impose à la machine cybernétique sa motivation, même lorsque la capacité de réalisation de la machine dépasse celle de l'homme. Pour créer une motivation, un idéal à atteindre, le cerveau ne fait pas usage des méthodes cybernétiques actuelles».

[1] R. J. Van Egten, *Automation et cybernétique*, in AA.VV., *Le dossier de la cybernétique,* Paris 1968, p. 134: «La cybernétique, dès l'abord, s'intéresse au *comportement probable de la chose qui bouge,* mais ne manifeste qu'une attention polie a la *chose elle-même.* L'ensemble des comportements constitue une *action* dont la cybernétique veut qu'elle soit *efficace,* ce qui implique l'existence d'un *but*».

[2] G. R. Boulanger, *Qu'est-ce que la cybernétique?,* in AA.VV., *Le dossier de la cybernétique,* Paris 1968, p. 14 (citato supra).

[3] A. A. Moles, *Objet, méthode et axiomatique de la cybernétique,* in AA.VV., *Le dossier de la cybernétique,* Paris 1968, p. 48: «La cybernétique est définie comme une science des organismes, indépendamment de la nature physique des organes qui les constituent. Elle cherche ce qu'il y a de commun entre les assemblages en un tout d'éléments reconnaissables, en voulant systématiquement ignorer, au titre d'attitude méthodologique, si ces organes sont des pièces mécaniques, des éléments électroniques ou des organes biologiques au sens classique du terme. Elle exprime fortement cette attitude dans le concept de «boîte noire» (black box) cette boîte fonctionnelle comportant une entrée, à laquelle on applique une grandeur du monde physique, une sortie de laquelle apparaît une autre grandeur de ce monde physique, enfin une fonction, traduite par une étiquette collée sur la boîte, et qui exprime les variations de la grandeur de sortie en fonction de la grandeur d'entrée. Cette boîte est pour le cybernéticien l'atome de structure, l'élément simple du monde des organismes et il cherche des lois d'assemblage qui permettent d'expliquer les propriétés générales de l'organisme, à partir de la synthèse de tels éléments simples (1)».
((1) La black box contient autant d'information que le système mais l'intérieur en est noir, ce qui signifie qu'il est impossible d'y voir quoi que ce soit. La structure interne de la boîte noire est donc *aussi inconnaissable que le système dont elle est le modèle.*)

[4] B. H. Bagdikian, *Some Peculiarities in American News,* in D. J. Leroy Ch. H. Sterling, *Mass News,*

Volendo anche qui prospettare queste chiavi in senso più antropologico (superando la impostazione di mercato che poggia sulla advertising), si parlerà di offerta di totalità, prossimità, immaginario. Manca una definizione concorde sulla pubblicità [1], essa rientra difficilmente nelle categorie sociologiche esistenti [2]. D'altra parte, il sistema pubblicitario del marketing ha sagomato (dato una forma) la comunicazione come

---

New Jersey 1973, p. 26: «Since World War I the number of individual newspapers has declined, though the surviving papers have become fatter and devote a larger percentage of their space to advertisements. Since World War II advertising content in daily papers has gone from 52 percent to 61 percent, the size of papers from twenty-two pages a day, of which eleven were ads, to fifty pages in 1965 for the average daily, of which thirty were ads».

1 A. Tempest, *Tendencias actuales de la publicidad en Europa*, Madrid 1991, pp. 32-33: «No existe ninguna definición completa de la publicidad. En el Panorama de la industria comunitaria que publica todos los años la Comisión, se da la siguiente definición: «La publicidad es el procedimiento mediante el que los proveedores de bienes, de servicios o ideas encuentran y persuaden a los clientes a través de los medios de comunicación. Es un elemento clave de la mercadotecnia, que es función de la planifica ción estratégica mediante la que se desarrollan los productos, se hacen atractivos y accesibles a los usuarios y se venden con un beneficio. En pocas palabras, la publicidad es sinónimo de capacidad de venta a través de los medios de comunicación. Los cinco principales medios de comunicación son la prensa escrita, la televisión, la radio, el cine y la publicidad exterior.» La mayor parte de los legisladores se ha limitado a regular ciertos aspectos comerciales de la publicidad. Por ejemplo, la Directiva de la CEE sobre publicidad engañosa (84/450/CEE, de 10 de septiembre de 1984), precisa que: «... el término "publicidad" engloba a toda forma de comunicación realizada en el marco de una actividad comercial, industrial, artesanal o liberal con el fin de promover el suministro de bienes o la prestación de servicios, incluidos los bienes inmuebles, los derechos y las obligaciones.»».

2 A. Zanacchi, *Dolus Bonus. La pubblicità tra servizio e violenza*, (EURISPES) Roma 1994, p. 45: «Bisogna dire, tuttavia, che la pubblicità «mal si presta alle definizioni lapidarie, data *la diversità delle forme che può assumere e delle cause che può servire*» [1]. Le definizioni ufficiali appena riportate peccano infatti di una certa genericità che potrebbe, in parte, essere superata con questa formulazione: *la pubblicità è una forma di comunicazione impersonale, diffusa da soggetti economici identificabili, attraverso qualsiasi mezzo, che tende in modo intenzionale e sistematico ad influenzare gli atteggiamenti e le scelte degli individui relativi sia al consumo di beni e all'utilizzazione di servizi, sia alle imprese che li producono, li commercializzano o li esercitano*. Si evita, con questa definizione, il riferimento al concetto di "promozione" che è fonte di ambiguità, come vedremo tra breve, e si pone maggiormente in evidenza l'aspetto persuasorio della pubblicità, che costituisce una sua caratteristica essenziale; e non si limita l'oggetto della pubblicità ai soli beni o servizi, ma lo si estende ad ogni comunicazione relativa all'impresa nel suo complesso (pubblicità "di immagine" o "istituzionale")».
([1] B. Brochand - J. Lendrevie, *Le regole del gioco. Le Publicitor*, Lupetti & Co., Milano 1986, p. 18.)

multimercato [1]. La pubblicità ha due poli: gli affari e gli utenti [2] -il primo si riferisce

---

[1] S. MacBride, *Many Voices, one World*, London 1980, p. 152: «The content of communication information or entertainment, or a mixture of' the two --is treated as merchandise, marketed and sold in the same way as other commodities. As a number of observers have pointed out, this is a consequence of commercialization which is an economic reality. [1] The "social service" aspect of many communication media and vehicles has diminished, just as the quality of a large portion of information and messages has decreased their value as a social good. This is the inevitable result of "marketing", which conditions all producers' activities, and not necessarily due to their individual qualities and tastes. In a business enterprise, sales and profits are essential considerations in the minds of those who make decisions abort the production of books, films, or television programmes in order to meet competition and ultimately survive. Still, many select information because they feel that it is genuinely needed, or in response to public interest, and promote entertainment chosen for reasons of artistic creativity and originality. A sense of responsibility, a desire for critical esteem, and factors of cultural taste all play their 'part'. For radio and television systems which are public corporations, direct merchandising is minimal. For institutions such as national theatres and opera houses, the annual State subsidy is a greater financial factor than the sale of tickets. For small publishing houses and "fringe" theatres, catering to a minority public, costs are low and profits beyond the necessary basic return are not sought, so that cultural objectives are paramount».
([1] J. Baudrillard, *Pour une critique de l'économie politique du signe*, Paris 1972.)

[2] M. Wolff - W. E. Biernatzki, *The Social and Cultural Effects of Advertising*, in «Communication Research Trends», 1994 n° 1-2, p. 5: «II. Two Research Approaches (Eddie M. Clark, Timothy C. Brock, David W. Stewart (Eds.). Attention, Attitude, and Affect in Response to Advertising. Hillsdale, NJ: Lawrence Erlbaum Associates, 1994 / John C. Maloney. "The First 90 Years of Advertising Research." Chapter 2, in Clark, Brock, and Stewart 1994 (op. cit.). pp. 1354). Advertising can be approached by two main research paths. One deals with ways to devise more effective advertising. Its point of view is that of business. It is responsible for the bulk of the material published on advertising: books on consumer behavior, how-to advertise, marketing guides, and even semiological approaches that explain the complex world of the consumer's preferences. Maloney (1994) notes that many of the research methods used in the study of advertising's effectiveness just after World War II have been called into question by the methodologists of the various academic disciplines involved. One big stumbling block was the large number of factors, apart from advertising, which affected sales. As computers came into widespread use, in the 1960's, sophisticated computerized models were increasingly used to refine theories and procedures. The other path, the critique of advertising, is more from the consumer's point of view. Advertisements are analyzed and their influences on the public are measured, not in terms of buying behavior and sales, as the business-oriented researcher would do, but in terms of psychological, social and cultural changes attributable to advertising. With few exceptions, the critical scholars are negative toward advertising, in contrast to the business point of view. The latter often claim that advertising only mirrors the society in which it exists and that advertising itself is unable to create wants and needs other than those which consumers already experience. Studies from the critical viewpoint nearly all deny this, and a positive or neutral stance seems almost impossible to achieve if one assumes an initially critical perspective. This issue of Trends is an attempt to review some of the latest developments along both paths of research as dispassionately as possible, harkening back to when we last devoted an issue to advertising, twelve years ago (Vol. 3, No. 3, 1982). What is new in the nineties? Are the old criticisms still valid and as vehement as before, or have the two paths come closer together? What is left of the Frankfurt School --the classical critics of the Enlightenment and its progeny, the "cultural industries"? How Marxist are the new critical theories? All these questions might be explored. But the key issues remain, "What is advertising doing to us, to our society and our culture?" and "What, if anything, can, or should we do about it?"».

alla strategia della vendita [1] o scambio su base finanziaria [2], di tipo maggiormente informativo o informazione commerciale [3] dove il criterio commerciale primeggia [4],

---

1 ISTITUTO DELL'AUTODISCIPLINA PUBBLICITARIA, *Codice di autodisciplina pubblicitaria* (edizione in vigore dal 20 aprile 1994 / La 1° edizione del Codice risale al 12 maggio 1966), Milano 1994, p. 33: «e) Definizioni: Agli effetti del Codice il termine "pubblicità" comprende ogni comunicazione, anche istituzionale, diretta a promuovere la vendita di beni o servizi quali che siano i mezzi utilizzati. Il termine "prodotto" comprende qualsiasi oggetto della comunicazione pubblicitaria e si intende perciò esteso anche al servizio, metodo, trattamento e simili. Il termine "messaggio" comprende qualsiasi forma di presentazione al pubblico del prodotto e si intende perciò esteso anche all'imballaggio, alla confezione e simili. Il termine "consumatore" comprende ogni persona cui è indirizzato il messaggio pubblicitario o che sia suscettibile di riceverlo. Agli effetti del Codice di Autodisciplina non costituisce pubblicità la distribuzione a scopo didattico di materiale pubblicitario quando sia richiesto dagli Istituti scolastici pubblici o privati e l'uso avvenga sotto il controllo del personale docente»; J. E. O'Toole, *Is "Advertising Ethics" an Oxymoron?*, pro manuscripto, Seattle, Washington, 1993, p. 1: «Advertising is really a pretty simple, straightforward kind of thing: the mass selling of goods and services through mass communications. It does this by means of messages that, to a greater or lesser degree, are interesting, informative and entertaining. It's not, as the saying goes, rocket science, although its positive effect on the economy far exceeds that of rocket science. Why, then, is there so much distrust of it? Why do I spend so much time in Washington fighting off government attempts to ban or restrict it?». Cfr etiam: DEUTSCHES WERBERAT, Verantwortung des deutschen Werberats zum Thema Herabwürdigung und Diskriminierung von Personen, Fassung von 1991, in idem, Jahrbuch 1994, Bonn 1994, S. 74-75.

2 ADVERTISING BOARD OF THE PHILIPPINES, *Standards of Trade Practices and Conduct in the Advertising Industry*, (revised edition, October 1992 – pro manuscripto), p. 8: «13. ADVERTISING means any paid form of non-personal presentation and selling of ideas, goods, or services by an identified sponsor. ADVERTISING may also be interchangeably used with ADVERTISEMENT or AD in any form of media (print, electronic media including but not limited to radio, TV, cinema, transit-cards, storecasts, promotional collaterals such as leaflets, handbills, brochures, posters, mobiles, point-of-sale materials) or any other communication device designed for public exposure»; A. Gibson - D. Jay - H. Richardson - R. Roach, *Report of the Symposium "Truth in Advertising"*, Toronto 1971, p. V: «Advertising is defined as: "the use of paid overt messages designed to impart information and/or influence or create attitudes among the prospective and actual users of specified goods and services"».

3 DECOS/CELAM, *Vocabulario de la comunicación social*, Bogotá 1988, p. 150: «PUBLICIDAD. Pb. Conjunto de medios que se emplean para divulgar o extender la noticia de las cosas o de los hechos. Su acepción más general es la de "información comercial", la cual ha estado presente en todo el desarrollo del periodismo. En el siglo XVI los impresores que obtenían la concesión real para imprimir periódicos aprovechaban las páginas de la publicación para anunciar los libros editados por la propia imprenta. Pero la constitución de la publicidad comercial tal como hoy se entiende en relación con los medios informativos solo se plantearía hasta mediados del siglo XIX. Emile de Girardin es uno de los primeros promotores periodísticos que ensaya la publicidad como sistema para compensar el déficit que deja la empresa periodística. Los creadores anglosajones de la prensa de "a penique" adoptaron un programa similar. Pronto las grandes tiradas de los rotativos impusieron el hecho de que un periódico sale a la venta con un precio inferior a sus costos de producción. Esta escala ascendente llegó hasta la situación en que los periódicos obtienen por la publicidad cuatro veces de lo que obtienen por la venta directa. Por otra parte el interés del anunciante se dirige hacia las publicaciones con mayor número de lectores para garantizar la máxima expansión de su anuncio. Este factor ha condicionado el predominio de una prensa cuya única finalidad es la conquista del gran público, sin plantearle ninguna exigencia crítica en su lectura».

4 A. Tempest, *Tendencias actuales de la publicidad en Europa*, Madrid 1991, p. 34: «El Código británico da una definición mucho más precisa de la publicidad que, por ejemplo, el «Bureau de

incentrandosi sui prodotti e servizi [1] come programmazione commerciale delle

Verification de la Publicité (BVP)» francés, que afirma que el término "publicidad" se toma en su sentido más amplio, con objeto de abarcar cualquier forma de acción publicitaria en beneficio de los productos, bienes y servicios, independientemente de los medios de comunicación utilizados, incluida la publicidad que figura en los embalajes, las etiquetas y el material que se utiliza en el punto de venta».

[1] INTERNATIONAL CHAMBER OF COMMERCE, *International Code of Advertising Practice*, Paris 1987, p. 6: «DEFINITIONS / For the purpose of this Code: * the term "advertisement" is to be taken in its broadest sense to embrace any form of advertising for goods, services and facilities, irrespective of the medium used and including advertising claims on packs, labels and point of sale material. * the term "product" includes services and facilities. * the term "consumer" refers to any person to whom an advertisement is addressed or who is likely to be reached by it whether as a final consumer or as a trade customer or user. / BASIC PRINCIPLES / All advertising should be legal, decent, honest and truthful. Every advertisement should be prepared with a due sense of social responsibility and should conform to the principles of fair competition, as generally accepted in business. No advertisement should be such as to impair public confidence in advertising»; DOSSIER, BV, *RECOMMANDATIONS, un outil de travail indispensable pour tous les publicitaires*, Paris 1989, section ENFANTSGEN: «PRESSION SUR LES PARENTS / La publicité ne doit pas inciter les enfants d'exercer des pressions exagérées sur leurs parents en leur demandant d'acheter certains produits ou services / JUGEMENT SUR UN PRODUIT / La publicité ne doit pas faire porter par des enfants un jugement sur un produit, bien d'équippement ou service à l'égard duquel ils sont incontestablement dans l'incapacité de formuler une opinion conséquente / LIMITES / La publicité ne doit en aucun cas, lorsqu'elle s'adresse aux enfants: - porter sur un produit qui, par sa nature, sa qualité ou son utilisation, ne devrait pas être mis à la disposition des enfants; - inciter à des abus ou à des excès manifestes; - suggérer des agissements impudents sans correctif positif; - représenter un produit de telle manière qu'une utilisation impropre ou dangereuse puisse être suggérée; - suggérer faussement que la possession ou l'utilisation d'un produit donnera à un enfant un avantage physique, social ou psychologique sur les autres enfants de son âge ou que l'absence de possession de ce produit aura un effet contraire; - minimiser le degré d'habileté, l'âge, la force ou l'adresse requis pour faire usage d'un produit; - ponter un discrédit sur l'autorité, le jugement ou les préférences des parents; - proposer des ventes par correspondance, ventes à crédit, ventes avec primes, cours par correspondance sans accord des parents ou des tuteurs; - convier les enfants à des rencontres organisées à des fins publicitaires qui leur seraient étrangères».

aziende[1], fonte finanziaria della comunicazione stessa [2], diventando metodo di comunicazione o capacità di far passare i messaggi [3]. Si sottolineerà l'inadeguatezza

---

[1] A. Zanacchi, *Dolus Bonus. La pubblicità tra servizio e violenza*, (EURISPES) Roma 1994, p. 23: «AMBIGUITÀ E CONNESSIONI DELLA PUBBLICITÀ / La pubblicità commerciale costituisce una forma particolare di comunicazione, le cui specifiche caratteristiche riflettono la sua funzione primaria, legata agli interessi economici delle imprese. Essa tocca direttamente anche gli interessi economici dei consumatori (o, se si preferisce, dei cittadini in quanto consumatori), dei quali tende a influenzare le scelte relative a prodotti e servizi: e già a questo livello si pone un primo ordine di problemi socialmente rilevanti, connessi alla natura del rapporto comunicativo che la pubblicità pone in essere, in particolare per lo squilibrio che generalmente ne deriva tra la posizione delle imprese e quella dei consumatori. Ma le caratteristiche proprie della pubblicità sono tali da produrre un'ampia serie di effetti che travalicano i confini dell'economia, collocandosi in un'area assai più vasta, entro la quale confluiscono interessi di natura culturale, politica, morale. Come ha notato Gian Luigi Falabrino, la pubblicità «è un fenomeno che nasce da chiari e legittimi intenti commerciali e che strada facendo si complica di ambiguità e connessioni con tutta la vita sociale e politica» [1]. Essa, in realtà, non esaurisce i suoi effetti nell'influenzare comportamenti o atteggiamenti rilevanti per l'impresa o per lo sviluppo economico. Il messaggio pubblicitario non è una comunicazione neutrale che viene lanciata nel vuoto; il messaggio pubblicitario porta necessariamente con sé certi valori culturali ed esercita la sua carica di suggestione in un ambiente che riceve numerosi messaggi - politici, religiosi, morali, civili e così via - con i quali interagisce, determinando effetti che possono andare assai al di là delle intenzioni di chi lo ha emesso per conseguire limitati fini [2]».
((1) G.L. Falabrino, *Pubblicità serva padrona*, Ed. Il Sole-24 Ore, Milano 1989, p. 187. / (2) G. Parenti, *La pubblicità per lo sviluppo economico e sociale degli anni Settanta*, in Atti ufficiali del Convegno nazionale della pubblicità, Confederazione generale italiana della pubblicità, Milano 1972, p. 51.)

[2] J. Kilbourne, *Killing Us Softly: Gender Roles in advertising*, in «Adolescent Médecine», 1993 n° 3, p. 635: «Advertising is the foundation and economic lifeblood of the mass media. The primary purpose of the mass media is to sell audiences to advertisers; the primary purpose of television programs is to deliver an audience for the commercials. Advertising is partially a reflection of the culture that created it. Because of its power, however, it does a great deal more than simply reflect cultural attitudes and values; it plays an important role in shaping them»; Paul VI, *Message pour la XI° Journée mondiale des communications sociales*, in «La documentation catholique», 1977 n° 1721, p. 501: «Pour cette raison, l'Église, tout en consacrant la Journée annuelle à l'étude de toutes les questions pastorales du secteur, ne manque pas de porter périodiquement à l'attention des chrétiens et de tous les hommes de bonne volonté certains des aspects individuels de l'ample problématique de la communication, dans l'espoir de pouvoir ainsi aider chaque homme à bien s'orienter au sein de la réalité multiforme des «mass media» et à donner, selon la nature de sa mission, une contribution au bien commun. C'est là le sens du thème choisi cette année: Les communications sociales et la publicité: avantages, dangers, responsabilités, qui veut centrer la réflexion sur un facteur puissant de la dynamique sociale contemporaine. Vérité et prudence On peut se demander pourquoi la publicité, en référence aux moyens de communication sociale, suscite l'intérêt de l'Église. Il faut répondre qu'il s'agit là d'un fait fort important de la vie communautaire, au point de conditionner le développement intégral de l'homme et d'influencer directement ou indirectement la vie culturelle. Plus personne ne peut échapper à l'attrait de la publicité alors que celle-ci, même mis à part le contenu concret de ses messages, présente ou au moins s'inspire de visions du monde déterminées, qui exercent inévitablement une certaine pression sur le chrétien, sur son jugement, sur sa manière d'agir. En outre, la publicité contribue de façon grandissante au développement des moyens de communication car elle les finance et se sert d'eux dans une large mesure et, par conséquent, influence de manière directe, et parfois sous des formes dangereuses, leur orientation et leur liberté».

[3] I. L. Preston, *The Tangled Web They Weave. Truth, Falsity, and Advertisers*, (pro manuscripto),

delle disposizioni legislative che riducono il fenomeno pubblicitario prevalentemente alla sua dimensione commerciale [1]. L'etimologia ci convoglia a vedere la pubblicità nel senso di rendere pubblico [2], il termine russo 'lubki' *(лубки)* significa la messa in

---

Madison (WI), p. 124: «After all the above, readers may be surprised to hear me say that I like advertising. Nevertheless! I admire it as a masterful method of communicating, a highly developed human capability for sending messages effectively and efficiently. The effectiveness in is the ability to establish a message clearly in people's minds. Advertising easily excels other communication forms at that, at least when the advertiser chooses to achieve that goal. The efficiency is in the ability to reach millions of people at a tiny cost per person reached. There is great potential value to society in these characteristics».

[1] I. L. Preston, *The Tangled Web They Weave. Truth, Falsity, and Advertisers*, (pro manuscripto), Madison (WI), p. 73: «A free and open market is supposed to have buyers and sellers making transactions on the basis of full understanding of what each party is giving and getting. Yet we have been seeing that much of the "information" buyers get from sellers provides a false or insufficiently truthful basis for their decisions. The law eases the problem by attacking what the regulators recognize as illegal deceptiveness. Although consumers benefit from that, they could benefit even more from prohibition of the additional deceptiveness, with its accompanying diminished truth and significance, that comes from the claims we are examining. The deceptiveness the law does not recognize has been identified as the implied claims discussed in Chapter 30. Although the law has recognized many types of implications, it seems to have barely scratched the surface in understanding this category of consumer response. It knows little of the implications conveyed by the facts and non facts that lie on the slippery slope. The law has poorly identified the process that leads people to see advertising as a conveyor of messages that other forms of communication do not convey. To see the difference between advertising and other speech, imagine that a friend tells you he has a new car and likes it. You're impressed by what you hear, but you don't interpret the message to mean that your friend is promoting the car or that he will make any profit if you buy it. The statement is not an ad and your friend is not an advertisers so you don't see him implying certain claims that you would see the car maker's ads implying. Because people see advertising as intending to sell, they interpret it as stating, not merely persuasive claims, but the strongest possible such claims that can be made for the advertised item. When they see a brand advertised, they interpret the ad as clashing brand significance, differentiating the brand favorably and meaningfully from its competitors. Talk about pragmatic implications --- we could hardly see a brand ad as intending anything else. In most of our life experience, one thing doesn't imply another unless we see a link between them. Suppose we notice a man and a dog standing near each other on the street. Their nearness creates a kind of link, prompting us to consider an unstated fact, an implication, that the dog belongs to the man. However, we also notice there is no leash, and neither dog nor man acknowledges the other. The absence of those key facts suggests that the link we see may be accidental. In the past we have seen such matters go either way, and the experience tells us we need more information. We can watch to see whether or not the movement by either man or dog is copied by the other, which will maintain or destroy the nearness link. Eventually we will have an answer. Advertising gives us the answer much sooner. At an early age we learn that for an ad to make die most favorable conceivable claim is quite natural. Anything else would be unnatural, and to say something negative would be inconceivable. The experience rarely varies; we seldom see ads doing other than wholeheartedly supporting the item advertised. Consumers thus have little uncertainty in their expectations about what an advertisement exists for».

[2] A. Zanacchi, *Dolus Bonus. La pubblicità tra servizio e violenza*, (EURISPES) Roma 1994, pp. 39-40: «La parola pubblicità deriva dal latino pubblicare, che in origine significava "rendere di proprietà o di uso pubblico", "esporre al pubblico", "svelare", e, successivamente, indicò la notorietà data alle leggi, alle ordinanze, ecc. Il neologismo publicitas, con quest'ultimo significato, apparve nel Seicento e in seguito indicò - talvolta in senso peggiorativo - la notorietà data a una persona, a un'idea e anche a un prodotto. Il termine italiano pubblicità, nel significato di pubblicità commerciale, compare per

valore di notizie varie attirando satiricamente l'attenzione del pubblico [1], in tedesco, 'Werbung' significa l'accentuare una svolta rilevante nell'esperienza umana [2], si

---

la prima volta sulla Gazzetta di Napoli nel 1862"1. Anche i termini stranieri usati per indicare il fenomeno pubblicitario hanno una radice etimologica che si riferisce alla semplice funzione divulgativa. Così il francese *réclame* (derivato dal latino reclamare), che significò dapprima "richiamo", "grido", e quindi assunse il significato moderno di "pubblicità commerciale" verso la metà del XIX secolo altrettanto si può dire di *publicité*, termine oggi usato in Francia (spesso abbreviato, com'è costume d'oltralpe, in *pub*), che ha un significato etimologicamente riconducibile (ne è chiara la derivazione dal latino) alla pubblica conoscenza».
(1 M. Medici, *La parola pubblicitaria. Due secoli di storie fra slogan, ritmi e wellerismi*, Marsilio, Venezia 1986, p.16.)

[1] S. Massie, *La terra dell'uccello di fuoco*, Milano 1983, pp. 181-182: «Le popolari stampe a buon mercato chiamate lubki, che venivano eseguite inizialmente mediante matrici di legno, erano prodotte principalmente nei dintorni di Mosca e venduti nelle strade e nelle fiere di tutto il paese sin dai primi anni del Cinquecento. I primi lubki, di carattere religioso, apparvero all'epoca di Ivan il Terribile; venivano venduti in gran numero all'esterno della porta Spasskij del Cremlino. Ben presto gente d'ogni ceto, compreso lo zar, finì per apprezzarli. Risulta da documenti che nel 1635 lo zar Michele Romanov acquistò un'intera serie di queste vivaci stampe per il figlio settenne, lo zarevic Alessio. Vivaci e allegri, i disegni delle stampe erano semplici e lineari: prospettiva e proporzioni erano di solito ignorate. Venivano colorati a mano, generalmente da donne, in tre o quattro tinte vivaci, per lo più rosso, violetto, giallo e verde. Pieni di spirito, talvolta irriverenti, i lubki comprendevano una vasta gamma di soggetti e spesso trattavano con arguzia gli argomenti di attualità. Dipinti di soggetto biblico erano appesi nelle osterie e nelle taverne. C'erano anche almanacchi e calendari a nove fogli che riproducevano i segni dello zodiaco e le decorazioni del soffitto del palazzo Kolomenskoe, dimora dello zar Alessio. All'epoca di Pietro il Grande i lubki ironizzavano sulla sua opera di occidentalizzazione, raffigurando uomini smarriti cui veniva tagliata la barba senza tanti complimenti, o ritraendo Pietro stesso come l'Anticristo, col volto di Satana. Il più famoso lubok di Pietro, stampato dopo la sua morte, era intitolato Come i topi seppellirono il gatto: in un secolo venne ristampato sei volte. I lubki erano molto usati per la pubblicità e per ricordare singolari eventi, come l'arrivo a Mosca del primo elefante persiano, la straordinaria notizia della cattura di un'enorme balena effettuata nel Mar Bianco nel 1760 o l'impressionante apparizione di una meteora nel 1769. Nel Sette e nell'Ottocento i racconti popolari erano i soggetti preferiti, e i personaggi di questi racconti venivano raffigurati come protagonisti di svariate avventure. Nel Settecento, in provincia, i lubki erano spesso usati per istruire i bambini. Uno molto popolare, rappresentante i sette peccati capitali, stampato per la prima volta nel Cinquecento, era ancora venduto per le strade nell'Ottocento. Il venditore ambulante di lubki, reggendo all'altezza della spalla le sue immagini di diavoli rossi e verdi, girava per i mercati e le strade gridando allegra mente: «Chi vuole i sette peccati capitali? La caduta di Adamo? La vita dopo la morte in Paradiso?». All'inizio del Novecento queste stampe, ancora vendute nei mercati, interessarono gli artisti d'avanguardia che ripresero, per i loro disegni e libri stampati a mano, l'essenzialità espressiva e tecnica degli antichi lubki. Solo con la Rivoluzione queste allegre stampe popolari, che per due secoli erano state così apprezzate dal popolo russo, scomparvero per sempre».

[2] R. Kreisi, *Kirche und Werbung: Das gestörte Verhältnis*, in H. Tremel, *Öffentlichkeitsarbeit der Kirche. CEP Beiträge Kirche und Kommunikation*, Frankfurt 1984, S. 38: «Damit wir uns hier verstehen können, müssen wir den Begriff Werbung so weit als möglich fassen, ihn eigentlich als Tätigkeit begreifen: Werben, im Althochdeutschen werban, hieß ursprünglich drehen, wenden. Auszulegen, unter anderem, als "den Dingen eine Wendung geben", "das Blatt wenden", "etwas verändern". Diese Veränderung muß keineswegs immer eine Änderung der Besitzverhältnisse ausweisen, also materieller Art sein, wie verkaufen (Ware gegen Geld). Es kann auch um Einstellungen, Situationen oder Konstellationen gehen, z. B. Gleichgültigkeit in Aufmerksamkeit, Unwissenheit in Wissen verwandeln zu wollen. Werben strebt immer eine - zugegeben oft eigennützige - Veränderung an».

riprenderà anche la dicitura latina di "nuntius laudativus" [1] o di "dolus bonus" (inganno consolante o divertente) [2], o nel contesto statunitense di marketing in generale o marketing diretto che esplora i bisogni prioritari ai quali le imprese devono rispondere [3]: 'markerting' (più che 'advertising') considera l'insieme pubblicitario come una

---

[1] COMMISSION PONTIFICALE POUR LES COMMUNICATIONS SOCIALES, *Instruction pastorale "Communio et progressio"*, Cité du Vatican 1971, p. 64 / 34: «59. Momentum nuntiorum laudativorum in hominum nostrae aetatis consortione magis in dies augescit neque eorum vim refugere iam quis quam valet. Utilitates plurimas qui dem sociates illi afferunt. Nam per eos emptor tum de bonis, quae ex necessitate quaeruntur, tum de ministeriis, quae in promptu sunt, certior redditur; ita evenit, ut iisdem larga distributio rerum arte effectarum promoveatur; quod cum agitur, quaestuosa industria adiuvatur ad progressus faciendos, qui tandem cedunt in bonum totius populi»; «59. L'importance de la publicité croît sans cesse dans la société moderne. Elle fait partout sentir sa présence et l'on ne peut échapper à son influence. Elle apporte certainement des avantages à la communauté humaine, en signalant aux consommateurs les biens et les services disponibles, et en encourageant une plus large distribution des produits. Ce faisant, elle aide au développement de l'industrie, pour le profit de tous. Tout cela est bon, à condition que soit respectée la liberté de choix de l'acheteur. De toute façon, la publicité doit, elle aussi, dans les limites de sa technique propre, respecter la vérité».

[2] A. Zanacchi, *Dolus Bonus. La pubblicità tra servizio e violenza*, (EURISPES) Roma 1994, pp. 25-26: «*Il dolus bonus*. Sulla valutazione complessiva della pubblicità ha influito, e istituisce tuttora, la sua concezione come *dolus bonus*. È questa un'espressione di origine giurisprudenziale fondata sulla convinzione che la pubblicità sia una forma di comunicazione di per sé ingannevole, ma inidonea a ingannare un pubblico ritenuto sufficientemente accorto e smaliziato e comunque consapevole della "disonestà" di fondo della pubblicità. In una relazione al Senato del 1926, firmata da Benito Mussolini, allora capo del Governo, si legge: «La "réclame", che è l'anima del commercio moderno, perderebbe una parte notevole della sua ragion d'essere se fosse vietata quante volte non rispondesse esattamente a verità». La valutazione della pubblicità e dei suoi possibili effetti ingannevoli è stata a lungo condizionata da questa concezione che richiama piuttosto il dottor Dulcamara dell'Elisir d'amore che non una moderna norma di rapporto tra imprese e consumatori. E, almeno nelle intenzioni, il concetto di dolus bonus viene ora rifiutato (nel suo significato originario) nelle sedi deputate a giudicare l'ingannevolezza della pubblicità. Ma non si può dire che esso sia stato totalmente abbandonato; si può anzi aggiungere che esso ha assunto nuovi significati sui quali si tende, tuttavia, a sorvolare. Secondo Giampaolo Fabris, «oggi il destinatario della comunicazione si è, per così dire, laicizzato: sa che la pubblicità è una comunicazione di parte, sa che non le si può chiedere di essere obiettiva. Si teme, e le si rimprovera, la non veridicità. Ma si è tolleranti e disponibili ad accettare l'esasperazione, l'iperbole, l'unilateralità» [1]. A sua volta, Gian Luigi Falabrino afferma che «la pubblicità non è ingannevole nei singoli messaggi, come temono le associazioni dei consumatori, o è tale soltanto in maniera ormai episodica e sempre meno rilevante. Ma è ingannevole (felicemente ingannevole) nel suo messaggio globale: nella pubblicità c'è il godimento senza il vizio, il piacere senza la passione, c'è la vita ma senza il dolore e la morte. C'è, insomma, la vita senza la vita. La pubblicità esercita una grande funzione consolatrice e divertente» 2».
((1) G. Fabris, *La pubblicità. Teorie e prassi*, Angeli. Milano 1992. p. 367. / (2) G. L. Falabrino, *Pubblicità serva padrona*, cit. p. 209.)

[3] A. Zanacchi, *Dolus Bonus. La pubblicità tra servizio e violenza*, (EURISPES) Roma 1994, p. 50: «Il più autorevole studioso dei problemi di marketing, Philip Kotler, propone del marketing questa definizione: «Il marketing è il processo sociale mediante il quale una persona o un gruppo ottiene ciò che costituisce oggetto dei propri bisogni o desideri creando e scambiando prodotti e valore con altri» [1]. Il marketing, spiega lo stesso Kotler, «è la funzione dell'impresa volta ad individuare i bisogni e i desideri insoddisfatti, a definirne e valutarne l'ampiezza, a determinare, infine, i prodotti, i servizi e i programmi appropriati a servire i mercati stessi. In tal modo il marketing svolge un ruolo di raccordo

struttura economica in contatto diretto con un certo pubblico utente dei media [1], questi media sono integrati in un mercato 3 la cui strategia si riassume nel 'commercialism', o una certa filosofia pubblicitaria [2]. Si può aggiungere la pubblicità istituzionale, nella

---

tra i bisogni della società e il sistema produttivo di cui la stessa è dotata» [2]. Per marketing si può dunque intendere tutto ciò che l'impresa fa allo scopo di decidere qual i prodotti realizzare, adeguando la propria struttura organizzativa alle nuove situazioni. La vendita, a sua volta, è tutto ciò che l'impresa attua per collocare sul mercato ciò che ha deciso di produrre e che concretamente produce. Appare evidente che il marketing costituisce una delle aree decisionali più difficili per le imprese, anche perché i problemi di marketing, come osserva Kotler, «non presentano le medesime nitide proprietà della produzione, della contabilità, della finanza», perché nel marketing «le variabili psicologiche svolgono un ruolo importante», perché «le spese di marketing influenzano simultaneamente la domanda e i costi dell'offerta», perché «i piani di marketing condizionano e interagiscono con i piani delle altre aree aziendali». Nell'ambito delle attività di marketing spetta alla pubblicità la funzione che si può chiamare, genericamente, informativa. In realtà si tratta di una funzione essenzialmente persuasoria, che si propone precisi obiettivi in termini di scelte effettive da parte dei consumatori: essa infatti mira non solo a far conoscere i beni e i servizi che le imprese industriali e commerciali offrono al pubblico, ma anche a farli apprezzare e a promuoverne l'utilizzazione».
(1 P. Kotler, *Marketing management*, ISEDI Petrini, Torino 1991, p. 5. / 2 *Ibid.*, p. XXIII.)

1 A. Tempest, *Tendencias actuales de la publicidad en Europa*, Madrid 1991, pp. 238-239: «El marketing directo es la faceta del marketing en que las empresas establecen un contacto directo con sus clientes, en un proceso de concertación mutua. Es un sistema interactivo que utiliza uno o más medios de comunicación publicitarios para dar una respuesta men surable o efectuar una transacción en cualquier lugar del mundo. Engloba a todos los medios de comunicación cuya finalidad consiste en crear una relación interactiva con un minorista particular, el comerciante y el consumidor o contribuyente. Se distingue de la publicidad en que ésta comunica mensajes de forma indirecta, a través dc medios comerciales, y no entabla relaciones directas desde el principio con clientes reconocidos como tales... La Asociación Europea de Marketing Directo (AEMD), divide el marketing directo en marketing directo en la prensa, telemarketing y nuevas tecnologías. En el marketing directo en la prensa figuran el correo directo, los folletos y circulares que se entregan en mano en hogares y empresas y los anuncios con cupones de respuesta directa que se publican en periódicos y revistas. El telemarketing, donde el teléfono sirve para entablar una relación con los consumidores, suele constituir uno dc los primeros pasos del proceso de marketing directo, cspecialmente en la publicidad interempresarial, ya que permite determinar con anterioridad a qué consumidores se enviará correo o serán visitados por los vendedores, pero también es uno de los últimos pasos en el proceso, pues ofrece la posibilidad de realizar un seguimiento de las solicitudes de información o cursar pedidos. Entre las nuevas tecnologlás figuran el videotex, que permite a los profesionales utilizar los terminales de ordenador conectados entre sí mediante líneas telefónicas como medios de comunicación, ya sea con los consumldores o con las empresas conectadas a un sistema. Aunque en menor grado, los publicitarios europeos utilizan también equipos de teletexto, pero no siempre necesariamente en el sistema de respuesta directa».

2 CENTER FOR THE STUDY OF COMMERCIALISM, *Call to Action: a Vision of a less Commercialized Society*, pro manuscripto, Washington, D. C., 1992,pp. 52-53: «Commercialism consists partly of noisy, incessant, intrusive, duplicitous, manipulative advertising. But it is much more than just that. Commercialism is a philosophy that determines the very way we live our lives. Thousands of marketers, each trying only to increase its own sales, propagate that philosophy and, albeit inadvertently, in the process overwhelm venerated precepts of religion, democracy, and other competing philosophies. Shrinking America's three-ring circus of commercialism is essential if we are to have a country that is guided more by the well-being of the public than of marketers. But doing so faces enormous opposition from advertisers, the advertising industry, and advertiser-supported media. Those who profit from commercialism have tremendous political power and oppose every

quale la pubblicità politica diventa un settore della pubblicità e non più la pubblicità un settore dell economia [1], anche la pubblicità comparativa / negativa dovrebbe aiutare ad orientarsi qualitativamente nel fenomeno comunicativo nei suoi linguaggi e messaggi [2], ed ulteriormente la 'pubblicità sociale' o non commerciale e infine la 'pubblicità religiosa' [3]. Le interpretazioni sulla pubblicità sono spesso negative [4]. Per

---

reform effort. In addition to deflating commercialism, we need to cultivate civic responsibility and involvement -- that is, the philosophy of communitarianism, as some have termed it. Amidst America's great wealth are great needs that must be addressed: abject poverty, decaying cities, a polluted environment, illiteracy, rampant racism, crumbling roads, and pervasive social insecurity. Solving those problems depends upon the availability of human and economic resources. More social spending likely will mean less individual spending for many Americans. We might each have to decide whether we want a nicer, fancier car (or suit or vacation or stereo or house) or a country that actually resembles the common vision that we were taught in school. The latter option means reducing the pressures to consume, devoting some of our own time and energy to social service, and living simpler, more environmentally sound lives»; cfr M. F. Jacobson, *Commercialism in America*, pro manuscripto, Seattle, Washington, 1992, (7 pp.).

1 A. Tempest, *Tendencias actuales de la publicidad en Europa*, Madrid 1991, p. 39: «Uno de los principales acontecimientos en esta profesión durante la última década ha sido el recurso a la publicidad por parte de los organismos públicos («publicidad institucional») para hacer llegar sus mensajes al público, así como por parte de los partidos políticos y de organizaciones que, como los sindicatos, utilizan la publicidad como «alegato»».

2 R. P. Hill, *An Exploration of Voter Responses to Political Advertisements*, in «Journal of Advertising», 1989 n°4, p. 15: «Media advisors often characterize "negative" political ads as comparative advertising (Colfort 1987; Honomichl 1988). However, Merritt (1984) feels that negative advertisements should actually be seen as a variant of the comparative approach. Both name or identify the competitor, but comparative advertising identifies the competitor for the purpose of claiming superiority, while negative advertising identifies a competitor for the purpose of imputing inferiority (Prasad 1976). Further, unlike comparative advertising, negative advertising does not mention the sponsor's attributes, the intention being to move consumers away from the competitor rather than towards the sponsor. Finally, Merritt differentiates negative and comparative ads from competitive ads which de scribe positive attributes of the sponsor and implicitly suggest an absence of these attributes in the competitor».

3 A. Zanacchi, *Dolus Bonus. La pubblicità tra servizio e violenza*, (EURISPES) Roma 1994, p. 207: «A maggior ragione deve considerarsi categoria a sé stante la pubblicità religiosa, intendendosi come tale non la diffusione della verità di fede, bensì il ricorso alle tecniche pubblicitarie per far conoscere iniziative di natura religiosa, per promuovere consenso verso attività (anche non direttamene religiose) della Chiesa, per suscitare interesse sulle vocazioni religiose, in generale per introdurre un dialogo, per creare un clima in cui i valori umani e cristiani trovino anzitutto riconoscimento e rispetto come premessa per la vera e propria proposta di fede attuata nelle forme della catechesi, della predicazione, della celebrazione liturgica, ecc. Pubblicità religiosa, dunque, come uno degli strumenti delle "pre-evangelizzazione" con finalità di contatto, di promozione, di consenso, su attività e valori e quindi come premessa all'attività fondamentale di evangelizzazione cui la Chiesa è chiamata dal suo Fondatore»; cfr G. Gadotti, *Pubblicità sociale*, Milano 1993, pp. 19-29.

4 Y. de Premorel - J.-M. Brunot, *Document n° 3. L'ETHIQUE DE LA PUBLICITE, Document d'archive du CPCS n° 581/95*, Paris 1994, pp. 1-2: «II – La publicité, "c'est le mensonge qui dit la vérité". Il est désolant de constater que l'opinion publique refuse le crédit de bonne foi à la publicité alors que c'est elle qui manipule le moins, contrairement aux médias et aux politiques. Et pourtant, la publicité travaille avec beaucoup de prudence et de réserve; elle se donne beaucoup de mal pour cibler correctement ses publics et les respecter. Et pourtant, la publicité ne ment pas, sinon par omission. La

uscire da questa visuale restrittiva, occorre considerare la pubblicità in tutta la sua dimensione de strategia comunicativa [1], nella quale può essere focalizzata la buona (confacente) pubblicità o no, senza opporre l'aspetto economico a quello culturale [2] e riprospettando gli approcci strumentali per esempio- sui consumi [3], o andando oltre le

---

sanction d'une publicité mensongère ou d'une publicité pour un mauvais produit est immédiate: le réachat ne se fait pas! De plus, dans un pays comme la France, la publicité mensongère est punie par la loi et le Bureau de Vérification de la Publicité joue un rôle essentiel: il est systématiquement consulté sur les campagnes "à risques" et son avis est toujours suivi. À noter que les annonces publicitaires les plus problématiques sont souvent diffusées sans l'intervention d'agences de publicité. Ainsi, certaines annonces négociées directement entre média et annonceurs, comme c'est le cas en France avec les magazines de télévisions les plus puissants. En fait, si la publicité est "un mensonge qui dit la vérité", elle le fait "à la façon des contes de fées..." La publicité est un "professeur d'imaginaire"! Face à ces réalités professionnelles, le public d'une façon générale est publiphile: il aime bien la publicité mais il en déteste les abus, conscient en particulier que trop de publicité devient vite insupportable et que la saturation peut aller jusqu'à le "décérébrer". Par contre certains milieux sont publiphobes, en particulier les intellectuels et les hommes politiques qui en redoutent le pouvoir ainsi que de nombreux écologistes qui craignent la "pollution" publicitaire...»; cfr etiam: R. W. Pollay - B. Mittal, *Here's the Beef: Factors, Determinants, and Segments in Consumer Criticism of Advertising*, in «Journal of Marketing», 1993 n 57, pp. 99-114.

1 K. Myers, *Understanding Advertisers*, in H. Davis - P. Walton, *Language, Image, Media*, Oxford 1983, p. 217: «Advertising has to be seen as an integral part of a much wider marketing offensive which extends from product development through to retail distribution. It is this spectrum of product promotion which gives a commodity its total image and style. Advertisers, if not their critics, realize that they cannot rely on the linguistic or visual significations internal to the advertisement to do the selling. As one account executive put it: 'You can't sell a product if it's naf - if a need for it doesn't exist. You need the right product, the right distribution and the right sales staff. Advertising can't go it alone, it's all got to work together.' 'Good' advertising is therefore a combination of market research, intuition and so-called 'creative talent'».

2 K. Myers, *Understanding Advertisers*, in H. Davis - P. Walton, *Language, Image, Media*, Oxford 1983, p. 222: «The general poverty of consumption theory has not only affected our analysis of marketing but has also allowed advertising to be conceptually isolated as a social form. A theory of consumption would be enriched by incorporation into a broader theory of social communications. This would mean getting out of the ghetto of 'cultural' as opposed to 'economic' analysis and the polarities of production/consumption or encoding/decoding. The role of advertising cannot be inferred simply from a knowledge of economic interests nor deduced from structuralist or language-based theories. In future the analysis of marketing, publicity and advertising must pay closer attention to the diversity of advertisement form and the variety of advertising strategies employed. It must also recognize the spectrum of alternative audience readings which invariably exist. Perhaps where these features are acknowledged in empirical investigation, codes and conventions of advertising practice and consumer response will emerge which can be shown to be sensitive to the whole social structure».

3 K. Myers, *Understanding Advertisers*, in H. Davis - P. Walton, *Language, Image, Media*, Oxford 1983, pp. 221-222: «Like the advertisers, cultural analysis has as yet no coherent theory of audience response to advertisements, or of how and why people consume. Existing definitions of consumption, or what is meant by relations to consumption, tend to be eclectic, ambiguous and confused. Especially within contemporary Marxist thought and cultural analysis, theories of consumption have been subordinated to theories of production. As Simon Frith has commented: «The concept [of cultural consumption] means different things according to the analytic framework involved: in the marxist economic theory it refers to a moment in the circulation of value, in recent literary and film theory it refers to a kind of pleasure, in historical sociology it refers to an institutional process. Cultural theories of consumption are left in a muddle - 'passive consumption' for example is a term used by theorists

categorizzazioni più svariate e. g. l'AIDA (attenzione, interesse, desiderio, azione) e quella del buon senso, o ancora dei 4 'i e c' (impatto, interesse, informazione, identificazione -comprensione, credibilità, coerenza, convinzione)- della 'reason why'

of all persuasions but as a rhetorical rather than a theoretical device. (Frith 1980)»».

[1]. Accanto a questo, si inserirà nella pubblicità anche l'aspetto di divertimento [1], con

---

[1] A. Zanacchi, *Dolus Bonus. La pubblicità tra servizio e violenza*, (EURISPES) Roma 1994, p. 122: «L'AIDA e i "modelli del buon senso". Le "teorie" riguardanti il modo di agire della comunicazione pubblicitaria sono state elaborate a partire dagli inizi del secolo: dapprima sotto t`orma di semplici indicazioni schematiche e poi, via via, come formulazioni di principi e di modelli riguardanti il modo di concepire la pubblicità, i criteri con cui realizzarla ottimizzando la sua efficacia e i punti di riferimento utili a valutarne i risultati. Fra i diversi modelli proposti, l'AIDA è considerato il modello classico, il primo che abbia in qualche modo fatto tesoro dell'apporto fornito dalla psicologia. Considerato da qualche studioso privo di paternità, esso è in realtà dovuto a J. Arren. AIDA è un acronimo formato dalle iniziali di quattro parole-chiave: Attenzione - Interesse - Desiderio - Azione. Secondo questo modello il processo persuasorio della pubblicità deve attirare anzitutto attenzione, deve provocare poi interesse e suscitare desiderio verso il prodotto, per concludersi con l'atto d'acquisto. Si tratta, come si vede, di un modello molto schematico, che presenta un valore "storico" come prima concezione del modo di agire della pubblicità fondato su una successione di diverse fasi. Sul modello AIDA si sono accanite critiche a non finire, che ne hanno posto in evidenza la genericità, l'ovvietà. Ma non pochi critici hanno finito per smarrire lungo la strada anche gli elementi di utilità che, pur nella sua semplicità, il modello è - e soprattutto è stato - in grado di offrire. Ci si è resi conto facilmente che i termini attenzEal1e, interesse, azione risultano ambigui, imprecisi. Ma qualcuno ha sostenuto persino la tesi che non ci si deve preoccupare troppo che la pubblicità ottenga l'attenzione: sarebbe meglio concentrare lo sforzo sul desiderio. Si è anche affermato che ciò che conta è costruire l'associazione tra comunicazione e marca, più che attrarre l'attenzione. Spesso si è finito per criticare un modello, certamente generico, in base ad esigenze relative alla pubblicità per un determinato tipo di prodotti. «Il peggiore effetto del modello AIDA» ha scritto ad esempio Gordon Brown è stato di inculcarci in mente le idee di "attenzione" e "desiderio". Sono concetti molto utili per la pubblicità di vendita per corrispondenza, ma del tutto fuori luogo per la pubblicità dei beni di consumo ad acquisto frequente. Ciò nonostante, il modello AIDA può offrire nella sua schematicità un primo strumento per la costruzione di un progetto elementare di comunicazione persuasoria, sia pur tenendo conto della possibile ambiguità dei concetti di attenzione, di interesse, di desiderio, di azione. Basti pensare a quanto abbiamo visto a proposito dell'attenzione, che qualche studioso ritiene di poter far coincidere addirittura con la convinzione. Al di là, dunque, della necessità di valutare la validità dei modelli via via proposti nel quadro socioculturale, economico e di mercato entro il quale sono maturati, occorre ribadire l'assurdità della pretesa di quanti ritengono possibile la formulazione di modelli e di "teorie" valide in ogni circostanza, applicabili meccanicamente in una realtà fortemente articolata sia per quanto riguarda il fronte dell'offerta, sia per ciò che concerne il fronte del consumo. Un altro modello interpretativo dell'azione pubblicitaria, che si può comprendere nella categoria del "buon senso", prende il nome dal suo autore, Daniel Starch, che l'ha descritta in Principles of Advertising pubblicato nel 1923. Secondo Starch - che si riferiva alla pubblicità fatta attraverso annunci sulla stampa - la pubblicità deve: essere vista, essere letta, essere creduta, essere ricordata, indurre all'azione. Questi cinque momenti, anche se tra loro indipendenti, sono tutti necessari per assicurare efficacia ad un annuncio: essi appaiono comunque enunciati secondo una successione che parte dalla conquista dell'attenzione e si conclude col comportamento di consumo. Questo modello è stato variamente criticato da numerosi studiosi. Le due condizioni preliminari, ad esempio (visione, lettura), appaiono più in funzione delle tecniche messe a punto da Starch - che fornisce appunto degli scores su quanti hanno notato e letto un annuncio - che di reali fasi del processo di persuasione: un annuncio ad esempio se è indispensabile che sia visto perché abbia un effetto, può ugualmente esercitarlo senza essere letto purché sia associato alla marca. Ugualmente la credibilità [...] non sembra più una conditio sine qua non ai fini dell'induzione dell'azione mentre mancano invece, nel modello di Starch, altre caratteristiche importanti quali la comprensione, l'interesse, ecc. che sembrano correlati in misura assai maggiore con l'efficacia della pubblicità. Altri studiosi hanno osservato che questo modello appare insoddisfacente anche perché implica che gli effetti prodotti da ogni singolo impatto di un annuncio siano indipendenti, mentre si deve tener conto delle possibilità di accumulo che derivano

uno spazio speciale ai giochi promozionali [2]. Essa appare come una macchina del sogno

dalla ripetizione di annunci identici o simili»; cfr G. Fabris, *La pubblicità. Teorie e prassi*, Milano 1992, p. 349; cfr R. Reeves, *La realtà pubblicitaria*, Milano 1961; J. Aren, in S. Sassi, *Approches sémiologiques de l'affiche publicitaire*, in AA. VV., *La rue et l'image*, Paris 1990, p. 72.

1 Chr. Arens, *Christliche Symbole und der "Keks fürs Leben". Medienpädagoge zu religiösen Elementen in der Werbung KNA, Interview mit M. Wörther*, in «KNA», 3/12/1993 n° 86, S. 1: «Herr Wörther, religiöse Elemente in der Werbung haben - besonders vor Weihnachten - Konjunktur. Gibt es einen Spot, der Ihnen besonders gut gefällt? Wörther: Werbung gefällt mir sowohl wegen ihres Unterhaltungswerts als auch wegen ihrer gestalterischen Professionalität. Mir hat es besonders solche Werbung angetan, die mit biblischen Anspielungen arbeitet, etwa mit dem Paradiesmythos in der Autowerbung oder bei Babywindeln. Für einen Theologen sind solche Anspielungen schon-deshalb unterhaltsam, weil er gewohnt ist, diese Symbolik in "bedeutsamen" Zusammenhängen zu lesen und zu interpretieren. In der Werbung bekommen sie neue Qualitäten, weil Zusammenhänge zwischen scheinbar völlig unverbundenen Bereichen hergestellt werden. Dadurch wird auch sichtbar, was religiöse Symbolik in einem völlig profanen Umfeld von sich aus noch hergibt. Faszinierend finde ich auch die Perfektion, mit der Licht, Farbe, Musik, Story und Symbolik in Beziehung gesetzt werden. Es gibt einen Spot, in dem eine Familie von ihrem Urlaubsquartier Abschied nimmt und ein Junge einem Mädchen als Abschiedsgeschenk einen Keks überreicht, den "Keks fürs Leben". Eine wahre Orgie in Gold- und Brauntönen, schräg einfallende Lichtstrahlen, schönster Edelkitsch. Aber diese "Abschiedsliturgie" bedient sich einer Symbolik, die uns aus der Eucharistiefeier vertraut ist: Das Teilen des Brotes. So etwas finde ich hochinteressant».

2 J. C. Ward - R. P. Hill, *Designing Effective Promotional Games: Opportunities and Problems*, in «Journal of Advertising», 1991 n° 3 (September), p. 69: «Games have increasingly become promotional tools. Marketers of a variety of goods and services use games as crucial parts of their advertising and promotion strategies (Feinman, Blashek, and McCabe 1986; Jagoda 1984). *Inventive* (1990) estimates that sponsors spent over 500 million dollars in 1989 on administration and prizes for promotional games, a category that includes games of chance (i.e., sweepstakes) and games of skill (i.e., contests). Don Jagoda, a prominent expert on the design or promotional games, estimates that the total spent to develop, run, and promote sweepstakes alone is more than one billion dollars a year (Borowski 1987). However, despite marketers' frequent use of sweepstakes and contests as parts of advertising campaigns and promotional efforts, very little academic research has been published on consumers' perceptions of promotional games. Virtually all the published material on promotional games has been written by sales promotion consultants (e.g., Feinman, Blashek, and McCabe 1986) or journalists (see Howard 1988). This literature provides practical suggestions for the design of games but does not advance theoretically-grounded explanations or why and how consumers respond to the practices recommended. This growth and the relative neglect of research on promotions have prompted a number of calls for research on the effectiveness of marketing techniques like promotional games by groups such as the Marketing Science Institute (Schmalensee 1989). Wisniewski (1986) states the need for such research well: "The last four years have seen an explosive growth in corporate interest in promotion-related research. To date, though, a majority or the research has focused on gathering the facts - how high is the promotional spike in unit sales, what is the exact value of the promotional price elasticity, etc... To advance science, marketings study of promotions must shift from this preliminary, necessary concentration on what is happening empirically to why it is happening (p. 160)"»; J. C. Ward - R. P. Hill, *Designing Effective Promotional Games: Opportunities and Problems*, in «Journal of Advertising», 1991 n° 3 (september), p. 72: «P1: When deciding whether to participate in promotional games, consumers' tendency to ignore base rate information and instead rely upon the availability heuristic will be increased by cues that influence the availability Of winning entries or persons... P2: When deciding whether to participate in promotional games, consumers tendency to ignore base rate information and instead rely upon the representativeness heuristic will be increased by cues that seem to make instances more typical of the category of winning entries»; J. C. Ward - R. P. Hill, *Designing Effective Promotional Games: Opportunities and*

o come evocatrice di felicità (là dove i media sono spesso trasmettitori di eventi infelici) [1]. La pubblicità entra a far parte del grande spettacolo multimediale, non più

Problems, in «Journal of Advertising», 1991 n° 3 (september), p. 74: «People tend to enjoy intrinsically motivated activities more than extrinsically motivated ones, and the resulting effect on participants' moods may influence attitude toward the game, the promoted product, and the game sponsor in positive ways (Ward, Hill, and Gardner 1987). Also, people are inclined to repeat or spend more time performing intrinsically motivated activities (Deci 1975; Bandurn and Schunk 1981). The possible benefits concerning games with greater play value raise the issue of how play value might be measured. The P.A.D. scale of Russell and Mehrabian (1977) appears to have promise as an instrument for the measurement of enjoyment derived from playing promotional games. For example, Mehrabian and Wixen (1986), in a study of how emotional reactions to video games relate to players' preferences, found that games differed greatly in the degree to which they evoke pleasure, arousal, and dominance. More importantly, the more players (males only) felt pleasure, arousal, and dominance, the higher their preferences for the game. Systematic research on the play value of promotional games is lacking but could provide game sponsors with valuable insight into how to create games that have more value to consumers without committing more dollars to prize budgets. As a start toward such research, we suggest the following proposition: P5: Games that: 1) are more absorbing and fun, 2) provide positive feedback even to non-winners, and 3) de-emphasize competition against others for rewards will be more intrinsically motivating. As intrinsic motivation increases, attitude toward the game, the promoted product, and the game sponsor as well as the mood state of consumers will improve»; J. C. Ward - R. P. Hill, *Designing Effective Promotional Games: Opportunities and Problems*, in «Journal of Advertising», 1991 n° 3 (september), pp. 76-77: «Researchers have largely ignored consumer reactions to the outcomes of games and contests. Further work in this area could not only investigate theoretically interesting relationships (e.g., the relationship between attribution and mood) but also produce managerially relevant findings. As starting points for such research we suggest the following propositions: P6: Winning or losing a promotional game, especially an «instant win» game, will operate like common mood manipulations and produce a positive or negative mood state respectively. These mood states will generalize to influence the evaluation of objects encountered while the mood is being experienced such as the game, sponsored product, the sponsoring organization, and the environment (e.g., a store) in which the game is played. P7: Aspects or a chance game that allow participants to make a choice or decision (e.g., choosing which panel to rub off on a game card) will encourage them to believe that they can influence the game's outcomes by fostering an «illusion of control.» P8: A consumer who loses a game and attributes the loss to a lack of skill is likely to feel greater negative affect than a consumer who attributes a loss to external factors such as «bad luck» since ego-defensive attribution for failure is more threatening».

1 Y. de Premorel - J.-M. Brunot, *Document n ° 3. L'ETHIQUE DE LA PUBLICITE, Document d'archive du CPCS n° 581/95*, Paris 1994, pp. 4-5: «VI – La publicité: une machine à rêver porteuse de normes et de valeurs. La publicité "a le pouvoir de normer" mais elle le fait à sa façon qui est la façon d'une "machine à rêver". Alors que les médias ne proposent que des normes pessimistes et négatives, la publicité présente des "normes euphoriques", en quelques sortes par compensation. "La presse est marchande de malheurs; la publicité est marchande de bonheur". Plus encore, la publicité est porteuse de valeurs dans la société. La société américaine n'a pas structuré ses valeurs à partir des discours de ses présidents mais à partir des valeurs mises en avant par la publicité des plus grandes marques de l'économie U.S.: la jeunesse avec Coca cola, le côté pratique avec Mc Donald's, le dépassement de soi avec Nike, la liberté avec Lewis et la sérénité avec Marlboro. Il y a d'ailleurs une correspondance entre la nature de la publicité d'un pays et "l'esprit" qui caractérise celui-ci. Ainsi la publicité de Dim incarne la féminité française. Il s'agit de concepts universels mais déclinés selon les spécificités culturelles de chaque pays. Il faut que la publicité continue d'être porteuse de valeurs. Mais il est aussi indispensable de militer pour que chaque pays ait droit à son identité publicitaire, c'est-à-dire à une création adaptée à sa culture et ne subisse plus des campagnes types de grands

una semplice immagine ma una finzione o immagine senza storia [1]. In questo quadro senza precedenti dell evento pubblicitario, la questione rimane aperta sull'ingresso delle Chiese nel prospetto del marketing [2].

---

réseaux internationaux. La publicité ne doit pas être un facteur de standardisation entre les cultures des différents pays car si dans les pays développés la publicité joue un rôle d'autodéfense du consommateur, dans la plupart des pays sous-développés, elle peut comporter des dangers sérieux en contribuant à la destruction des cultures locales et en donnant au public des rêves qui lui sont le plus souvent inaccessibles».

[1] M. C. Miller, *Advertising. End of Story*, in M. C. Miller, *Seeing through Movies*, New York 1990, p. 234: «The advertising industry has noticed this new flight from story into spectacle. Discussing the largest, most free-spending bloc of viewer/consumers in America today, the researchers at Grey Advertising explain that, having been "raised on daily doses of television imagery," these "Ultra-Consumers" have minds that "are primed to blur the boundaries that separate fiction from fact." Dependent on the images they watch nonstop, and always trying to emulate them, however much it costs, the "Ultras" are the most desirable of markets, to be avidly pursued for their confusion. "Today, as they infuse their lives with an action packed schedule of drama, adventure, variety and, of course, costume changes, Ultras are merging their glamorous fantasies with everyday reality. All things considered, it's not so surprising that after years of exposure to electronic heroes, the average Ultra-Consumer wants to be one."».

[2] R. Kreisi, *Kirche und Werbung: die gestörte Verhältnis*, in H. Tremel, *Öffentlichkeitsarbeit der Kirche. GEP Beiträge Kirche und Kommunikation*, Frankfurt 1984, S. 38-39: «Daß die Kirche seit jeher intensiv Werbung betrieben habe, läßt sich auch damit begründen: Die Kirchen selbst, die Kirchtürme, sind plakative Zeichen ihrer Präsenz. Die Glocken sind akustische Erinnerungswerbung. Die Symbole der katholischen Kirche lassen sich als gekonnte Signets und Elemente der Marken- und Imagebildung auslegen. Ornat, Farbe, Zeremoniell, Weihrauch, Pomp, Musik und Gesang dienen nicht zuletzt der emotionalen Beeinflussung, die man der Werbung so gerne vorwirft. Doch ob das, was gestern war, nun alles Werbung gewesen sei oder nicht, ist letztlich gar nicht so wichtig. Viel bedeutungsvoller ist die Frage, ob und wie die Kirche heute und morgen die Werbung einsetzen soll».

Printed by Books on Demand GmbH, Norderstedt / Germany